Textbook of Economic Management

Economic Management Course

for Colleges and Universities——The Financial Series

高等学校经济管理类课程教材——金融系列

Economic
Management

U0748220

政策性金融概论

OVERVIEW OF POLICY FINANCE

◎ 主编 白钦先 王伟

国家"211工程"第三期项目成果

中国金融出版社

责任编辑：王素娟
责任校对：潘　洁
责任印制：陈晓川

图书在版编目（CIP）数据

政策性金融概论（Zhengcexing Jinrong Gailun）/白钦先，王伟主编．—北京：中国金融出版社，2013.10
高等学校经济管理类课程教材．金融系列
ISBN 978 - 7 - 5049 - 7135 - 7

Ⅰ．①政…　Ⅱ．①白…②王…　Ⅲ．①金融学—高等学校—教材　Ⅳ．①F830

中国版本图书馆 CIP 数据核字（2013）第 221028 号

出版
发行　中国金融出版社

社址　北京市丰台区益泽路 2 号
市场开发部　（010）63266347，63805472，63439533（传真）
网上书店　http：//www.chinafph.com
　　　　　　（010）63286832，63365686（传真）
读者服务部　（010）66070833，62568380
邮编　100071
经销　新华书店
印刷　保利达印务有限公司
尺寸　185 毫米 ×260 毫米
印张　15
字数　332 千
版次　2013 年 10 月第 1 版
印次　2013 年 10 月第 1 次印刷
定价　32.00 元
ISBN 978 - 7 - 5049 - 7135 - 7/F. 6695
如出现印装错误本社负责调换　联系电话（010）63263947

主编简介

白钦先，教授，我国著名资深经济金融学家，首届"中国金融研究杰出贡献奖"获得者，辽宁大学金融学和政策性金融学博士生主任导师，应用经济学一级学科学术带头人，金融学国家重点学科学术带头人，国际金融研究所所长；国务院第四届、第五届学位委员会应用经济学学科评议组成员，中国金融学会常务理事，中国国际金融学会常务理事，享受国务院特殊津贴的专家，三次获辽宁大学振兴奖，沈阳市劳动模范，中山大学特聘教授、博士生导师；公开出版学术专著十余部，发表学术论文200余篇，《比较银行学》获国家级奖，《各国政策性金融机构比较》获全国高校一等奖；在国际经济金融体制比较、政策性金融和以金融资源学说为基础的金融可持续发展理论三大领域有开拓性、开创性研究，居全国领先地位，被称为是国内外"政策性金融理论的首创者和中国政策性金融实践的首倡者"。

王伟，博士后，辽宁大学教授，博士生导师，研究方向：政策性金融与金融发展，农村金融，金融与社会。在《金融研究》、《经济理论与经济管理》、《国际金融研究》、《财贸经济》等学术刊物上发表专业论文50余篇，出版4部学术专著，主持完成教育部人文社科规划基金项目等5个省部级科研课题，参与完成国家社科基金重点项目（排名第二）等，科研成果获辽宁省自然科学学术成果奖一等奖等多项奖励。

前　言

古今中外，一直持续存在着关注国计民生和服务强位弱势群体的政策性金融实践活动，但从人类第一次将研究的焦点正面对准它，发现、发掘政策性金融这一普遍现象和经济金融规律，并抽象到一般理论的高度来专门系统地研究它还为时不长，迄今也就二十余年，相对于政策性金融实践的漫长历史来说还十分短暂。所以，在金融学科发展史上，政策性金融学只能算是一门新兴的、年轻的交叉性边缘学科。本书开创性地专门而比较系统地阐述了政策性金融理论体系，构筑政策性金融学的基本理论框架。当然，任何学科都在不断地发展和完善，对一门学科逻辑结构的安排也就难以做到尽善尽美，政策性金融学作为新兴学科也是如此。

本书主要根据政策性金融结构的多重性特征，将政策性金融学的体系结构划分为三部分，共分设十三章。为了全面系统地理解政策性金融原理，把握好知识要点，本书在每一章后面还附有本章小结和思考题。全书的基本结构和主要内容如下：

第一篇为政策性金融基础理论（第一章、第二章、第三章、第四章），分别论述政策性金融的内涵与外延及特征，政策性金融同商业性金融、政策性保险与商业性保险，以及政策性金融同政府财政、金融政策、开发性金融等相关范畴的区别和联系；政策性金融的产生、发展和思想渊源，政策性金融学的学科性质；政策性金融不可或缺、不可替代的客观必然性与理论基础及其基本经济学和金融学含义；政策性金融的特殊功能与战略性地位，政策性金融制度体系的构成和中国政策性金融体系现状，以及中国政策性金融只能加强、不能削弱的重要作用和特殊意义等。

第二篇为政策性金融结构论（第五章、第六章、第七章、第八章、第九章、第十章、第十一章），从业务运作和经营机制实务方面，分别论述政策性金融特殊的资本结构、负债结构、资产结构、风险结构、立法结构、监督结构和外部关系结构等。鉴于政策性金融机构是政策性金融制度的主要承载体，也是一般意义上的政策性金融或者狭义的政策性金融，所以，在论述政策性金融的诸多结构要素中，也主要以政策性金融机构为基础和分析对象，或者说主要是阐述政策性金融机构的不同结构性特征。

第三篇为政策性金融发展趋势与应对（第十二章、第十三章），主要论述当代国外政策性金融改革发展的现状、问题、特征及一般趋势，尤其是对近年政策性金融演化国际潮流的基本认识；在此基础上，结合中国国情和经济金融环境的变化，从理论和实践两个方面，分析我国政策性金融改革与发展的历史进程、结构性失衡问题及其原因，实现中国政策性金融可持续发展的基本思路和对策等。

全书由白钦先教授负责总体设计、大纲拟定和审阅定稿并编写第二章；王伟教授负责全书总纂，并编写第一章、第四章、第十三章。为了使本书更好地做到理论性与应用性的有机统一，参与编写的人员主要由高校和相关金融机构从事政策性金融研究、教学和实际工作的高级专门人才共同组成。除主编外，其他参编者按章序依次为：第三章，戴世宏（中国进出口银行总行，高级经济师、博士后）；第五章，李鹏（辽宁大学金融系，讲师、博士）；第六章，李钧（中国农业发展银行黑龙江省分行，高级经济师、博士）；第七章，杨秀萍（沈阳师范大学金融系，教授、博士）；第八章，刘子赫（辽宁大学研究生院，博士）；第九章，王吉献（中国农业发展银行总行，博士）；第十章，郑耀敏（辽宁大学研究生院，博士）、刘子赫；第十一章，栾彦（辽宁大学金融系，讲师、博士）；第十二章，谭庆华（中国建设银行总行，博士）、于壮（国家开发银行总行，高级经济师、博士后）。

本书是国内外第一部专门研究政策性金融学科理论的大学教材，无论是理论体系框架，还是章节内容观点等，都还存在着一些值得商榷和进一步完善的地方，诚望广大读者提出批评和宝贵意见，共同为繁荣和推进政策性金融学科理论研究与学科建设献计献策。在本教材的编著过程中，我们还参考了国内外许多相关文献，恕不一一列举并特致谢意。

本教材侧重于介绍政策性金融基础理论与基本知识，适合高等院校经济金融类相关专业的本科生及研究生教学使用，也可作为金融机构从业人员的培训教材，以及相关研究人员的参考书。

目　录

第一篇　政策性金融基础理论

Economics &
Management

高等学校经济管理类课程教材——金融系列

第一篇

政策性金融基础理论

第一章

导　论

在一国完整的金融体系中，不仅包括商业性金融，也客观存在着与之对称、平行、并列和互补的政策性金融。政策性金融是国家保障强位弱势群体金融发展权和金融平等权的特殊制度安排。政策性金融学的学科发展史并不长，但古今中外专门服务于强位弱势群体的政策性金融业务活动，却一直普遍持续地存在着，并具有悠久而深厚的思想根源。所以，政策性金融学有必要也有可能成为一门独立的学科而存在，并逐渐发展成为金融学领域中充满生命力和颇有发展前景的一门边缘性学科。本章主要阐述政策性金融的基本含义及其同政府财政、金融政策、开发性金融等相关范畴的区别，政策性金融制度演进，以及政策性金融的学科性质等。

第一节　何谓政策性金融

一、政策性金融的性质与宗旨

政策性金融这一专业术语，对于生活在当今全球市场经济高度发达环境下的大多数专业和非专业中外人士来讲，尽管是陌生的和新鲜的，但这一融资活动连同它的相关机构、业务和工具的产生发展与演变已有几千年的历史渊源。无论是先秦时期泉府办理的政府信用业务，还是在现实生活中发生在我们身边的"三农"、中小企业、低收入者住房、西部大开发、企业"走出去"、自主创新、就业、助学、灾后重建等领域的金融活动，以及商业银行承担的社会责任业务等，无不闪烁着政策性金融的身影。然而，从人类第一次将观察的视野转向政策性金融，将研究的焦点直击正面对准它，发现、发掘政策性金融这一普遍现象和经济金融规律，并抽象到一般理论的高度来专门系统地研究它还为时不长，迄今也就二十余年的历史，相对于政策性金融实践的漫长历史来说还十分短暂。

由于"政策性金融"这个概念正式提出的时间还不长，尤其是缘于各民族历史、社会文化、习惯沿革、法规等原因，在实际应用中还存在着一些相近或相似的概念，如国家金融、政府金融、公共金融、制度金融、特殊金融、弱势金融、包容性金融、普惠金融、扶贫性金融、财政投融资、财政信用、公共投资、公益性信用等。在英文文献中，"政策性金融"多译为 Policy Finance、Policy – based Finance、Policy – based Directed Credit 或 Directed Credit Program，也有的翻译为 Policy – oriented Finance 等；在日文中，"政策性金融"多称为"公的金融"，意在与"民间金融"相对比。在国外，一般认为政策性金融是指公共部门所从事的金融中介活动，是"为了实现产业政策等特定的政策目标而采取的金融手段，也即为了培育和扶持特定的战略性产业，在利率、贷款期限、担保条件等方面予以优惠，并有选择地提供资金"。[1]

综合学术界对政策性金融概念的不同理解，也为了区别于商业性金融，我们应该基于制度的视角来科学界定政策性金融范畴，其界定标准主要体现在政策性金融的业务对象是否是"强位弱势群体"[2] 这一基本特性上，亦即凡是既处于强位又属于弱势范畴而需要金融特别支持的产业、地区、领域、项目等不同形式的特殊群体，都应该属于政策性金融服务的对象和制度安排的范畴。对强位弱势群体的投融资倾斜和扶植服务也是政策性金融的"政策性"的集中体现。这里，所谓"强位"，是指符合政府特定的社会经济政策或政治意图，关系国计民生而需要政策性金融扶植的产业、领域和群体，它在世界各国或地区经济和社会发展中具有特殊战略性的重要地位；所谓"弱势"，是指金融需求主体或融资对象由于自身的、历史的和自然的等特殊原因，造成其在一定的经济环境条件下、在激烈的市场竞争中处于融资或参保方面的相对劣势或特别弱势的状态。

因此，就政策性金融概念的内涵而言，政策性金融是指在一国政府的支持与鼓励下，以国家信用为基础，关注国计民生并以强位弱势群体为金融服务对象，以金融资源配置的社会合理性为目标，运用种种特殊的融资手段，严格按照国家法规限定的业务范围、经营对象，以优惠性存贷利率或信贷、保险（担保）的可得性和有偿性为条件，直接或间接为贯彻、配合国家战略与特定经济和社会发展政策而进行的一种特殊性金融制度安排。由此，我们可以看出政策性金融制度的宗旨，就是充当政府经济与社会调节管理职能的工具，专门为关乎国计民生的各种形式的强位弱势群体提供资金、担保及保险等方面的金融服务，补充并引导商业性金融，促进这些特殊目标群体的经济增长与社会进步。政策性金融的性质，则体现的是一种非营利公共性和社会合理性的属性。

从政策性金融概念的外延来看，或者说就制度结构或业务形式而言，政策性金融制度体系是由政策性金融机构体系和业务体系两部分所构成的。其中，政策性金融机构是政策性金融制度的主要承载体，也是我们通常意义上所说的政策性金融或者狭义的政策性金融；政策性金融业务体系则体现了广义上的政策性金融概念，政策性金融业务既包括政策性金融机构所执行的业务活动，也包括由其他机构或相关政策搭配所执行的业务

---

[1] Dimitri Vittas, Akihiko Kawaura："Policy based finance, financial regulation and financial sector development in Japan", the World Bank Policy Research Working Paper, No. WPS 1443, 1995.

[2] "群体"不仅是指处于社会关系中具有共同目标和期待的人群的集合体，而且也包括为了实现一定社会目的、依照特定的规范和正式的规章制度而组成的正式组织（次级社会群体或次属群体），如企业、政府等。如中国外交部发言人在例行记者会上曾表示，中国在网络安全方面是弱势群体。因此，政策性金融所针对的强位弱势群体，无论是内涵还是外延也都相对广泛。

活动。由此，我们可以说，政策性金融不仅主要是指政策性银行，而且还包括政策性非银行金融机构和其他制度承载体；不仅主要是指一切规范意义上的政策性贷款，而且还包括一切带有特定政策性意向的存款（如住房储蓄、社会保障保险存款）、投资、担保、贴现、信用保险、存款保险、农业保险、公益信托、基金、利息补贴、债权重组、外汇储备投资、资产管理等一系列特殊性资金融通行为活动的总称。

政策性金融是金融的一部分，它具有如下七大特性并且是七者的统一：（1）政策性，即服从和服务于政府的某种特殊的产业或社会政策目标或意图。"政策性"主要表现为对强位弱势对象的金融倾斜和扶植，以及维护社会公平、机会均等和安全稳定等社会合理性方面。（2）优惠性、可得性；即以比商业性金融优惠的利息率、期限、担保等条件提供贷款，或保证为得不到商业性金融服务的弱势群体提供贷款（可得性）。（3）融资有偿性，即贷款有借有还，政策性金融也是在一定期限内有条件让渡资金使用权的信用活动。（4）国家信用性，其实质是政府的担保，也就是说，政府对政策性金融业务活动进行担保，承担最高和最后的国家风险。（5）制度载体的多元性，即政策性金融业务可以由不同类型的金融机构或组织承担，亦即既可由专门组建的政策性金融机构（包括政策性银行和政策性非银行金融机构）独立经营或专营，也可由其他金融机构、部门和组织在特殊时期、特定领域对特殊对象，通过多种方式代理或兼营。因此，政策性金融制度与制度承载体两者之间是制度安排的质的规定性与制度承载体或实现形式的多元性的关系，或者说是内容和形式的关系。（6）法律独特性。在金融类法系中，不仅包括商业性金融法，还有与之相对应的专门的政策性金融法。（7）结构的多重性，即政策性金融结构包含着特殊的体系结构、资本结构、负债结构、资产结构、风险结构、立法结构、监督结构和外部关系结构等有别于商业性金融的多重结构特性。

二、政策性金融与相关范畴

不仅政策性金融和商业性金融、政策性保险和商业性保险具有不同质的规定性，而且政策性金融也不同于政府财政、金融政策、开发性金融等。

（一）政策性金融与商业性金融

尽管事实上商业性金融在近现代世界各国均是其金融的主体，然而这并不能成为人们自觉或不自觉地将商业性金融完全等同于一般金融，并视之为不言而喻之理的充足理由。事实上，无论是在理论上和概念上，还是在实际金融体系中，都应该将金融划分为商业性金融和政策性金融两大族类，二者是相互对称且高度平行与并列的。世界上近两百个民族国家和经济体的金融体系，都是由商业性金融机构（包括商业银行和商业性非银行金融机构）和政策性金融机构（政策性银行和政策性非银行金融机构）两大部类组成的。各国立法当局也是严格将金融类法规分为针对商业性金融的一般银行法、证券法、保险法同针对政策性金融的单一的特殊的开发银行法、农业发展银行法、进出口银行法等两大类。

商业性金融机构从事的业务一般都是营利性的商业性业务，政策性金融机构从事的业务都是非营利性的政策性专业性业务，二者在金融体系大家庭中是在性质、职能、运行机制、目标、资金来源与运用等方面极不相同且各具特色的两类金融机构。下面，我们主要以金融体系的主体即商业银行和政策性银行为例，简要地加以比较。

1. 在金融体系中的地位不同。商业银行构成各国金融体系的主体，它的资产与负债量一般占该国金融体系资产负债总量的 50% ~ 95%；作为政策性金融体系主体的政策性银行，则是各国金融体系中专业性银行这一翼的一部分，其资产与负债量一般仅占该国金融体系资产与负债总量的百分之几到百分之十几，最多也不超过 1/3。具体就市场定位与份额、市场经济总体而言，商业性金融是主体，政策性金融是辅助与补充；但就某一特定领域、特定地区和特定产业，即市场机制作用的盲区而言，则政策性金融更可能是主体或主角而非配角。

2. 性质与目标不同。商业银行是以吸收各种存款特别是活期存款为其主要资金来源，以对强位强势群体的工商企业等所谓优质客户发放各种贷款，特别是中短期贷款，以盈利为目的的商业性金融机构；政策性金融机构是不以盈利为目标，专为贯彻、执行或配合政府经济社会政策，专门服务于强位弱势群体，在特定业务领域内从事政策性资金融通活动，充当政府经济与社会调节管理工具的专业性银行机构或政策性非银行金融机构。

3. 职能与运行机制不同。商业银行是金融体系中最典型的金融中介机构，它代表着资金的积聚和集中，又代表着资金的分散和分配，它通过市场机制在获利的基础上实现资源的相对合理配置。但是，市场运行机制既是商业银行的特点和优势，又是它的局限性之所在。在价值规律、竞争淘汰的市场利益机制之下，资金流向效益高的地区、部门或行业，那么，"马太效应"就会出现，不仅会使一国相对落后的地区、部门或行业得不到或不易得到所需资金，相反还会出现资金的倒流现象，进而给一国经济与社会的全局带来许多问题。所以，"看不见的手"达不到或不能充分发挥作用的地方，"看得见的手"就应自觉主动地参加进来发挥作用，以促进经济与社会的稳定、协调与可持续发展。于是，政策性金融机构应运而生。政策性金融机构是补充商业性金融机构作用的不足而不是替代它。它一方面配合一国经济与社会发展不同历史时期、不同阶段经济社会政策目标的不同需要和侧重点，通过政策性金融活动充当经济调节和管理工具的角色；另一方面，又诱导、补充商业性金融机构机制与作用的不足，健全与优化一国金融体系的整体功能，充分发挥其在一国经济与社会发展中不可取代的重要作用。就运行机制而言，政策性金融机构具有财政"无偿拨付"和金融"有偿借贷"的双重性机制，是二者的有机结合而不是简单加总。"无偿拨付"的财政性表现在政策性金融机构的非营利性、对贷款低息或无息的贴补性和对风险的硬担保性，有时即使赔钱也在所不辞。"有偿借贷"的金融性表现在政策性金融机构资金使用的有偿性和一定的效益性上，从某种意义上讲，政策性金融机构是市场性与公共（产品）性、财政性与金融性、微观性与宏观性、有偿性与无偿性、直接管理与间接管理、市场缺陷与政府干预的巧妙结合与统一。

4. 融资原则不同。商业性金融机构的融资原则一般都是资金供需双方在平等互利原则的基础上，按市场利率在一定条件下进行的借贷活动。政策性金融机构则依据许多特殊的融资原则：（1）融资对象必须是强位弱势群体，而且是从其他商业性金融机构得不到或不易得到所需资金时才能从政策性金融机构获得资金。（2）大多是中长期贷款，一般按政策性利率甚至低于筹资成本，发放低息贷款或财政贴息贷款。在当代市场化融资的趋势下，政策性金融机构更多地体现为提供贷款、保险（担保）等融资的可得性，而不是大量地依赖财政融资和提供低息贷款。贷款种类也呈现出批发贷款与零售贷款相结合等多元化特征，以满足客户多样化的需求。（3）对其他金融机构发放的符合政府特定政策目标或意图的贷款给予偿还担保、利息补贴或再贷款。

5. 种类多少不同。商业银行的种类一般比较单一，各国无太大差别。在有的国家，商业银行按业务分类也只有一般商业银行和全能性或综合性商业银行两类。政策性银行则依据其业务对象领域不同，可分为众多的种类，如进出口银行，农业信贷银行，中小企业银行，房屋储蓄银行，各种开发银行，环境、国民福利等特种银行。

6. 资金来源渠道与结构不同。除国家商业银行的资本金属国家所有之外，商业银行一般都是股份公司形式的私人银行机构。商业银行的资金来源主要是大量吸收企业和居民存款，特别是活期存款和定期存款。政策性银行的资本金一般全部或大部分由政府提供，此外，它也通过多种方式广泛筹措资金：（1）从财政部、中央银行、政府有关部门或机构、公共基金借入资金，还可以借入国外资金。（2）发行债券。（3）一般不吸收存款，少数情况下有条件地吸收有限种类的存款。

7. 资金运用渠道与结构不同。商业银行由于其负债结构的高度流动性而使其资产业务中的中短期贷款特别是短期贷款占有最大比例。政策性银行的资产则有较低的流动性，以中长期贷款占有最大比例：（1）它发放的贷款除少数普通贷款外，大部分是政策性贷款，即符合政府特定经济或社会政策意图并给予补贴或担保的贷款。这种贷款或直接贷出，或通过其他金融机构转贷或委托贷款。（2）除了开发性银行以外，政策性金融机构一般不从事投资业务。（3）担保业务是大部分政策性银行的一项重要的不可缺少的业务。

8. 在宏观经济金融控制调节中的地位与作用不同。商业银行处在宏观金融调控的中间环节，是中央银行货币政策的最主要的传导者；政策性金融机构比商业银行更直接、更迅速地体现或贯彻政府的经济或社会政策，对于经济结构的调整有着更为明显直接的作用，是政府产业政策的最主要的执行者，从而更有助于经济与社会的持续、全面、协调、均衡和稳定发展。

9. 与中央银行及政府的关系不同。中央银行是商业银行的"最后贷款人"，是"银行的银行"，是商业银行的唯一监督管理者或主要监督管理者。中央银行与政策性银行的关系则要比与商业银行的关系松散得多。一般情况下，二者并无直接隶属关系、领导或监督管理关系或资金供给关系。但有的国家的中央银行则向政府的政策性银行提供再贴现、再贷款或专项基金，有时也在双方的决策机构中相互派出代表，协调政策或沟通意图。在大多数情况下，商业银行与政府各有关部门并无直接的隶属、领导或资金供给关系。相比之下，政策性金融机构与政府的关系，特别是与财政部及对口部门的关系比商业银行要密切得多了。政府是各种政策性金融机构资本金的唯一的或最主要的提供者，是它的行政领导和业务监督管理者。

10. 二者的经济属性不同。商业银行是标准的金融企业，而政策性金融机构则更像国家经济社会政策特种机关，一般实行企业化管理，是政府财政、经济性机关的金融化。

因此，政策性金融与商业性金融是一个民族国家和经济体经济与社会发展稳定中，完整的金融统一体中不可或缺的两翼，二者是相互补充的而不是替代的关系，是平等协调合作的伙伴而非对立的或从属的或竞争的对手。两者都必须遵循信用有偿性的基本金融规则，在业务上也是相互促进、互惠互利的互补性关系。在当代各国经济金融体制中，只有同时存在这两翼，才是协调与均衡的，才是稳定和有效的，否则，就将会是扭曲的、非均衡的、不稳定的和低效的。

（二）政策性金融与财政

政府财政或国家财政是一种公共财政，尽管公共财政的逻辑前提之一也是针对市场失灵的，但其核心概念是公共产品（主要是纯公共产品），与政策性金融资源配置客体的准公共产品有所不同；尤其是公共财政资源配置或公平分配的无偿性，也同政策性金融资源配置的有偿性截然不同。所以，政策性金融不同于政府财政，不等于财政融资，更不是政府的"第二财政"或慈善机构。财政融资主要是在政策性金融机构初创时期的一种重要资金来源渠道。尽管随着当今经济金融运行环境的变化，财政融资正在逐步让位于市场融资，但是鉴于政策性金融机构是代表国家与全民利益而从事的非营利的政策性业务，因而也始终离不开必要而适量的财政支持。此外，政策性金融学与财政学也是两个不同的学科。政策性金融学主要研究对强位弱势群体的投融资倾斜和扶植服务问题；财政学主要研究国家如何从社会生产成果中分得一定份额，并用于满足实现国家职能的需要，包括财政资金的取得、使用、管理及由此而反映的经济关系，同时也研究企业在生产经营过程中的税收问题。

（三）政策性金融与金融政策

有不少人往往将政策性金融等同于国家的一般金融政策或货币政策，其实，二者是不同的概念范畴。金融政策一般是指由中央银行或金融监管部门所制定的金融宏观调控政策，包括货币政策、信贷政策、外汇政策、支付清算政策、信托租赁政策、证券市场政策、保险市场政策以及金融监管政策等；从政策性金融与商业性金融相互对称的角度来看，金融政策还可以分为针对政策性金融的金融政策与针对商业性金融的金融政策两大类。政策性金融是针对强位弱势群体而言的一种制度安排，而金融政策的客体既有强位弱势群体也有强位强势群体，具有一般性、宏观性和整体性的特点。在西方，金融政策往往是指金融市场，特别是资本市场的政策。

进而，从政策性金融学与金融学的学科关系看，尽管政策性金融学是属于金融学领域的一个分支学科，但无论是从学科的产生和发展，还是从学科研究领域、研究对象、研究内容以及边界等方面看，两者都有所不同。政策性金融学专门研究对强位弱势群体的金融服务问题；而金融学研究的内容则极其丰富，既包括有关金融诸范畴的理论论证，也包括对金融市场、金融中介机构及其相互渗透发展的微观分析，以及对金融的一般宏观分析；既研究对强位弱势群体的金融服务，也研究强位强势群体（优质客户）的金融服务等。作为一门独立的学科，金融学最早形成于西方，叫"货币银行学"。近代中国的金融学，也是从西方介绍来的，有从古典经济学直到现代经济学的各派货币银行学说。而政策性金融学的学科发展史并不长，只有二十多年，而且是中国的原创，所以，政策性金融学只能算是一门新兴的、年轻的交叉性边缘学科。

（四）政策性金融与开发性金融

所谓开发性金融，是特指为一国或经济体经济与社会发展中的基础性产业或领域（如能源、电力、交通、水利、环境），或落后的地区，或在新形势下又延伸至具有某种特殊战略重要性的产业或部门，提供信贷等金融服务的金融机构或金融业务活动的总称。开发性金融如同农业（农村）金融、中小企业金融、住房金融和进出口金融一样，是出于某种方便或需要，从金融机构或金融业务的服务对象或服务领域的角度而做的某种划分。显然，上述几种金融，每一种一般都又分为商业性与政策性两类，例如开发性商业性金融和开发性政策性金融等。政策性金融与开发性金融的区别，也可以用数学中的集合原理及其文氏图来说明（见图1-1）。

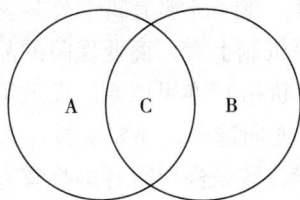

图1-1 政策性金融与开发性金融的区别文氏图

设 A 为政策性金融所有类型元素构成的集合，即

A = ｛开发性政策性金融，农业政策性金融，进出口政策性金融……｝；

B 为开发性金融所有类型元素构成的集合，即

B = ｛开发性政策性金融，开发性商业性金融｝；

则，由 A 和 B 的所有公共元素构成的集合 C，为 A 与 B 的交，即

C = A∩B = ｛开发性政策性金融｝。

亦即，除了开发性政策性金融是既属于政策性金融又属于开发性金融的公共类型元素外，一般而言，其他政策性金融类型元素（记为 a）则不属于开发性金融 B 集合的元素，即 a∉B；同样，其他开发性金融类型元素（主要是开发性商业性金融，记为 b）也不属于政策性金融 A 集合的元素，即 b∉A。所以，集合 A 既不是集合 B 的子集（记为 A⊄B），集合 B 也不是集合 A 的子集（记为 B⊄A），即集合 A 与集合 B 是两个互不包含的不同集合。

由此，尽管开发性政策性金融是政策性金融体系的主体部分，但是开发性金融与政策性金融却有着本质上的区别，是两个不同的概念。所以，开发性金融同商业性金融、政策性金融彼此既不对称也不平行更不并列，进而，开发性金融也不能称为或成为政策性金融的高级阶段。只有明确这一点，才能把政策性银行办成真正的政策性银行。

(五) 政策性保险与商业性保险

政策性保险是保险标的对国计民生具有重要战略意义，对强位弱势群体的生产和生活保障具有重要影响，保险风险广泛或巨大，而按照商业经营规则无法由市场提供的一种保险类别。政策性保险可分为经济政策性保险（主要有农业政策性保险、出口信用保险、存款保险等）和社会政策性保险（社会保险）两类。

政策性保险与商业性保险在举办主体、经营目标、承保机制、立法和外部性等方面也迥然不同。（1）从举办的主体来看，商业保险可以由国营、公私合营或私营的保险公司专营和举办，遵循等价有偿的商业原则；而政策性保险一般都是风险大、利薄甚至亏本的，但又关系国计民生和社会安定的项目和对象，所以，一般都由政府专门成立的专业保险公司承保。（2）从经营目标上看，商业保险公司以利润最大化为经营目标，商业性保险产品完全由投保人自己埋单；而政策性保险公司遵循非营利性目标，虽然也要求经济核算，但必须兼顾甚至注重社会的宏观经济效益，亏损项目由财政给予适度支持或补贴，政策性保险产品部分要由政府埋单。（3）从外部性上看，政策性保险具有明显的正的外部性，可以增进社会福利，在经济学上属于公共物品或准公共物品；商业性保险的外部性则不明显。（4）从承保机制上看，商业保险的品种多，可由投保人任意选择和决定投保金额，甚至保险费率（价格）亦可谈判。而政策性保险则不同，它有特定的险种、单一费率。保险人为了防止逆向选择，还要求投保人对政策性保险项目的所有对象都必须投保。（5）从立法上来看，政策性保险各国都有专门的法律法规规范，一般并不受规范商业保险的《保险法》、《海上保险法》等法律约束。这是因为，从法律上来说，由于政策性保险在政府的多方位参与下，它既涉及私权利（保险人和被保险人之间的关系），还涉及公权力和私权利之间（政府和保险人、政府和被保险人）的关系，不再是简单的私权利之间的关系，其性质变了，进而才产生了专门的法律法规；而《保险法》、《海上保险法》等法律属于私法的范畴，《农作物保险法》（美国、加拿大）、《农业灾害补偿法》（日本）、《贸易和投资保险法》（日本）、《出口保险法》（韩国）、《出口和投资担保法》（英国）等，实际上都属于公法的范畴。也就是说，政策性保险涉及公权力的介入，私法就不便于调节其间的复杂关系。

第二节　政策性金融的历史演进

政策性金融制度源远流长，政策性金融业务活动和政策性金融机构至今仍然经久不衰持续存在。

一、政策性金融的产生

如果从我国先秦时期泉府开办的政策性赊贷业务算起，政策性金融业务活动迄今已经有几千年的历史了；如果从15世纪意大利开办的专门为弱势人群提供金融服务的公立银行算起，作为制度主要承载体的政策性金融机构从产生到现在也有五百多年的漫长历史。

政策性金融机构最早出现在欧洲。从历史上来看，银行起源于意大利。早在1272年，意大利的佛罗伦萨就已出现一个巴尔迪银行，这是最早的商业银行。最早的政策性银行也出现在意大利，即1462年在意大利帕鲁奇亚市开业的 monti di pieta 银行，这是世界上第一家由政府组建的专门向穷人贷款的低利率的"公立银行"。1822年，在比利时诞生了第一家开发银行，其主要职能是促进产业革命时期的新工业创立。后来，法国于1852年组建了两家发放低息贷款的银行——the Crédit Foncier 和 the Crédit Mobilier，这两家银行被认为是现代意义上较为规范的政策性金融机构的先驱。促使法国政策性银行产生的直接原因主要是自然灾害和国际竞争对资金的大量需求与传统银行对提供农业信贷冷漠之间的矛盾。于是，在社会尤其是农民向国家施加压力的背景之下，法国初始的政策性银行就产生了。

从总体上来考察，在19世纪或更早时期，世界范围内的政策性金融机构的设立并不普遍，只有少数国家成立了一些具有一定政策性特征的银行金融机构，其主要原因是这一时期古典经济学派的自由竞争理论在当时占主导地位。在这种理论的影响下，这一时期经济的运行主要通过市场机制的作用自发进行，政府对经济的调节作用被限制到了最低限度。因而，政策性金融作为政府调节经济的手段之一，其发展也受到了较大制约。

中国的政策性金融历史也非常悠久，早期（古代）的政策性金融活动主要集中在先秦、两汉和北宋等几个朝代。古代历代政府为了维持社会稳定和再生产的进行，一般都实行赈济性的借贷。这种赈贷既有货币借贷又有实物借贷，利率较低，而且主要是农业信贷。

先秦是我国货币信用的产生时期，政府机构"泉府"也办理政府信用业务，其内部组织比较健全，实行有偿借贷并有法律保护。《周礼》中有泉府的记载，说它是官府向人民赊贷业务的官方信用机构，其信贷的对象主要是贫民、小手工业者和小商贩。泉府对信贷资金的管理和债务的偿还也作了较详细的规定。据《秦律》记载："府中公金钱私贷用之，与盗同法"；"百姓有债，勿敢擅强质"；"有债于公及赀赎者，居它县，辄移居县责之"。春秋战国时期的借贷盛行，为了避免高利贷的豪夺，通过借贷使人民生计得以维持，促进农业生产的发展，使国家的利益得到保障，在我国早期的放债取息理论中，还主张开展君民之间的政策性信用，用政府借贷取代私人借贷。《管子·轻重》篇中说："春赋以敛缯帛，夏贷以收秋实，是故民无废事，而国无失利也"，"无食者予之陈，无种者贷之新，故无什倍之贾，无倍称之民"。到了汉代，国家对贫民的救济性贷款已成为一种经常性的制度。信贷内容有钱币，也有种子和粮食。汉武帝元狩六年（公元前117年），曾派遣博士大夫等人分巡国内，对鳏寡废疾或不能谋生者，予以贷款救济。昭帝始元二年（公元前85年），"遣使者赈贷贫民毋种食者"。宣帝地节三年诏："流民归还者，假公田，贷种食"；元帝永光元年诏："天下务农亩，无田者皆假之，贷种食如贫民"。在农民无力偿还政府的债务时，政府有时还实行暂停还债或免除债务的措施，如昭帝始元二年因灾害多而宣布"所振贷种食勿收责"。政府还鼓励各地富户参加对贫民的赈贷。武帝元狩三年"举吏民能假贷贫民者以名闻"。宣帝本始四年（公元前70年）要"丞相以下至都官令丞上书入谷，输长安仓，助贷贫民"。东汉政府也向民间借钱，以筹措政策性信用资金。顺帝永和六年（公元141年）曾诏"假民有赀者户钱一千"。桓帝永寿元年（公元155年）因冀州灾荒，向有积谷的王侯贷十分之三，到新租收入时偿还。宋代在信用事业上发展缓慢，只是在政府贷款方面比以前制度化了。王安石的新法中，市易法、青苗法和农田水利法中都有有关政策性信用的规定。

总的来看，我国早期的政策性金融多带有扶持贫困的赈贷性质。对于这种借贷，人们褒贬不一。如王安石的这些改革办法，行之不久即受到保守派的攻击，反对者最大的理由说是政府"与民争利"、"生事扰民"。其实，如果说是"争利"，也是和当时的大地主及高利贷者争利；至于是否困扰人民，从实践的结果看，由于扶持的对象是农民等弱势群体，因而应当承认这种信用对于解决农民生产、生活中的困难，促进农业生产的发展起着重要的作用。

二、政策性金融的发展

进入20世纪以后，一方面，支持和扶植强位弱势群体的政策性金融业务活动仍然以多种形式持续存在着，这在世界各国的宏观经济金融政策以及商业性金融承担的社会责任活动中都有所体现；另一方面，在世界范围内，政策性金融机构也经历了两个大规模蓬勃兴起的时期，即20世纪二三十年代和第二次世界大战以后到20世纪60年代政策性金融发展的黄金时期。90年代以来，各国政策性金融体系则呈现出一种多元化发展的特征和趋势。

1929—1932年，资本主义社会爆发了有史以来最为严重的经济危机。由于市场体系已经崩溃，危机后各国经济重建所需的大量资金已无法通过市场获得。面对此种情况，国家政府开始运用其干预职能来拉动经济走出泥潭，其中，以美国的"罗斯福新政"最具代表性。所以，在20世纪二三十年代，为应对各种经济危机和大萧条，美国、德国、法国、英国等国由政府出资先后在农业、进出口、小企业、住房等领域成立了各种形式的政策性金融机构，墨西哥的国家开发银行和国民外贸银行、智利科福开发银行等发展中国家的政策性金融机构，也都是这一时期建立的。以美国为例，在1916年根据《联邦农业信贷法》建立了联邦土地银行之后，还在1923年建立了联邦中期信贷银行；1933年建立了由政府出资的合作银行，以及干预农产品生产和销售的商业信贷公司；1934年创建了联邦政府直属的美国进出口银行；1935年建立了直属于政府的农民家计局办理农业信贷，农村电气化管理局发展农村通信设施、提高农村电气化水平。这些政策性金融机构大都由联邦政府提供最初的资本金。至此，美国基本上形成了政策性金融体系。

正值此时，由于世界经济大危机的爆发，人们不得不开始重新审视自18世纪以来一直普遍认可的古典经济学派的自由竞争理论，冷静思考市场是否真的能完全实现社会资源的有效配置，以及市场机制是否本身就存在内部缺陷，必须依靠政府的干预。经济学家们开始纷纷提出新的理论来解释这种现象。1936年凯恩斯在他的《就业、利息和货币通论》中提出了政府干预的政策主张，为大多数的西方国家所采用，凯恩斯主义的兴起也为国家干预经济提供了理论依据。如果说 20 世纪 30 年代以前政府对经济的干预还是一种个别、偶然和暂时现象的话，那么，20 世纪 30 年代经济危机以后，政府干预经济就形成了一套完整的调节理论、政策、方法和措施，从而使这种干预日益具有普遍性、全面性、深入性和持久性。同时，由于国家作为一国经济的最高调节者和干预者，不可能直接介入纷繁的经济活动，必须借助于一定的工具和媒介，因此，在这一时期，政策性金融作为贯彻和执行政府经济政策的工具，理所当然地担负起恢复经济的政策使命，其自身也得到了长足的发展。

第二次世界大战以后到 20 世纪 60 年代，是政策性金融繁荣发展的第二个黄金时期。第二次世界大战使整个世界经济都遭受到了不同程度的破坏，如何恢复经济是各国政府面临的主要问题。与此同时，一些发展中国家从发展本国经济的角度出发，纷纷制订了赶超发达国家、加速工业化的发展计划。而加快经济发展最重要的一环，就是如何筹集巨额的长期发展资金。在这种情况下，仅仅依靠民间资本或纯粹的市场力量是远远不够的。在国家干预经济的理论影响下，各国政府也意识到必须依靠政府的力量才能尽快实现经济恢复与发展。于是，"二战"以后，政策性金融被广泛应用于各国经济复兴计划或经济赶超战略，使之日渐成为国家及国际金融体系中不可或缺的组成部分。在这一时期，不仅日本、韩国、印度等赶超型国家迅速建立了覆盖领域非常广泛的政策性金融体系，而且出现了世界银行、国际开发协会、亚洲开发银行、非洲开发银行等国际性或区域性的政策性金融机构，它们专门为经济开发提供长期投资贷款，又被称为"开发性金融机构"。在世界银行等有关机构的支持下，发展中国家政府普遍设立了开发性金融机构，以支持基础设施、产业及落后地区的发展。

20 世纪七八十年代以来，经济环境发生了很大变化，出现了经济全球化的趋势，也带来了金融全球化问题，导致金融市场的激烈竞争，这种趋势在 90 年代更加明显。世界各国，无论是发达国家还是发展中国家，纷纷进行金融改革，并购和重组金融机构。伴随着经济全球化和金融自由化，混业经营成为世界经济发展的趋势。在这一浪潮的冲击下，政策性金融体制也相应进行了改革并发生了深刻变化，或者对政策性金融体系进行了重组和再构造，或者对政策性金融机构的业务范围进行了调整，确立了新的发展思路和不同的战略措施，总体上呈现一种多元化发展的特征和态势。既有改革后仍然要求"树立鲜明的政策性金融的旗帜"、继续坚持机构的"政策性金融性质和历史使命"的日本、韩国等国家的政策性金融机构，也有转型为商业性金融机构或全能银行的新加坡开发银行等，还有一些国家如俄罗斯、越南、朝鲜等已经或正在组建新的政策性金融机构。在经营机制上，由于一些国家的政府对政策性金融机构的资金支持和免税优惠开始减少，政策性金融机构更加强调市场化运作，由传统的主要依靠财政融资模式逐渐转向以市场融资为主的模式。1997 年的亚洲金融危机发生以后，政策性银行的作用重新为人们所认识。不仅遭受危机的国家政府再次要求政策性银行发挥重要作用，重整本国经济，而且在国际上，国际货币基金组织、世界银行和亚洲开发银行也在发挥作用，援助和拯救发生金融危机的国家。与此同时，一些处在经济转轨时期的国家也纷纷要求组建政策性银行，他们相信，无论是在工业化时期还是在经济转轨时期，政策性银行都与经济发展直接相连。2007 年爆发并席卷全球的国际金融危机，使得世界各国又一次领略到现实经济发展还是离不开政策性金融的支持。成立由国家担保的政策性"坏账银行"用于根治金融业危机，也已被美国、韩国、德国等国家和欧洲央行提上了议事日程。在国外，日本发达配套的政策性金融体系尤为显著，德国复兴信贷银行被国人誉为"健康的政策性银行"，即使市场经济金融最发达的美国，也将其农业政策性金融机构法定为永久性机构。

我国在 1994 年以后也相继成立了国家开发银行、中国进出口银行和中国农业发展银行三家政策性银行以及出口信用保险公司等政策性金融机构。纵观 20 世纪的中国金融发展史，在不同历史时期，始终存在着对政策性金融业务的诉求，金融体系都承担着内容各异的政策性业务，而且许多是贷款不需偿还的不规范的"超政策性金融"业务。因此，在中国政策性金融制度变迁和历史发展过程中，三大政策性银行及政策性非银行金融机构的组建则具有重要的里程碑意义。中国政策性金融机构的建立，既是我国金融体系中的一项重大制度创新，也是现代金融制度上的一个重大创新。由此，我国政策性金融制度进入由业务的分散兼营到机构的分立及业务专营的崭新的历史发展时期。经过十多年的运作与发展，中国政策性金融在经济与社会发展、稳定方面发挥了不可替代的重要作用，对社会经济发展和金融体制改革及协调发展的贡献功不可没，政策性金融制度本身也具有不可替代的发展潜力和发展前景。如今，存在于我们身边的"三农"、中小企业、低收入者住房、西部大开发、企业"走出去"、节能减排、生态环境保护、就业、助学、灾后重建等国民经济重点领域和薄弱环节，也无不闪烁着政策性金融活动的身影。

三、政策性金融思想探源

政策性金融思想可以一直追溯到重商主义到新古典主义的整个发展历程。整个经济学发展史也就是政府与市场之间不断更替不断融合的历史，或者说是政府干预主义与市场自由主义不断竞争的历史。这个发展过程符合哲学上的否定之否定规律，预示了整个经济思想发展的演进方向。例如重商主义开始强调政府的作用，后来随着环境的变化，市场的作用逐渐突出，与之相对应的就是古典主义的兴起；随着资本主义由自由竞争走向垄断，一味强调市场的作用并不能完全实现稳定，在大危机的冲击下，强调政府干预的凯恩斯主义应运而生；20 世纪 70 年代的"滞胀"现象，使市场的作用再度受到重视，新古典主义则借势兴起，也即这样一条发展线路：重商主义（强调政府干预）→古典主义（强调自由市场）→凯恩斯主义（强调有限度的政府干预）→新古典主义（强调政府宏观调控下的自由市场）。虽然在经济学上表现为重商主义、古典主义、凯恩斯主义、新古典主义的更替，但其本质是政府与市场这两种资源配置机制的不同组合，一方面是更替，另一方面是融合。从整个经济学发展史来看，即使在不同的特定环境下会对某一种资源配置机制有所侧重，但政府与市场之间的融合却不可避免，代表了整个经济思想发展的演进方向。而政策性金融恰恰适应了这一趋势，或者说政策性金融是这一融合趋势在金融资源配置领域的具体应用。政策性金融充分体现了"政府与市场的融合"，符合整个经济思想发展的演进方向。因此，政策性金融具有悠久而深厚的思想根源，其产生和发展具有历史的必然性。

在市场经济不断深入发展的今天，尽管经济金融运行环境发生了深刻的变化，国内外政策性金融体系也进行了重要变革，但作为一种制度安排的政策性金融仍然不可或缺，一国政策性金融体系的规范和健康程度已成为影响国家竞争力的重要因素。尤其是在当代，还没有哪一个国家会忽视或摒弃政策性金融制度，而且越是市场经济成熟度高的发达经济国家，其政策性金融体系的立法和覆盖领域越是相对完备，运作程序、治理结构和监督管理越是比较规范，例如美国、德国、日本等。

第三节　政策性金融的学科性质

一、政策性金融学科定义

政策性金融学科性质与政策性金融资源属性密切相关。对于现代经济社会发展而言，金融是一种资源，一种社会资源，一种稀缺性资源，更是一国最基本的战略资源。既然金融包括政策性金融，那么，金融资源自然也就包含政策性金融资源。换句话说，政策性金融是一种资源，具有资源的基本属性和特征。它是整个金融资源的有机构成部分，从而也是社会资源的重要组成部分；它既是实现金融资源配置的重要机制之一，也是实现社会资源配置的重要机制之一。在追求资源配置不断优化的市场经济条件下，明确政策性金融的资源属性，不仅对于正确认识政策性金融资源的功能与作用，科学、合理、有效地开发利用政策性金融资源，进而更好地推进市场经济的稳健发展具有重要的意义，而且有助于我们更好地理解和界定政策性金融的学科性质。

对于政策性金融资源，也有人根据不同的标准进行了不同的分类。（1）从表现形态来看，政策性金融资源分为有形资源与无形资源。前者表现为政策性金融机构集中与运用的货币资金，以及有关规范、约束政策性金融活动的各种成文法律法规等；后者表现为政策性金融活动的信息、政策性金融机构的信誉、政策性金融活动中的货币资金运动与政策性金融体系之间、政策性金融体系组成部分之间的相互作用、相互影响等。（2）以是否具有现实性为标准，政策性金融资源分为现实资源和潜在资源。前者指已经形成并按照政策性金融活动的特点与要求可加以具体利用的资源，后者指暂时尚未真正构成现实但具有发展倾向的政策性金融资源。（3）以存续期为标准，政策性金融资源分为阶段性资源和永久性资源。前者指在社会经济发展的一定阶段所需要并发挥作用，而超越社会经济发展某阶段时会失去其存在价值从而逐步退出历史舞台的政策性金融资源；后者指不论社会经济发展到何种阶段始终具有存在意义的政策性金融资源。（4）以是否有偿获得为标准，政策性金融资源分为有偿性资源和无偿性资源。前者是指作为金融活动的重要组成部分，政策性金融资源尤其是货币资金的筹措与运用一般具有偿还性的特点和要求。后者是指个别特殊时期的有些政策性金融资源，是以无偿的方式取得的。如各国政策性金融发展的实践史表明，政策性金融机构最初大多由政府出资建立，并且在政策性金融机构建立后相当时期的运作过程中，政府财政以拨款的形式向政策性金融机构无偿注入资金。

政策性金融的学科性质，是要回答政策性金融的学科定义问题。金融学是研究怎样跨期配置稀缺金融资源的学科。因为金融学区别于其他学科的两项特征是金融决策的成本和收益是跨期分布的，同时决策者或其他人通常都无法预先确知金融决策的成本和收益。[①] 对于政策性金融学，我们可以初步地作出这样一个定义：政策性金融学就是从宏观分析和微观分析两个层面来研究政策性金融体制及其运行机制，以实现政策性金融资源有效配置的一门边缘性学科，它是金融学科的重要组成部分。除了一般性的政策性金融学科外，政策性金融学还可具体划分为政策性银行学、政策性保险学、政策性投资学、政策性信托与租赁等分支学科。

虽然政策性金融实践源远流长，期间也不乏政策性金融思想的萌芽，但是政策性金融理论体系在 20 世纪 80 年代之前一直未形成。17 世纪，英国的礼教士钱伯伦博士曾建议用公用土地作抵押开办国家银行，统辖所有的国家事业，也有学者认为他的这一建议实际上包含了建立政策性银行的原始思想。作为金融学一门分支学科的政策性金融学理论体系基本上形成于 20 世纪 80 年代末 90 年代初，其主要标志是白钦先和曲昭光合著的教材《各国政策性金融机构比较》（1993）的公开出版。2003 年，经过国务院学位办批准并备案，政策性金融学成为具有博士学位授予权一级学科范围内自主设置的学科专业；次年 2 月，辽宁大学获批为政策性金融学专业博士学位和硕士学位授权点。所以在金融学科发展史上，政策性金融学只能算是一门新兴的、年轻的交叉性边缘学科。

二、政策性金融学的研究对象

政策性金融学作为一门独立的学科而存在，是因为它有独特的研究对象，即政策性金融体制[②]。作为政策性金融学研究对象的政策性金融体制，是指政策性金融发展与运行中的发展战略、组织形式、框架结构、运行机制、业务活动、监督制度、构造方式、运转环境和总体效应等相关要素的有机整体或统称。这些相关的构成要素不是彼此分离和孤立的，而是相互联系和相互制约的。上述九大要素也构成了政策性金融学研究的主要内容，以下主要从九个层面进行具体的阐释。

1. 发展战略。政策性金融发展战略是指导政策性金融发展的总体标准、稳定的计划与策略形式，一般是指政策性金融发展的中长期战略规划。对发展战略的分析可以看出一国对政策性金融制度的基本态度，是支持其发展，还是约束其发展；是在原来的规模、层次上发展，还是在扩大的规模上、更高的层次上发展。

---

① Z. 博迪、C. 默顿和 L. 克利顿著，曹辉等译校：《金融学》（第二版），北京，中国人民大学出版社，2010。

② 虽然在外文资料里"体制"和"制度"这两个词一般都用 system 这一个词表示，但是严格说来，英文中的"制度"通常是指 institution。在我国，一般是把体制和制度等同看待，所以在本书中，政策性金融体制和政策性金融制度也往往是一个意思。

2. 组织形式。政策性金融的组织形式是指政策性金融体系中的机构类型、各类制度承载体及监督体系等的外部组织形式的类型、设置原则、各自特点和优劣。

3. 框架结构。政策性金融体制的框架结构是指各政策性金融机构和制度承载体的类型构成、彼此间的关系与联系方式，各类政策性金融机构数量和地理分布，资产与负债的不同类型、特点和构成比例，政策性金融机构的资本归属、利润分配等，政策性金融机构与政府、与商业性金融机构、与客户等之间的外部关系，相关的政策性金融立法、制度建设与监督。

4. 运行机制。政策性金融的运行机制是指政策性金融体制要素的数量与质量以及各要素间的组合方式的总和，是其各项体制要素相互配合所形成的有机联系或在运行中所构成的有机的相互关系。政策性金融体制的运行机制与商业性金融体制的运行机制有着重要区别，后者主要是遵循市场机制，前者包括适用于制度宗旨特性的法律保障机制、规模约束机制、商业运作机制、补偿约束机制、风险控制机制、外部考核机制和有效监督机制等。

5. 业务活动。政策性金融机构的业务活动最能体现出政策性金融体制的本质属性。从业务形式来看，主要有政策性金融融资活动、政策性保险活动、政策性担保活动、政策性投资及对外援助活动等；从业务性质来看，除了主要从事一些经济活动之外，还从事一些政治活动、社会活动和外交活动等。政策性金融的业务活动受制于专门的法律规章制度的约束和强制。

6. 监督制度。政策性金融的监督制度主要包括一国政府对政策性金融体制的监督管理体制、原则、方法与内容；政策性金融的监督机制与权力结构；各种政策性金融法律法规和政策方针的保护、强制、约束和诱导；广义地说，还包括政策性金融领域的国际规范和惯例，目前这一部分已经构成了各国政策性金融管理制度的重要内容。

7. 构造方式。政策性金融体制的构造方式是指一国政策性金融制度体系的各个单元或细胞的产生、发展演变的基本方式和构造机制的总和，其中主要研究政策性金融机构的构造方式。无论是纵向看，还是横向看，各国政策性金融机构的构造方式可以分为自然构造方式和人为构造方式两种。所谓政策性金融体制的自然构造，是指国家不直接决定政策性金融机构的设立、合并或撤销，而是适应商品经济自然发展过程及其内在要求，通过颁布相关法规限定金融机构设立、合并或撤销的基本原则和条件，粗线条划分各类政策性金融机构的业务性需要，自然地形成、演化、发展的体制构造方式。人为构造是指一些国家政府采取人为办法，强行建立、合并或撤销政策性金融机构，通过立法方式强制建立符合该国社会经济发展要求的政策性金融体制的构造方式。在上述每一种构造方式中，又可以分为初始构造和再构造两个层次，即自然初始构造和自然再构造与人为初始构造和人为再构造。所谓政策性金融体制的初始构造，是指一个国家在特定社会性质的政策性金融机构一无所有的情况下，建立起具有一定质的规定性和量的规定性的政策性金融体制。政策性金融体制的再构造，是指一国对业已建立的政策性金融体制重新进行配置和调整，从而使政策性金融体制发生或全局性的、或局部性的变化，如图1-2所示。

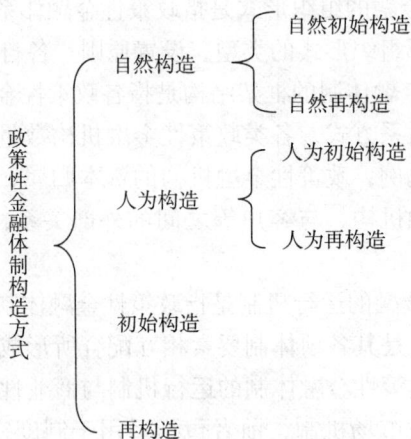

图 1 – 2　政策性金融体制的构造方式

　　例如，英国的出口信贷担保局和其他西欧发达国家的进出口政策性金融机构大多是自然构造；日本及转型国家的政策性金融机构大多是人为构造；各国的历史表明，大多数国家的政策性金融机构在初始构造的基础上都进行了再构造，如美国最初曾经成立两家进出口银行，后来合并成立了现在的美国进出口银行。

　　8. 运转环境。政策性金融体制的运转环境是指影响政策性金融产生、发展、演变与运行的所有外部条件的总称。这些外部条件构成一个纷繁复杂的大系统。从范围上来分，包括国内环境和国外环境，其中，国内环境发挥主导作用，国外环境也会产生重要的影响；从性质上来分，有经济环境、金融环境和社会环境三部分。政策性金融机构及各类政策性金融制度承载体的性质、职能与作用、业务种类和发展水平、机构设置和总体规模、运行机制和方式、作用强度等都同一定的运转环境密切联系。

　　9. 总体效应。政策性金融体制的总体效应是指一国政策性金融制度的总体效率和构成要素间的协调吻合度，包括政策性金融体系整体同社会环境、经济环境和金融环境相互协调适应的程度，即外部效应；政策性金融体系内部各构成要素间相互协调适应的程度，即内部效应；政策性金融的直接效应和间接效应、正面效应和负面效应；政策性金融体系总体，政策性金融自身的功能、效率与效益。

　　政策性金融学的研究对象与政策性金融学的任务有着密切的关系。政策性金融学的对象制约着政策性金融学的任务，政策性金融学的任务实现着政策性金融学对象的要求。政策性金融学的任务，就是揭示政策性金融制度这一宏观现象的产生、发展及运动的规律。具体地说，政策性金融学任务的内容主要包括：第一，揭示政策性金融制度内涵及质的规定性，划清政策性金融与商业性金融的界限，阐明政策性金融与其相近学科的关系。第二，揭示政策性金融制度的产生、确立和发展的客观条件及理论根基，阐明政策性金融活动的基本原理，明确政策性金融活动的基本规则。第三，阐明政策性金融资源配置的结构规律和内在矛盾，为正确处理政策性金融业内部关系提供理论指导。第四，阐明政策性金融与政府及国民经济中相关部门之间的关系，明确政策性金融在经济金融发展和国民经济中的特殊地位和作用。第五，揭示政策性金融资源配置的一般规律及其在政策性金融业务经营中的体现，为制定和调整政策性金融与宏观金融产业政策，促进政策性金融的健康与可持续协调发展提供理论依据和方法指导。

本章小结

1. 在一国完整的金融体系中，不仅包括商业性金融，也客观存在着与之对称、平行、并列和互补的政策性金融。政策性金融是国家保障强位弱势群体金融发展权和金融平等权的特殊制度安排。不仅政策性金融和商业性金融、政策性保险和商业性保险具有不同质的规定性，而且政策性金融也不同于政府财政、金融政策、开发性金融等。

2. 就政策性金融概念的内涵而言，政策性金融是指在一国政府的支持与鼓励下，以国家信用为基础，关注国计民生并以强位弱势群体为金融服务对象，以金融资源配置的社会合理性为目标，运用种种特殊的融资手段，严格按照国家法规限定的业务范围、经营对象，以优惠性存贷利率或信贷、保险（担保）的可得性和有偿性为条件，直接或间接为贯彻、配合国家战略与特定经济和社会发展政策而进行的一种特殊性金融制度安排。从政策性金融概念的外延来看，或者说就制度结构或业务形式而言，政策性金融制度体系是由政策性金融组织体系和业务体系两部分所构成的。

3. 政策性金融制度的宗旨，就是充当政府经济与社会调节管理职能的工具，专门为关乎国计民生的各种形式的强位弱势群体提供资金、担保及保险等金融服务，补充并引导商业性金融，促进这些特殊目标群体的经济增长与社会进步。政策性金融的性质，则体现的是一种非营利公共性和社会合理性的属性。政策性金融主要具有如下特性：（1）政策性。（2）优惠性、可得性。（3）融资有偿性。（4）国家信用性。（5）制度载体的多元性。（6）法律独特性。（7）结构的多重性。

4. 政策性保险是保险标的对国计民生具有重要战略意义，对强位弱势群体的生产和生活保障具有重要影响，保险风险广泛或巨大，而按照商业经营规则无法由市场提供的一种保险类别。政策性保险可分为经济政策性保险（主要有农业政策性保险、出口信用保险、存款保险等）和社会政策性保险（社会保险）两类。政策性保险与商业性保险在举办主体、经营目标、承保机制、立法和外部性等方面也迥然不同。

5. 政策性金融学的学科发展史并不长，但政策性金融制度源远流长，古今中外专门服务于强位弱势群体的政策性金融业务活动一直持续存在着，并具有悠久而深厚的思想根源，各种类型的政策性金融机构至今也是经久不衰持续存在的。所以，政策性金融学才有必要也有可能成为一门独立的学科而存在。自20世纪80年代末90年代初以来，政策性金融学已经开始逐渐发展成为金融学领域中充满生命力和颇有发展前景的一门边缘性学科。

6. 对于政策性金融学的学科性质，我们可以初步地作出这样一个定义：政策性金融学就是从宏观分析和微观分析两个层面来研究政策性金融体制及其运行机制，以实现政策性金融资源有效配置的一门边缘性学科，它是金融学科的重要组成部分。除了一般性的政策性金融学科外，政策性金融学还可具体划分为政策性银行学、政策性保险学、政策性投资学、政策性信托与租赁等分支学科。政策性金融学以政策性金融体制为研究对象。所谓政策性金融体制，是指政策性金融发展与运行中的发展战略、组织形式、框架结构、运行机制、业务活动、监督制度、构造方式、运转环境和总体效应等相关要素的有机整体或统称。这些相关要素不是彼此分离和孤立的，而是相互联系和相互制约的，这些构成要素也成为政策性金融学研究的主要内容。

思考题

1. 如何理解政策性金融的内涵和外延？其性质和宗旨是什么？
2. 政策性金融与商业性金融、政府财政、金融政策和开发性金融有何区别？
3. 什么是政策性保险？它和商业性保险有何不同？
4. 为什么说政策性金融学有必要也有可能成为一门独立的学科而存在？如何构建其学科理论体系？

第二章

政策性金融理论基础

如前所述，尽管政策性金融业务活动源远流长，政策性金融机构也已在世界各国存在和运行百年有余，然而从理论上对其进行全面深入系统的研究却才二十余年的时间。我们在本章的任务仅在于简要地阐述政策性金融产生发展的客观必然性，政策性金融不可或缺、不可替代的理论根基，并在此基础上探讨政策性金融的经济学金融学理论含义。

第一节　政策性金融产生发展的客观必然性

一、资源配置的目标与方式是经济金融学的永恒主题

近现代经济学的全部大厦都源于以下两个前提：资源的有限性（稀缺性）和人类需求欲望的无限性。于是，追求尽可能合理有效配置有限的资源，以满足人类日益增长的需求就成为一切严肃经济学的永恒研究主题。资源配置由经济主体进行，资源配置的合理性不仅关系资源本身的合理有效利用，而且对经济与社会的发展稳定产生重大影响，由此产生资源配置的根本目标问题。社会资源的配置应遵循或实现以下两大目标：经济有效性和社会合理性。经济有效性是指资源配置最终应取得一定的经济收益，应有较少的投入和较大的产出；社会合理性，是指资源配置要有利于经济的发展，有利于协调各种利益间的关系，有利于维护社会公平、机会均等和安全稳定。上述两大目标是理想化的目标，能使二者同时得以实现是最好不过的了。遗憾的是，此两大目标常常是相互矛盾的，即实现经济有效性往往与社会合理性不相一致，也就是说，实现经济有效性资源配置往往可能导致社会公平和机会均等遭到破坏，使各种利益关系发生逆变，进而威胁社会安全与稳定。但二者也并不总是矛盾的，有时也是一致的。例如，任何实现社会合理性的资源配置很难完全抛开或背离资源配置的有效性。因此，协调上述两大目标间的关系，使经济活动和各种形式的资源配置既能满足经济有效性目标，又能尽可能实现社会合理性目标，就成为资源配置主体的基本任务。

资源配置微观经济主体与宏观经济主体的目标侧重点并不完全一致。资源配置是由经济主体进行的，但在任何国家都同时存在着两个层次的经济主体，即微观层次的经济

主体——众多的企业、厂商或个人和宏观层次的经济主体——政府或政府机构。各微观经济主体之间在社会地位上是彼此平等的，它们依据市场原则进行公平交换、公平竞争、自由决策与自由选择，以实现自身利益最大化为目标来配置资源。显然，这种资源配置方式的取向是高盈利率，结果形成资源配置的经济有效性。例如，在市场机制自发调节下，资金资源从低利项目向高利项目流动，从农业向商业流动，从贫困地区向富裕地区流动，应该说，这种流动有助于稀缺资源的有效利用，从微观、效益或效果来看，仍具有相当程度的合理性。但与此同时，若从社会合理性的角度来考察，则存在明显的不足或弊端，在某种程度上，它可能破坏了机会均等，忽视了资金流出项目或地区的资金需求，雪上加霜，扶强弃弱，制造不公平，并呈现出明显的"马太效应"，进而导致社会结构失衡或危机。从总体和长远上看，也无助于资金流入项目或地区的发展，显然不具有社会合理性。于是，政府依据非商业性原则，在主要运用经济手段的同时辅之以必要的行政干预手段，对社会资源进行配置，以达到和实现符合社会合理性的目标。由此可见，在市场经济条件下，微观层次的经济主体关注的侧重点在经济有效性，而宏观层次的经济主体关注的侧重点却在社会合理性，二者往往不一致。

市场机制并非万能，易于产生"马太效应"。市场经济条件下资源配置微观层次与宏观层次的经济主体，对于资源配置两大目标的关注侧重点的不同，暴露了市场机制的某些缺陷或弊端。（1）在市场经济条件下，微观经济主体的资源配置是第一位的，是基础，是主导；宏观经济主体的资源配置是第二位的，是辅助性的，仅在于强化这种配置，或者是弥补或纠正前者的不足或偏差。这种资源配置基础性与辅助性的重大地位差异，更加加剧了实现资源配置两大目标的难度与矛盾。（2）市场机制并非万能，存在明显缺陷或不足。它的选择有时不完全可靠、不完全合理、不完全有效，易于产生"马太效应"和"抽水机效应"。市场机制往往选择那些投资风险相对较小、投资期相对较短而又有较高微观经济效益的项目，而对投资额巨大、周期较长、风险较大而社会效益也较大的项目，则不予选择或常常滞后选择。在此基础上则形成一国产业结构及地区间、部门间、行业间生产发展的巨大不平衡与分配的巨大不合理，从而产生"马太效应"和"抽水机效应"，造成社会与经济发展中的波动、矛盾、资源的重大浪费和发展的不平衡。在许多情况下，单纯依靠市场机制并不能完全实现社会资源的合理有效配置，实现社会的协调稳定发展，于是，政府的某种形式的干预便成为另一种必然的选择。

实现资源合理有效配置的三种方法最终指向"市场调节为主、政府干预为辅"。古典经济学认为市场机制、竞争淘汰机制是唯一能将社会有限资源实现合理有效配置的机制，认为只要通过市场机制这一"万能的、看不见的手"的自发调节即可实现资源合理配置，从而排斥任何形式的干预或调控。那时流行的一句名言是"管得最少的政府便是管得最好的政府"。与此相反的另外一个极端是传统的社会主义计划经济，它排斥市场机制，企图完全依靠国家机关这一"万能的、看得见的手"的主观性指令性计划来实现资源的有效合理配置，从而事实上遵循"管得最多的政府便是管得最好的政府"这一信条。但实践表明，这一目的远远没有达到，反而造成一系列严重经济与社会问题，因此要改革。介于二者之间的，就是承认市场机制，并利用市场调节，在认为它"很能"的同时，也看到它并非"万能"，并进而承认它的缺陷与不足，将上述二者适当地结合，以市场调节为主、以政府的某种形式的干预为辅来实现资源的合理有效配置。

此外，还应强调指出的是，中外传统经济理论往往忽视以下两点：现实的经济都不可能是纯经济，都是经济与社会的综合体，是社会经济；现代经济都不是绝对的单一市场经济，只能是以市场经济占主导地位的混合经济。这意味着用单一市场经济，用理想化的纯市场机制这一概念来处理资源配置这一经济学根本问题，是行不通的和不妥当的。

二、"两手"并用，政策性金融应运而生

以市场调节为主（"看不见的手"），以政府的某种形式的干预为辅（"看得见的手"），来实现社会资源的有效合理配置，"两手"并用是当代几乎一切国家的现实理智选择。政策性金融是诸多"两手"并用选择中的最佳选择。如前所述，政策性金融机构已存在运行百余年，但直到最近才赋予其基本的经济学和金融学含义。

从不同层次和不同角度对商业性金融和政策性金融进行的比较研究表明，这二者在性质、职能、目标、运行机制、资金来源与资金运用等各方面各有自己的特色，具有很大的差异。政策性金融具有财政"无偿拨付"和金融"有偿借贷"的双重性机制，是二者的有机结合，而不是简单加总。"无偿拨付"的财政性表现在政策性金融的非营利性、对贷款的低息或无息的贴补性和对某些风险的硬担保性上，甚至有时即使赔钱也在所不辞；"有偿借贷"的金融性表现在政策性金融资金使用的有偿性和效益性上。从某种意义上可以这样讲，政策性金融是财政与金融、行政性与市场性、宏观与微观、直接管理与间接管理、"看得见的手"与"看不见的手"、有偿与无偿的巧妙结合体。

在一切现实的经济金融运行中，同时存在市场调节和行政调节这两种调节手段，并且以前者为主，以后者为辅，则既可实现调节手段的均衡，又可实现资源配置经济有效性和社会合理性两大根本目标的均衡。微观主体的选择和自动调节若能使资源配置既具有经济有效性，又具有社会合理性，则宏观经济主体资源配置的目标已经得到实现，其作用力度则应相应缩减，更应为微观主体资源配置提供广阔的空间和领域；若前者资源配置的经济有效性同时伴随着明显的或严重的社会不合理性，则政府作为宏观主体在资源配置上就应发挥更大的作用，就应通过一系列约束性或导向性措施来弥补前者的不足或者是纠正前者的偏差。这一过程体现在金融领域，就是商业性金融以盈利最大化为目标来配置资金资源，在主观上实现经济有效性的同时客观上实现某种程度的社会合理性。而政策性金融作为政府资源配置手段或工具之一，以贯彻政府政策或意图为主而不是以盈利最大化为目标，在主要实现社会合理性的同时，实现某种程度的经济有效性。二者优势互补，实现经济金融运行的协调稳定与均衡。

第二节 政策性金融不可或缺、不可替代的理论依据

关于政策性金融制度安排的理论根基或理论基础，许多学者从不同的视角进行了不同的分类研究，一般可概括归纳为资源配置理论、政府与市场关系理论（或市场失灵理论、政府干预理论）、准公共产品理论、金融约束理论、信贷配给理论和强位弱势群体理论等基本的理论依据。

一、资源配置理论

资源配置的目标与方式是经济学的永恒主题，这要求必须协调和处理好资源配置效率与公平的关系。这种关系直接体现在对市场功能的认识和态度方面。中国由于没有经历资本主义社会阶段，市场的作用受到极大限制，对于市场功能的认识，应从西方发达国家的经济学说起。20 世纪 30 年代以前，以马歇尔为代表的新古典学派极力鼓吹亚当·斯密"看不见的手"的理论，信奉市场机制的自我调节功能。他们认为，市场机制是唯一能够有效配置社会资源的机制，能够实现资源的最优配置。因此，他们崇尚经济自由主义，反对政府干预，认为政府的职责只是充当"守夜人"的角色。但是在现实生活中，由于市场机制本身有其作用边界，且受到多种因素的制约，帕累托最优状态通常不能实现，它的选择有时不完全可靠、不完全合理、不完全有效，容易出现资源配置失当的"市场失灵"现象，甚至在市场机制的作用下，资本追逐高额利润的天性使得资金向微观经济效益高的地区、行业和项目流动，而相对落后的地区社会效益好、自身效益差的行业或项目就得不到资金支持，从而形成地区之间、部门之间或行业之间强者恒强、弱者恒弱的"马太效应"。因此，为弥补市场失灵，提高资源配置的合理性和有效性，就必须采取非市场的资源配置手段达到目的，而政策性金融就是符合上述条件的理想的工具。

在金融领域，金融资源配置的合理与否，直接关系到金融资源的合理利用，进而对经济发展和社会生活产生重大影响。在现代市场经济条件下，除财政等资源配置主体以外，金融资源的配置主体包括在微观金融资源配置中起着基础性主导作用的商业性金融主体，在宏观金融资源配置中起着整体性调控作用的政策性金融主体两个层次，并力求这两个宏微观金融资源配置主体双向协调地可持续发展。在资源配置的目标上，商业性金融的首要目标是经济有效性，政策性金融秉持的首要目标是社会合理性。在市场经济中的某些领域，商业性金融依据有效性原则而不愿或无力融资，这些领域对国家整体经济利益和经济社会发展又有着重要意义，这时就需要通过政策性金融依据社会合理性来进行金融资源配置。

二、政府与市场关系理论

政府与市场关系理论也可称为市场失灵理论、政府干预理论。在市场经济体制之

下，政府和市场犹如一匹马（市场经济）牵引的马车的两个轮子，缺一不可，政府的经济职能与市场机制的基础性作用都不应该忽视。由于市场机制功能和作用的局限性以及现实经济生活中市场的不完全性、不完善性，市场也就必然存在着失灵问题，因而需要发挥政府的经济职能作用，进行适当和必要的干预，这已成为现代市场经济的一个重要的基本特征。在现代市场经济制度结构中，尽管对政府职能的看法并不一致，但其中共同的观点是政府在克服市场失效和弥补市场缺陷方面承担着必要的经济职能。美国前总统小布什在刚卸任时也不得不说，这次世界金融危机使他对市场经济及市场化内涵有了重新认识。前国务院总理温家宝在英国剑桥大学发表演讲时指出，真正的市场化改革，绝不会把市场机制与国家宏观调控对立起来。这次世界金融危机也告诉中国，在坚定不移地推行社会主义市场经济体制改革的同时，必须重新对市场化改革的内涵进行定义、反思和探讨。

在金融市场上也同样需要有政府的适度有效的干预调控。如果我们将政策性金融的存在与现代市场经济制度结构中的政府职能联系起来考察，那么，政策性金融就不再是"权宜之计"的政策问题，而是一个稳定而规范的制度安排问题。政策性金融作为财政与金融、政府与市场的巧妙结合体和政府干预经济、调控市场机制的重要手段和形式，也就必然具有存在的合理性。市场失灵问题，实质上也凸显了如何处理政府与市场的关系问题。为了避免政府干预过度及其失灵问题，政府应该只做市场做不到的事情，而不做市场能做到的事情。同样，在金融市场上，政策性金融也不能越俎代庖、越位主动竞争性盈利，更不能包揽一切金融业务。否则，既无异于商业性金融，也没有其存在的必要性。所以，政策性金融应该只做商业性金融不愿做或做不到的而同时又具有重要经济社会意义的金融业务，而一般不做商业性金融愿做也能做到的金融业务；既要充分发挥商业性金融在资源配置中的基础性和首要的作用，又要弥补商业性金融的市场不足。这也是政策性金融特有的逆向性选择功能和补充与辅助性功能的要求。

三、准公共产品理论

在市场经济条件下，市场和政府分配的产品可以分为纯公共产品、私人产品和准公共产品三类。其中，准公共产品的外部收益具有生产的正外部性和消费的正外部性两种表现形式，这都意味着准公共产品一般不具有较高的内部直接经济效益，但拥有明显的外部间接净正效益。一方面，如果准公共产品完全由市场供给，就会产生消费不足的问题；另一方面，如果单纯由政府财政机制配置这部分资源，将无法避免其内部直接经济效益的降低。由此，准公共产品就是不可或缺的，这就为政策性金融在这一领域发挥作用提供了必要性和发挥作用的空间。在高度信用化的市场经济中，政策性金融是提供或生产准公共金融产品的重要手段。在金融产品生产领域，从一般宏微观理论的角度，一般也可划分为私人金融产品（商业性金融产品）和公共金融产品（政策性金融产品，属于准公共产品而非纯公共产品）两大类。商业性金融以市场原则生产具有竞争性、排他性和营利性的私人金融产品，由于缺少经济利益的激励而不愿生产公共金融产品。政策性金融则按公共利益原则生产只具备局部的排他性和有限的非竞争性的公共或准公共金融产品。二者相互补充、相互协调，共同促进经济金融健康发展。

四、金融约束理论

20 世纪 90 年代提出的不完全竞争市场论及其相应的金融约束理论，已经日益成为许多国家尤其是一些发展中国家和经济转型国家比较认同的金融发展理论，也构成了政策性金融不可或缺的一个重要理论基础。赫尔曼、穆尔多克以及斯蒂格利茨等认为，发展中国家在面临金融制度选择时，有金融抑制、IMF 及世界银行的金融自由化方案和金融约束等三个选择权，而金融约束是有效的范式，政府有选择地干预将有助于而不是阻碍金融深化。该理论的基本框架是：发展中国家的金融市场也是一个不完全竞争的市场，尤其是放款的一方（金融机构）对于借款人的情况根本无法充分掌握（不完全信息），完全以高市场机制可能无法培育出一个社会所需要的金融市场。为了补救市场的失效部分，有必要采用诸如政府适当介入金融市场以及借款人的组织化等非市场要素，进而提出了在不损害（商业）银行最基本利润的范围内，政策性金融（面向特定部门的低利政策）是有效的等理论观点和政策建议。政策性金融是联结政府与市场的手段之一，是介于财政政策和金融政策两大政策之间的一种政策工具，是联结产业政策、金融政策、财政政策的一种有效形式。它通过投融资手段，体现政府意图，配合财政货币政策，间接地、部分地履行财政政策和货币政策职能，直接为国家产业政策服务。因而，在发展中国家，政策性金融往往被视为除财政金融两大政策工具之外的第三大政策工具。

五、信贷配给理论

在信贷配给理论研究方面，Stiglits 和 Weiss（1981）对不完全信息下逆向选择能导致作为长期均衡现象存在的信贷配给作了经典性的证明。Bester 和 Hellwing（1987）在此基础上对事后借款者的道德风险行为造成的信贷配给现象作了补充。在竞争性信贷市场中，由于信息不对称导致的信贷配给将作为一种常态而存在，由此也证明信贷市场失灵问题。实际上，除了信息不对称之外，还存在其他导致信贷配给的因素。即便是在信息对称情况下，那些具有风险高以及成本与收益不对称的行业和强位弱势群体，商业性金融也会拒绝选择或滞后选择，因而成为信贷配给的对象。也就是说，某些特定行业、特定群体，比如农业，其基础性与弱势性（高风险、低收益）之间的矛盾构成信贷配给的另一个原因。也正因为如此，使得政策性金融的存在成为可能，并具有了发挥作用的空间。信贷配给现象的长期存在，既为政策性金融的相应存在提供了一个现实的理论依据，同时政策性金融也是实施信贷配给政策的一个有效载体或实施主体。信贷配给既是由于市场失败导致信贷市场不能出清而出现，同时，作为政府通过政策性金融手段弥补市场缺陷、有效配置金融资源的有力工具，信贷配给又可以作为一种长期均衡现象而存在。因而政策性金融的存在既是必要的也是必然的，信贷配给成为政策性金融存在的微观理论基础。当然，为了防范信用风险，政策性金融也应考虑借款人的逆向选择和道德风险等信息不对称问题。这一问题商业性金融也同样面临，但是它却承认信贷配给。

另外，值得一提的是，政策性金融并非造成金融抑制、阻碍金融深化和经济发展的原因和手段，二者之间并不存在必然的因果关系。事实上，政策性金融首先产生于发达国家，而且迄今仍然大量存在并将长期存在于发达国家，但却没有造成金融抑制，反而进一步促进了社会经济的可持续发展；同时，不可持续的商业性金融也有可能产生金融抑制并影响经济发展。当然，如果没有专门立法的约束和规范，如果没有建立健全政策性金融运行机制，如果滥用政策性金融资源配置的手段，也有可能影响经济金融的可持续发展。所以，我们既要充分发挥市场及商业性金融在配置金融资源中的基础性作用，同时也不能回避和忽视社会经济生活中仍然广泛存在着强位弱势群体融资难这一客观事实，以及亟待政策性金融强力支持的这一客观要求。

六、强位弱势群体理论

强位弱势群体主要是一个用来分析现代社会经济利益和社会权力分配不公平，社会结构不协调、不合理的概念。我们在前面阐释政策性金融的含义和基本特性时，解释了这一概念。目前社会对于弱势群体的支持还很有限，难以有效地改变其弱势地位。弱势群体问题已成为影响当今社会和谐、稳定和纵深发展的重要因素，已经成为社会发展的风险因素，是社会稳定的巨大隐患，因为弱势群体恰恰是社会的各个群体中经济承受力和心理承受力较弱的群体，成为社会结构的薄弱带，一旦社会各种矛盾激化，经济压力和心理负荷累积到相当程度，影响到他们的生存，社会风险将首先从这一最脆弱的群体身上爆发。当然，这种社会风险有的是直接表现出来的，有的是潜在的，在合适的外在条件下将可能演化为激烈的矛盾冲突。事实上，弱势群体中的一些人已经把种种不满和怨气转向对社会的仇视，有的为了报复社会而采取过激行为，甚至走上违法犯罪道路。此外，由于自身处境维艰，许多困难迟迟得不到解决，对可预见的未来缺乏希望和信心，凡此等等，必须引起全社会的高度重视。

就支持强位弱势群体而言，从需求的简单分类看，有衣食需求、住房需求、教育需求、医疗需求、就业需求、安全需求，等等；从需求的性质看，有生存需求、发展需求和享受需求之分。不管哪种类型的需求，最关键最本质的需求还是对物质利益的需求，这就需要政府对强位弱势群体给予特殊的政策和特殊的照顾。在风险较大、无利可图、商业性金融不愿介入的情况下，政策性金融作为政府保障民生和对强位弱势群体援助的强有力的手段，可以发挥财政与金融的双重援助功能，以促进强位弱势群体的全面发展，最终改变其弱势地位，促进社会经济的和谐、稳定与可持续发展。

第三节　政策性金融的基本经济学和金融学含义

传统上，人们仅仅将政策性金融视为只是某种特定条件下出现的某种行业性或专业性局部性问题，或仅仅是一种政府进行具体干预与调节的手段而已。但是，近年来的深入研究表明，政策性金融具有深刻的基本经济学和金融学含义，结论是将政策性金融提到经济学金融学基本要素的高度。

1. 政策性金融绝不仅仅是市场经济发展中的一种暂时性的例外，绝不仅仅是一种特殊的金融机构而已，它的产生、存在与发展有着更为深刻的经济金融与社会根源，它是市场缺陷与政府干预、资源配置主体和资源配置目标错位与失衡的必然结果。政策性金融机制并不是完全同市场机制相反的行政机制，它具有行政性财政"无偿拨付"和金融性"有偿借贷"的双重性机制，是二者的巧妙结合而不是简单加总，它是市场性与公共（产品）性、财政性与金融性、经济有效性与社会合理性、微观性与宏观性、有偿性与无偿性、直接管理与间接管理、市场缺陷与政府干预、"看得见的手"与"看不见的手"的巧妙结合体。

2. 政策性金融的产生、存在与发展，在从根本上和整体上优化一国宏观经济调控体系的同时，也从根本上优化了一国的宏观金融调控体系，凸显了"一石二鸟"双优化的功能。政策性金融一方面配合一国经济与社会发展不同历史时期、不同阶段经济与社会政策目标的不同需要和侧重点，通过其特有的金融活动充当经济调节或管理手段的角色，弥补市场经济机制中的某些缺陷与不足，进而健全、完善与优化一国的宏观经济资源配置调节体系与功能；另一方面，又补充商业性金融机制与作用中的某些缺陷或不足，纠正商业性金融选择中的某些偏差，通过直接或间接（诱导商业性金融）的金融活动，健全、完善与优化一国金融资源配置调节体系与功能。通过经济资源配置调节体系与功能和金融资源配置调节体系与功能的健全、完善与优化，实现一国资源的合理有效配置，实现资源配置目标的均衡与两种配置机制的均衡，最终实现经济与社会的长期协调、均衡、稳定发展和进步，即经济可持续发展和金融可持续发展。政策性金融在贯彻与实现国家宏观经济金融战略、社会发展战略、对外经济金融战略和政治与外交战略目标，维护国家资源安全、经济安全和提高国家国际竞争力等方面，比商业性金融更为直接、更为强有力，从而更为有效。这也就是各种形式的政策性金融在世界各国得以长期存在，并日益发展壮大的深刻原因。

3. 就市场经济总体而言，商业性金融是主体，政策性金融是辅助与补充；而就某一特定领域来说，政策性金融则更可能是主体或主角而非配角，例如基础产业、基础设施领域和区域开发中的开发银行，进出口外经贸领域和对外投资担保保险服务领域中的进出口政策性金融机构，社会保障领域中的社会保障保险机构，外汇投资管理中的外汇投资管理机构，银行不良资产重组中的资产管理公司，等等。所以，政策性金融不是市场机制的异己，它是市场机制的某种缺陷、失灵或不足的产物。政策性金融高度顺应并遵循市场机制及其主导性地位，它仅仅是补充或完善商业性金融机制中的某些缺陷或不足。它在现实的经济金融运行中只处于辅助性地位，发挥辅助性补充性作用，它永远不会替代更不会取代商业性金融的基础和主导性地位。但也不能由此认为政策性金融是可有可无的或无足轻重的，恰恰相反，这种辅助性地位是不可替代或取代的和全局性的，它的辅助性作用也是重要的、重大的，其影响也是全局性的。

4. 从空间上讲，政策性金融存在于几乎全世界所有国家和地区，包括发达国家、发展中国家和经济转型国家；从时间上讲，政策性金融是近现代经济生活中普遍存在的一种经济金融现象，不是某个国家的暂时性局部性现象。尽管随着各国经济与社会向更高层次发展，政策性金融的种类、业务方式和运作范围与领域可能有种种变化，但它的基本机制与功能将长久存在并发挥作用，因为资源配置目标与方式是经济学的永恒主题。从更深层次看，在可以预见的将来，不管一国经济与社会发展处在多么高的层次或水平上，市场机制本身所固有的某些缺陷与不足都不会消失，资源的微观或宏观配置主体所关注的目标侧重点之间的差异也不会自动消失或自动趋于一致。因此，市场经济和金融活动最发达的美国，将其农业政策性金融机构在法律上定位为"永久性法人机构"，这恐怕也是从长期实践和长远预测深思熟虑的结果。

本章小结

1. 资源配置的目标与方式是经济金融学的永恒主题。社会资源的配置应遵循或实现以下两大目标：经济有效性和社会合理性。经济有效性是指资源配置最终应取得一定的经济收益，应有较少的投入和较大的产出；社会合理性，是指资源配置要有利于经济的发展，有利于协调各种利益关系，有利于维护社会公平、机会均等和安全稳定。在市场经济条件下，微观层次的经济主体企业或个人关注的侧重点在经济有效性上，而宏观层次的经济主体政府或政府机构关注的侧重点却在社会合理性上，二者往往不一致。以市场调节为主（"看不见的手"），以政府的某种形式的干预为辅（"看得见的手"），来实现社会资源的有效合理配置，两手并用是当代几乎一切国家的现实理智选择。政策性金融是诸多两手并用选择中的最佳选择。

2. 政策性金融制度不可或缺、不可替代，其基本的理论依据一般可概括归纳为：资源配置理论、政府与市场关系理论（或市场失灵理论、政府干预理论）、准公共产品理论、金融约束理论、信贷配给理论和强位弱势群体理论等。

3. 政策性金融具有深刻的基本经济学和金融学含义，结论是将政策性金融提到经济学金融学基本要素的高度。政策性金融绝不仅仅是市场经济发展中的一种暂时性的例外，绝不仅仅是一种特殊的金融机构而已，它的产生、存在与发展有着更为深刻的经济金融与社会根源，它是市场缺陷与政府干预、资源配置主体和资源配置目标错位与失衡的必然结果。它是市场性与公共（产品）性、财政性与金融性、经济有效性与社会合理性、微观性与宏观性、有偿性与无偿性、直接管理与间接管理、市场缺陷与政府干预、"看得见的手"与"看不见的手"的巧妙结合体。

4. 尽管随着各国经济与社会向更高层次发展，政策性金融的种类、业务方式和运作范围与领域可能有种种变化，但它的基本机制与功能将长久存在并发挥作用，因为资源配置目标与方式是经济学的永恒主题。从更深层次看，在可以预见的将来，不管一国经济与社会发展处在多么高的层次或水平上，市场机制本身所固有的某些缺陷与不足都不会消失，资源的微观或宏观配置主体所关注的目标侧重点之间的差异也不会自动消失或自动趋于一致。因此，我们应该坚信、坚持科学的政策性金融理论。

思考题

1. 为什么说政策性金融的产生发展和持续存在具有客观的必然性?

2. 依据政策性金融制度理论基础，阐述政策性金融制度为什么不可或缺、不可替代?

3. 试述政策性金融的基本经济学和金融学含义。

第三章

政策性金融功能与作用

政策性金融功能既是金融总体功能结构的一个组成部分，也是政策性金融理论与政策研究的基石和出发点。本章在阐述政策性金融功能观及功能构成的基础上，分析政策性金融在经济社会发展中的战略性地位、不同经济金融环境下的政策性金融、中国政策性金融制度只能加强不能削弱的重要意义，以及我国政策性金融机构长期持续存在的特殊性和必要性等。

第一节　政策性金融的特有功能

一、金融功能与职能定位

（一）金融功能分析范式

20 世纪 90 年代初，基于功能观点的视角分析金融体系和金融中介，是相对于传统的机构观点金融分析范式的重大转换。传统的金融理论主要从金融机构的角度着手研究金融体系，即所谓的机构金融观点（Institutional Perspective），该观点将现存的机构和组织结构作为既定的前提，金融体系的调整与改革一般是在这个既定的框架下进行的，即使要牺牲效率也是值得的。上述观点存在的明显缺陷是当经营环境的变化以及这些组织机构赖以存在的基础技术以较快的速度进行革新时，银行、保险及证券类机构也在迅速变化和发展，由于与其相关法律和规章制度的制定滞后于其变化，金融组织的运行将会变得无效率。针对这一缺陷，R. Merton 和 Z. Bodie 于 1993 年提出了功能主义金融观点（Functional Perspective）理论。功能金融理论具有两个假定，一是金融功能比金融机构更加稳定，二是金融功能优于组织机构。

在前述假定前提下，R. Merton 和 Z. Bodie 认为，从功能金融观点看，首先要确定金融体系应具备哪些经济功能，然后据此来设置或建立能够最好地行使这些功能的机构与组织。任何金融体系的主要功能都是为了在一个不确定的环境中帮助不同地区或国家之间在不同的时间配置和使用经济资源。金融体系的功能可分为以下三大核心功能：一是便利清算和支付的功能。金融体系提供完成商品、服务和资产清算和结算的工具。不同的金融工具在功能上可以相互替代，运作它们的金融机构也可以不同。二是聚集和分配资源的功能。金融体系能够为企业或家庭的生产和消费筹集资金，同时还能将聚集起来的资源在全社会重新进行有效分配。三是风险分散的功能。金融体系既可以提供管理和配置风险的方法，又是管理和配置风险的核心。风险的管理和配置能够增加企业与家庭的福利。风险管理和配置功能的发展使金融交易和风险负担得以有效分离，从而使企业与家庭能够选择其愿意承担的风险，回避不愿承担的风险。此外，金融体系还具有充分挖掘决策信息和有效解决委托—代理关系中激励不足的问题。

金融功能具有客观性、稳定性、层次性和稀缺性的基本特征。也就是说，金融功能比其他金融要素（例如机构与工具等）更难能、更难成、更难得，从而更稀缺；它比其他金融要素更具稳定性，更适于长期观察与整体把握；它比其他金融要素更具客观性，更少受人们的主观意志影响与控制。一般来说，可以把金融功能划分为四个具有递进关系的层次：基础功能、核心功能、扩展功能、衍生功能。（1）基础功能，主要包括为经济社会活动提供交易、兑换、结算、保管等服务的功能，以及进行简单资金融通的中介功能，最终都是为了便利价值的流动。（2）核心功能是资源配置功能，即直接和主动引导价值流动实现资源有效配置，主要是通过金融体系的运作进行储蓄动员和项目选择从而达到资源配置目的的。（3）金融的扩展功能，是经济调节功能和风险规避功能，前者主要体现在对市场失灵的克服和对经济发展的主动引导这两个方面；后者是利用统计学上的大数定理，以及金融工具或金融契约性合同及与其相配套的金融机构如保险公司、信用担保公司等金融要素和手段，把风险分散化、社会化。（4）金融的衍生功能内容比较丰富，包括风险管理、信息传递、公司治理、财富再分配、引导消费，等等。这些衍生功能是在核心功能与扩展功能的基础上产生的，尤其是对风险规避功能的复杂化与主动化。上述金融功能不同层次之间的关系可以用图 3 – 1 表示，其寓意就是在金融发展过程中先有基础功能，其次才有核心功能，然后才有扩展功能，最后才有衍生功能。这些功能的产生过程是一种递进关系，即在前面功能的基础上当经济金融发展到一定程度才会产生后面的功能。同时，递进关系也意味着这四个层次并不是截然分开的，而是有着千丝万缕的联系甚至重叠的。

因此，从某种意义上讲，金融功能是一种相对稳定的量或一种状态，它会自动剔除一切可计量的与不可计量的、已知的与未知的影响因素，它是扣除了一切成本、消耗、摩擦、不适应、不协调、不吻合、不耦合以后的"净剩余"、"净结果"，因而它具有更大的客观性，从而从功能的角度较之其他角度观察与研究金融发展与经济发展问题就更具优越性和准确性。

（二）政策性金融职能与机构定位

为了更好地界定政策性金融职能和机构定位的含义，我们首先了解一下功能和职能这两个概念的区别和联系。所谓功能，简单地说就是功效、效用、效应、效能或作用。在由中国社会科学院词典编辑室编撰、商务印书馆出版的《现代汉语词典》中，对"功能"一词的解释是："事物或方法所发挥的有利的作用；效能"；对"职能"一词的解释是："人、事物、机构应有的作用；功能"。其中，把"职能"的另一种含义也理解为

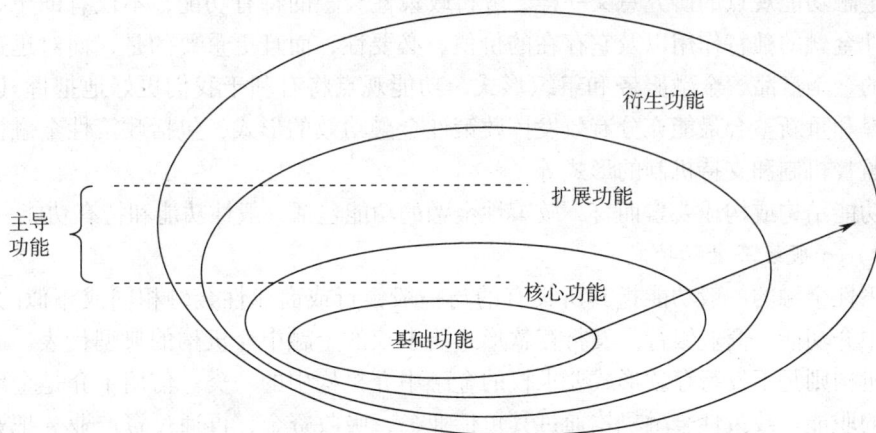

图 3 - 1　金融功能的层次结构

"功能"，二者相提并论。由此，尽管功能和职能的含义有某种广义上的重合与交叉之处，但从更为确切或狭义上理解，二者还是有一定属种概念的区别的，即作为属概念的"功能"，应定义为事物从总体或基础而言的一般功效、效用、效应、效能或作用；作为种概念的"职能"，则是影响功能发挥的作用范围和职责义务，是功能的具体延伸和体现；"功能"与"职能"这两个不同概念相互之间体现的是一般与具体、内容与形式的属种概念关系。

　　所以，政策性金融职能体现的是政策性金融机构具体的业务职责、作用及业务范围。据此，对政策性金融机构的定位，实际上是指基于政策性金融功能基础上的机构性质定位和职能定位的有机统一，而非功能定位，主要体现为对不同政策性金融机构的性质、业务职责及其作用范围的界定。其中，性质定位即"定性"表明了机构的政策性金融属性，职能定位是对不同类型政策性金融机构的业务职责及其作用范围所进行的具体划分和界定。机构定性是职能定位的前提，职能定位是机构性质的具体体现。不同的政策性金融机构具有不同的职能定位，而且，随着国内外经济金融运行环境的变化、弱势群体经济条件的改善，以及不同时期国家经济和社会政策的调整变化，政策性金融业务领域也会因时因地因情地随之调整改变，有进有退，进而政策性金融机构职能也需要重新进行定位，机构职能具有相应的动态调整性特征。

二、政策性金融的功能构成

　　基于事实上金融体系业已存在的商业性金融和政策性金融这两大相互对称、平行、并列和互补的不同族类，金融功能观也应包括商业性金融功能和政策性金融功能两个不同的方面，二者既相互对立又有机统一于金融总体功能之中而相得益彰，而金融总体功能的优化和健全也越来越成为经济发展的重要方面。否则，对金融功能的研究将会是不全面、不完整的，对金融理论的认识也将是片面的，对金融实践也是有害无益的。所以，我们应该首先从理论上重视对政策性金融特有功能的研究。

　　同金融功能观点的研究意义一样，分析政策性金融的特有功能，不仅有助于我们认识政策性金融的独特作用以及它存在的价值、必要性，而且更重要的是，面对迅速更新和变革的金融产品、金融服务和组织形式，功能观点将有利于我们更好地把握其实质，从而选择和重新整合最能充分有效发挥政策性金融功效的形式，包括政策性金融机构的形式、监督机制和支持机制的形式等。

　　就功能结构或构成要素而言，政策性金融的功能包括一般性功能和特有功能。

　　（一）一般经济金融功能

　　政策性金融的一般功能指其所具有的与一般银行或商业性金融相同或相似的功能，即金融中介功能。商业银行是发行存款形式要求权的金融中介机构的典型代表，而政策性金融机构则是不发行存款形式要求权的金融中介机构中的一类。信用中介是金融机构最基本的职能。政策性金融机构通过其负债业务，吸收资金，再通过资产业务把资金投向所需单位或项目，与其他金融中介一样都是作为货币资金的借入者和贷出者的中介人来实现资金从贷出者到借入者间的融通的。所不同的在于，它一般不接受活期存款，因而一般不参与信用创造活动，不具备派生存款或信用创造功能，故一般不在中央银行或金融监管当局的管理之列。

　　（二）特有功能

　　政策性金融主要具有直接扶植与强力推进功能、逆向性选择功能、倡导与诱导性功能、虹吸与扩张性功能、补充与辅助性功能、专业性服务与协调功能等六大基本而独特的功能。

　　1. 直接扶植与强力推进功能。

　　政策性金融的倡导与诱导性功能、虹吸与扩张性功能都是通过较少的政策性资金投入吸引或虹吸更多的商业性金融资金，以少量的直接性信贷得到大量的间接性信贷。但是不管这种间接作用有多大，都无法代替政策性金融本身大量的强而有力的直接性信贷的作用。这一点特别表现在基础性产业和农业方面，前者主要是发展中国家最突出，后者主要是发达国家突出。虽然农业是任何国家的基础性产业，更是弱质性产业，因而一切国家都需要采取政府直接的财政补贴和政策性金融的大力支持。但发展中国家由于财力所限，支持强度难以很大，只有发达国家的政策性金融才可以给农业以直接的强有力的扶植与推进。在发展中国家，政府通过开发性的政策性金融对其国民经济的基础性产业和战略性产业给以巨额的、持续性的、强大的直接信贷扶植。在这种情况下，在这些领域，政策性金融就发挥主体和主导性功能，而不仅是补充商业性金融的不足或纠正某些偏差。在这里，为快速发展争得机遇与时间需要集中政策性金融予以直接的扶植与强力的推进。在这方面，中国、韩国、印度和巴西这些发展中国家都相当突出。日本也很突出，是发达国家中后来居上的典型，其强大配套的政策性金融，特别是长期性综合性政策性金融机构——日本开发银行，更是功不可没。

　　2. 逆向性选择功能。

　　这种功能是指政策性金融对融资领域、行业或部门是有明确的反向选择性的，即它们只有在市场机制或不予选择或滞后选择或无力选择，单纯依靠市场机制的自发作用它们将得不到或不易得到充分资金和应有发展时，政府才通过行政机制由政策性金融逆向地选择它们。然而，这种反向或逆向性选择绝不能简单地理解为是反市场性选择，也不能理解为是完全由政府主观决定的任意性选择，相反，归根结底恰恰是市场机制选择的结果。政策性金融的主要活动领域，如农业、中小企业、住房、某些基础性产业以及边远落后地区正是商业性金融不愿或不予选择的领域，政策性融资活动对这些领域的正常发展，特别是对产业结构调整、全国性地区均衡发展等方面发挥了独特的积极作用。但是，政策性金融的选择是建立在商业性金融选择的基础之上的。随着时间的推移及客观环境和条件的变化，政策性金融的选择会随商业性金融选择的变化而相应地调整与变化，即政策性金融的市场逆向性选择是结果，商业性金融依市场机制的正向性选择是前提，并且是一个不断变化和调整的动态性过程。

3. 倡导与诱导性功能。

这种功能是指政策性金融机构的直接的资金投放导致间接地吸引民间或私人金融机构从事符合政策意图或国家长远发展战略目标的高风险新兴产业或重点产业的放款，充分发挥其首倡性、引导性功能。在这个过程中，政府政策性金融机构首先倡导性先行投资，民间商业性金融机构随之投资，政府政策性金融机构再转移投资方向，并开始另一轮循环。这就形成一种政策性金融对商业性金融投资取向的倡导和诱导机制。这种功能更能体现政策性金融制度的精髓所在，也更符合市场经济规则的基本要求，因而是政策性金融诸多特殊功能中最基本、最核心、最重要的主导性功能，也是协调政策性金融与商业性金融相互关系的基石和主导性功能。

根据政策性资金额倡导商业性金融投资额的数量比，可以计算出倡导与诱导的倍数，得出计算诱导乘数的一般公式。这个诱导乘数的大小直接反映了政策性金融对商业性金融诱导能力的大小。假设政策性金融机构提供了 Q 数量的先行投资（或其他形式的资金安排），然后带动了数量为 M 的商业性金融机构的资金，诱导乘数为 R，则诱导乘数的计算公式为 $R = M/Q$。

例如，非洲进出口银行就曾计算过其资金的诱导乘数。在2000年非洲银行进出口交易金额19.67亿美元中，非洲进出口银行仅仅提供了1.81亿美元的资金，占8%左右。该银行的测算结果显示，非洲进出口银行每提供1美元的资金就可以吸引10.9美元的国际性资金，所以其诱导乘数为10.9。而在1999年，其诱导乘数为8.7，这说明其诱导国际性资金的功能在增强，也说明其杠杆作用增强。由此也可以看出，政策性金融作为商业性金融项目资源、风险收益的"勘探"先锋，对于有效开发利用所有的（包括现实的和潜在的）金融资源，补充完善金融整体功能机制具有很大的主动性和能动性。

4. 虹吸与扩张性功能。

这种功能是指政策性金融机构在倡导性功能基础上以较少的政策性资金投入虹吸更多民间商业性资金的功能，可以用图3-2来表示。

以日本为例，政府政策性金融机构一旦决定对某些产业提供政策性资金，则这一行动反映了国家经济发展的长远目标，表明政府对这些部门的扶持和信心，从而增强了商业性金融机构的信心，降低了这些部门的投资风险，民间商业性金融机构随之放宽对这

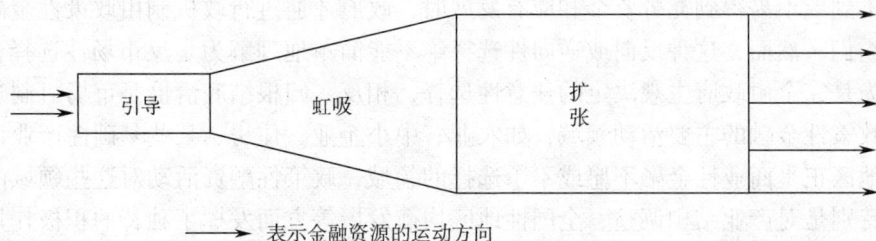

→ 表示金融资源的运动方向

图 3 - 2　政策性金融的引导—虹吸—扩张机制

些部门的投资审查，于是纷纷协同投资。一旦民间商业性金融对某一产业的投资热情高涨起来，政策性金融就逐渐减少其份额，把该投资领域让给民间商业性金融，自己转而扶持其他行业。在一般情况下，某一项目政策性投资只占20%～30%，并且大部分行业对政策性资金的依存度会随时间的推移而由高向低逐渐下降，这就形成一种政策性金融对商业性金融资金运用方向和规模的虹吸扩张性诱导机制，既使商业性金融的活力与主体金融角色得以充分发挥，也使政策性金融对商业性金融诱导补充而不替代、对融资对象扶持而不包揽这一宗旨和角色得以实现。

5. 补充与辅助性功能。

这种功能是指政策性金融补充与完善以商业性金融为主体的金融体系的功能。我们由政策性金融特有的倡导与诱导性功能、虹吸与扩张性功能和逆向性选择功能可见，它完全是以市场经济为前提，作为商业性金融的补充而存在与发展的。它的存在是客观的，其功能或作用是重大的和不可或缺的，然而它在一国经济金融运行中的配角这一角色和补充性辅助性地位却是始终不变的。它的这种补充性辅助性功能表现在：对技术性、市场性风险较高的领域进行引导性投资，对前景不十分明朗、不确定性较大的新兴产业或国家战略领域进行倡导性投资，对投资回收期较长、收益率较低的项目进行补充性融资，对于成长中的幼稚产业提供优惠利率贷款，以间接的融资活动或担保来引导商业性金融的资金流向与规模，针对商业性金融主要以提供中短期资金融通而产生的长期资金融通不足这一情况，提供中长期乃至超长期贷款，如法国农业信贷银行贷款期最长为50年，美国土地银行贷款期最长达40年之久。它的功能始终是补充而不替代，更不取代，进而完善一国金融体系的整体功能，增强其在社会经济与金融发展中的积极作用。

6. 专业性服务与协调功能。

政策性金融一般都依据特殊法规或政策，在特定领域或行业进行融资活动。这使其具有很强的专业性特征，在该领域积累了丰富的经验和专业技能。它必须既关注商业性选择又关注非商业性选择，这就使它对经济金融领域比商业性金融有更系统的了解与分析。它聚集了一批精通业务的特殊专业人才，可以为相关产业或企业提供全面而地道的金融与非金融服务，如财务结构分析、投资咨询、经营情况诊断、经济金融信息提供、联系与沟通等。美国小企业管理局的业务活动包括对中小企业的财务协助、投资协助、经营管理协助和争取政府采购合同协助；秘鲁金融开发公司充当国有企业投资计划的金融经纪人，起开发银行和投资银行的双重作用；秘鲁农牧业开发银行收购农产品，并为发展农牧业提供技术援助。此外，由于政策性金融机构长期在某一领域从事活动，成为政府在某一方面的金融顾问或助手，参与政府有关规划的制定乃至代表政府组织实施。例如，巴西住房建设银行就曾制定并实施过"全国住房计划"和"全国卫生计划"。上述种种特殊的专业服务和某些准政府机构的规划、协调与实施功能，是任何商业性金融机构所难以充当或完成的。

第二节　政策性金融的战略性地位

一、政策性金融在经济社会发展中的地位

政策性金融的产生、存在与发展，在从根本上和整体上优化了一国宏观经济调控体系的同时，也从根本上优化了一国的宏观金融调控体系，凸显了"一石二鸟"双优化的功能。因而，政策性金融在社会经济发展中具有不可或缺、不可替代的战略性地位和巨大作用。

从政策性金融在宏观经济金融控制调节中的地位来看，商业性金融处在宏观金融调控的中间环节，是中央银行货币政策的最主要的传导者；政策性金融比商业性金融更直接、更迅速地体现或贯彻政府的经济或社会政策，对于经济结构的调整有更为明显直接的作用，是政府产业政策的最主要的执行者，从而更有助于经济与社会的持续、全面、协调、均衡和稳定发展。从政策性金融在一国完整的金融体系中的地位来看，政策性金融与商业性金融是一个民族、国家和经济体经济与社会发展稳定中，完整的金融统一体中不可或缺的两翼，二者是相互补充而不是替代的关系，是相互促进、互惠互利、平等协调合作的伙伴而非对立的或从属的或竞争的对手。在当代各国经济金融体制中，只有同时存在这两翼，才是协调与均衡的，才是稳定和有效的，否则，就将会是扭曲的、非均衡的、不稳定的和低效的。

因此，政策性金融是整个金融体系结构中不可或缺、不可替代的重要一翼，在社会经济发展中具有"一石二鸟"双优化的战略性功能地位。具体就市场定位与份额、市场经济总体而言，商业性金融是主体，政策性金融是辅助与补充；但就某一特定领域、特定地区和特定产业，即市场机制作用的盲区而言，则政策性金融更可能是主体或主角而非配角。我们必须从市场机制并非万能，市场的选择有时不完全合理、不完全及时、不完全有效的角度，从资源配置的宏观目标与微观目标、资源配置宏观主体与微观主体的内外均衡的角度，从根本上优化宏观经济调控体系与宏观金融调控体系的"双优化"的战略高度来认识与处理政策性金融问题。

二、不同经济金融环境下的政策性金融

在不同的经济金融与社会环境中，政策性金融呈现出不同的特征。在不同经济与社

会发展水平、不同现代化类型、不同发展战略、不同管理模式、不同金融体制的国家中，甚至于在同一国家经济与社会发展的不同历史阶段，政策性金融都会呈现出明显的差异。分析这些特征的目的不仅有助于我们从动态发展的视角更全面地理解政策性金融的特殊地位和历史意义，而且在于强调指出不同经济与社会因素对政策性金融的制约或影响，从而开阔人们的视野、丰富人们的相关知识和经验，进而在研究或处理相关问题时有较多的参照系并作出更为正确的决策。

1. 不同经济发展水平国家的政策性金融。经济与社会发展水平较高的国家，由于拥有较优良的经济环境，已度过了大规模需要政策性金融的高峰期，但这些只有相对而不是绝对的意义，如仅仅是某些比率的相对降低，未必是绝对的种类或数量减少。美国、英国这些发达资本主义国家，几乎没有开发性的政策性金融机构，但美国仍然有发达的农业、进出口和住房政策性金融机构。相反，在那些刚刚起步或正在进行现代化的发展中国家，则比发达国家更加需要政策性金融。它存在的经济与社会合理性不仅仅在于弥补商业性金融的不足或偏差，更在于充当政府发展经济、实施宏观管理和贯彻发展战略的工具，开发性的政策性金融机构首当其冲。

2. 经济与金融体制不同构造方式下的政策性金融。纵观历史与现实，不仅各国政策性金融机构的构造方式可以分为自然构造方式和人为构造方式两种，而且我们还可以把各国经济与金融体制现代化的构造方式划分为自然演进型和人为促进型两类。自然演进型，也称早发内生型现代化构造方式，即自下而上地主要依靠来自于民间的创造与推动力量，使一国经济与社会现代化的诸因素不断积累和自然趋于成熟而形成的现代化方式，典型事例是英国。英国商品经济的发展经过几百年的累积过程，较少人为干预，政府在相当长的时间内并未发挥过明显的干预作用，自然不大会产生对政策性金融的强大需要问题。所以至今，它的政策性金融是最少的，但也不是完全没有，如进出口政策性金融和存款保险制度等。人为促进型，也称后发外生型现代化构造方式，即在面临外部现代化的严峻挑战，而本身又缺乏或事实上客观环境也不允许有这种现代化因素的积累的情况下，推动力量不大可能主要来自于民间，只能由政府自觉地运用国家机器的强力自上而下地启动与推进现代化。在这个过程中，政策性金融就成为其强而有力的手段与工具。这方面的典型国家是日本，以及今天几乎所有的发展中国家。

3. 不同经济与社会发展战略国家的政策性金融。各国经济与社会发展战略的选择对于政策性金融有很大影响。均衡型发展战略强调在现代化过程中，在发展工业的同时相应地发展其他产业或部门，使产业和部门间、地区间保持适度的协调与均衡，促进国民经济稳定全面发展。不均衡型发展战略则强调应集中力量首先发展重点产业，主要是工业，然后逐步扩及其他产业，以工业优先发展带动整个国民经济的发展。在实践中，两种战略也有结合或交替使用的情况。实行自然演进型构造方式的英国、美国也是均衡型发展战略的典型；实行人为构造型构造方式的发展中国家，则是不均衡型发展战略的典型。两种战略的选择都有深刻的民族、社会、历史、经济与政治原因，前者对政策性金融的需求比后者要小得多。日本则是在总体上选择均衡型发展战略，而在一定时期一些领域实行不均衡型发展战略，以突破经济中的某些瓶颈的制约，或建立起某种主导型产业的典型，是二者的结合与交替。实行不均衡型发展战略的发展中国家政府在设立强而有力的开发性政策性金融机构的同时还设立各种专业性的政策性金融机构，更直接有力地配合政府经济社会政策与意图，使重点产业在短期内发展起来，以促进整个国民经济的快速发展。

4. 不同经济管理模式国家的政策性金融。在现实的经济运行中，不管是发达国家还是发展中国家都是实行以市场经济为基础、以政府干预为辅的混合经济，但又以政府干预程度的大小呈现出政府主导型和市场主导型两种模式。政府主导型经济管理模式多见于一些经济后进国家和广大发展中国家。政府为经济发展制订全面的计划，实施财政、货币、外经贸政策，对工业化的启动和扶植起关键性作用。强大的政策性金融机构应运而生，它们积聚国内外资金，提供绝大多数的中长期建设资金和技术服务，发挥了独特的作用，成为这些国家不可缺少的金融机构，如巴西、印度、墨西哥、韩国、泰国等国家。一些政府干预色彩较明显的发达国家，如日本、法国和意大利，政策性金融也相当发达。市场主导型经济管理模式的典型是美国。美国的政策性金融的作用主要在于纠正或补充市场缺陷；保护中小企业与农场，以维护公平竞争；开展某些急需政府特别保护的经济金融活动，所以联邦专业政策性金融机构仅向农业、小企业、住房业、对外贸易提供一定程度的政策性信贷支持与保护。大多数发达国家的政策性金融也如此。

5. 不同金融基础国家的政策性金融。金融基础雄厚的国家的金融相关率较高，投资机会较多且投资效率较高，动员和分配储蓄的能力强，对财政、外资和通胀的依赖程度相对较小，经济与社会发展对政策性金融的依赖程度相对较小；金融基础相对浅薄的国家，则同前类国家不同，对信贷普遍采取无代价的配额制度或选择性信贷，并常常呈现明显的负利率，常导致金融体系的压抑或财政化，政策性金融有很大的用武之地，以弥补其金融体系的严重缺陷。

6. 一国不同发展阶段中的政策性金融。总体而言，在一国经济发展初期或准备阶段、经济发展中期或起飞阶段、经济发展后期或成熟阶段，其政策性金融都明显呈现出不同的特点，以日本开发银行为例可见一斑。20世纪50年代，日本政府的产业政策目标是推动工业化，开发银行业务对象是电力、钢铁、采煤和远洋航运及造船等基础工业，50年代中期进一步扩大到机械制造等幼稚产业和石油化工等新兴产业。60年代进入高速增长期后，政府的产业政策目标是促进贸易和资本自由化，开发银行资金投向目标即转向增强国际竞争、提高技术、城市开发、打破地区封锁，如钢铁、石化、机械制造、汽车等部门。70年代进入调整产业结构时期，政府的产业政策目标是纠正工业化所引起的扭曲，实施环境保护和反垄断政策，形成稳定发展的结构，开发银行的业务进一步转向城市和地区开发、改善国民生活、资源和能源、远洋运输等，资金投向包括大城市重建、百货公司、超级市场和仓储等。80年代至今，国家产业政策的重点在于促进技术进步和建立信息网络，开发银行则进一步提高了对资源和能源、改善生活和城市基础设施、重要交通设施、电信服务、广播电视情报及电子计算机等方面的贷款比例。由上述变化可见，政策性金融紧密地配合不同发展阶段国家产业政策和社会政策目标的调整和转移，在经济发展的每一阶段，发挥重大的不可取代的作用。

第三节　中国政策性金融制度安排的重要作用

一、中国政策性金融只能加强不能削弱的重要意义

在我国现阶段，仍然存在着"三农"、中小企业、低收入者住房、西部大开发、企业"走出去"、自主创新、节能减排、生态环境保护、就业、助学、灾后重建等国民经济重点领域和薄弱环节，存在着许多不同类型的强位弱势群体，因而中国比发达国家、其他发展中国家和转型国家更加需要发达配套的、实力强大的政策性金融，中国政策性金融制度只能加强不能削弱，具有一定的客观必然性和现实意义。

1. 它是适应和顺应中国现实国情的需要。中国是一个后发的、赶超的、东方的、发展中的、转轨的、正在和平崛起的社会主义大国。中国处在并将长期处于社会主义初级阶段，处在社会主义市场经济的初级阶段，处在并将继续处于经济转轨时期、经济转型与经济赶超时期，生产力水平不很高，市场经济不够完善，地域广阔、人口众多、历史悠久、情况复杂，各地区民族、社会、历史、风俗习惯、经济、金融等方面的差异非常之大，经济发展不均衡，这便是中国的基本国情，是我们处理一切具体问题的根本出发点。这种国情需要政策性金融调整扶持的行业或领域不胜枚举，需要持续不断的、巨额的政策性资金代表政府的意愿加以扶持和发展，其政治效益、社会效益远远大于经济效益。从这个意义上来讲，中国比世界上其他任何一个国家都更加需要实力强大的政策性金融。由此可见，中国的政策性金融不是如何转型的问题，而是深化政策性、扩大扶持领域和业务范围广度和深度、增加新的政策性金融机构、完善政策性金融体系做大做强的问题。

2. 它是建立社会主义和谐社会的需要。经济的发展、社会的稳定和国家的统一是我们的国家和民族面临的三项基本任务。在解决这一重大历史任务的过程中，发达配套的各类政策性金融机构可以发挥其特殊巨大的作用。通过政策性金融的活动，有助于弥补市场竞争带来的社会福利损失，促进产业经济、城乡经济、区域经济、经济与社会、国内经济与对外开放的协调发展，以及财政政策和货币政策的协调配合，使经济与金融体制现代化，并大大缩小大陆与港澳台在发展水平方面的差距。所以，政策性金融是建立社会主义和谐社会，实现我国经济社会高速、高效、协调、稳定发展，促进各民族共同繁荣、国家统一和长治久安这一深远重大战略利益的需要。另一方面，政策性金融与商业性金融二者也是相互补充而不是替代的，是平等协调合作的伙伴而非对立的或从属的或竞争的对手。政策性金融的特有功能及非主动竞争性盈利准则的要求，也能够规范和保障二者的这种和谐相处、互利共赢的业务关系，从而促进协调、均衡、稳定、有效和可持续发展的社会主义和谐金融体制的建立。

3. 它是缓解中国社会经济发展中的结构性矛盾的需要。目前，我国社会经济发展中仍然存在着明显而严重的结构性矛盾和失衡问题，包括经济发展不平衡的长期性、"三

农"问题的长期性、城镇化过程的长期性、市场建设过程的长期性、中小企业融资问题的长期性、低收入者住房保障问题的长期性以及金融全球化过程及挑战的长期性等。在中国金融体系中也深刻地存在着"九大失衡"，即经济结构与金融结构的失衡、实体金融与虚拟金融的失衡、商业性金融与政策性金融的失衡、全国性金融与区域性金融的失衡、国家金融与民间金融的失衡、城市金融与农村金融的失衡、金融对外开放与对内开放的失衡、金融质性发展与量性发展的失衡、金融风险与金融稳定安全的失衡等。种种矛盾、失衡、问题和困难，都决定了政策性金融制度不可替代的地位与不可或缺的作用，以及现实中只能加强、不能削弱的迫切需要，进而决定了中国政策性金融制度将长期存在。

4. 它是我国实现经济与社会现代化、实施国家产业政策、促进产业结构合理化和高级化的需要。我国尚处在经济与社会现代化发展这一历史性重大变革的进程中，制定和实施科学合理的产业政策，重新调整几十年来形成的严重不合理的产业结构，尽快克服束缚经济发展的基础性产业的瓶颈这一问题，是我们面临的一项基本战略任务。在完成这一战略任务的过程中，在我国产业结构的合理化、优化和高级化的演进过程中，政策性金融机构由于其特有的优势和功能，可以扮演更为重要的角色，成为政府产业政策最重要的执行者，发挥其扶持重点产业、调整产业结构的特殊作用，并有利于提高资源配置水平。

5. 它是贯彻政府地区发展政策、抑制"马太效应"、促进全国各地区经济与社会协调均衡发展的需要。由于自然、历史和现实的种种原因，我国各地区经济和社会发展严重不平衡，各类资源的拥有与分布以及吸纳的梯度性异常分明。值得注意的是，随着改革开放事业的发展，这种不平衡性和梯度性正以惊人的速度推进，再加上市场化进程中市场机制的某些缺陷与不足也日益明显地暴露出来，"富者更富，穷者更穷"的"马太效应"强化，发展水平较低的地区、产业、部门和行业的资源向较高发展水平的地区、产业、部门和行业的逆向流动更为加速。这些都将产生严重的经济与社会后果。利用具有金融性、财政性双重性运行机制的政策性金融机构，建立工业、农业发展银行，老少边穷后进地区特殊倾斜性开发银行，将会大大促进不同地区经济与社会的均衡发展。

6. 它是建立社会主义市场经济宏观调控体系的需要。宏观调控体系的主体是经济性、间接性的调控，金融杠杆信号调控是其核心。单纯依靠商业性市场性调控体制是有限的和不完备的，特别是处在较低发展水平、经济金融环境欠佳的条件下，市场信号往往失真、迟钝、形变和误导，使投资决策偏离，造成资源浪费。政策性金融机构遵循非商业性原则，通过各种业务手段，弥补、纠正前者的不足和偏差，优化资源的配置，尽可能实现社会合理性目标。它比商业性金融机构更直接、更迅速、更集中地体现或贯彻政府的经济社会政策。

7. 它是充实社会资本、建立和完善我国社会保险保障体系的需要。改革是一项复杂庞大的系统工程，各项改革必须配套进行，改革不能单科独进，这已为国内外的改革实践所证明。在全面深化和推进改革的今天，配套性改革是其基本特征。没有完善配套的社会保险保障体系，则经济体制改革和社会改革便无法推进，更不能在推进改革的同时保持社会的稳定。住房、医疗、失业救济和退休养老等类的政策性金融机构正当此任。

8. 它是促进金融体制改革、推进我国金融深化以及优化金融体系总体功能的需要。以市场经济原则重新构筑我国的金融体制，是当前以及今后一段时间内金融体制改革的根本任务。一方面，遵循市场经济原则，需要从整体上将商业性原则和非商业性原则明确地分离开来，需要建立一系列以非商业营利性原则为宗旨的政策性金融机构；另一方面，改造原国有四大专业银行，实现其机构企业化、资金商品化和利率市场化的目标，也急需将其"一身而二任"的商业性业务与政策性业务分离分立出来，另行建立一批政策性金融机构。这样，在我国金融体系中就既有遵循市场性和营利性原则的商业性金融机构，它通过追求利润最大化，间接实现社会资源的合理配置，在实现经济有效性的同时，尽可能实现社会合理性；又有遵循非商业性原则的政策性金融机构，较多关注投资的社会合理性，补充商业性金融机构作用的不足，诱导社会资金的投入，纠正商业性金融机构营利性短期化选择的某些偏差。这样，营利性与非营利性、市场性与非市场性、经济有效性与社会合理性就在一国金融体系总体中得到体现。理想化的情况是资源配置同时实现经济有效性和社会合理性这两大目标，但此二者常常有矛盾，这就需要政策性金融与商业性金融以不同机制、不同业务方式在社会功能方面彼此加以补充或完善，而不是相互竞争或相互取代。这样，一国金融体系的总体功能将大大优化，二者在经济与社会发展中的战略地位与重大作用将会更为明显。

9. 它是跨入国际经济金融奥林匹克大赛场，遵循国际游戏规则，按国际惯例办事，使中国的金融体系现代化、规范化和国际化的需要。20世纪以来，特别是最近二三十年以来，在全球范围内最重大的变化就是世界各国经济金融的全球化、国际化。这一发展趋势是意义重大和影响深远的，它正在改变着全人类。传统上属于一国范围内的事都变成一种国际性现象，形成"我中有你，你中有我，你离不开我，我也离不开你"的全新格局。任何一个国家或地区都不可能在闭关锁国的条件下生存与发展。所以，我们正大踏步走向世界，迅速跨入国际经济金融奥林匹克大赛场，特别是我国已经加入世界贸易组织（WTO），这就要求必须遵守国际游戏规则，按国际惯例办事，首要的一条便是银行政策性业务与商业性业务的分离分立。WTO反对政府对外贸出口给予直接的财政补贴，但不反对各国对出口给予一定的间接支持。几乎所有国家都建立进出口政策性金融机构，为本国出口提供优惠的融资，进行风险担保或保险，以增强本国产品的国际竞争力，促进海外投资，广泛参与社会分工，这形成了一项国际惯例。我国也应该运用这一合乎WTO规则的国际惯例或普遍做法，建立政策性进出口银行，为进出口提供有针对性的金融服务。

上述这些因素，有一些是属于各国共同的，有一些则是中国特有的或特别强化的，其中心点都在一个"更"字上，即中国比西方发达国家和广大发展中国家更加需要发达配套的政策性金融制度体系。

二、中国政策性金融机构存在的特殊必要性

尽管有些政策性金融业务也可以由商业性金融机构兼营和代理，但国内外的实践已

经证明，成立专门的政策性金融机构专营政策性业务，或通过其组织委托商业性金融机构代理其部分政策性业务，效果会更直接、更明显、更有效。在这方面，国际领域最大的政策性银行即世界银行曾一度认为，基础设施建设应当更多地利用私人资本，私人部门投资将在基础设施领域方面发挥重要作用，因此，从自身战略上应逐渐忽视公共部门投资在基础设施建设中的作用。然而，超乎世界银行意料的是，由于市场风险和基础设施项目投资周期较长的特点等因素，私人部门在发展中国家基础设施投资的积极性大大低于预期，投资不但没有增加，反而在减少。严峻的现实使世界银行不得不改革和强化机构建设，并重新考虑未来的贷款战略。

从当时我国建立政策性金融机构的初衷来看，主要是想解决国有专业银行身兼二任以及割断政策性贷款与基础货币直接联系的问题。如今也仍然具有一定的现实意义。首先，作为中央银行的中国人民银行，直接从事一部分政策性贷款业务，难以保证人民银行调控基础货币的主动权，极易诱发货币的非经济过量发行和信用扩张乃至通货膨胀，影响中央银行保持币值稳定的货币政策最终目标的实现，导致金融宏观调控失控。其次，我国原四大专业银行长期以来集商业性金融业务和政策性金融业务于一身，直接肩负"准财政"职能。由于这两种业务的资金来源、贷款管理、评价标准不同，一是难以自我完善商业银行经营机制和强化自身的企业化特征，影响办成办好真正的商业银行。二是出现"软挤硬"即商业性业务挤占政策性信贷资金的问题，有些专业银行用政策性亏损掩盖其自身经营管理不善造成的亏损。三是形成专业银行对中央银行的资金倒逼机制，即由于"地方货币发放权"和"企业间接货币发放权"[1]的存在，迫使专业银行扩大信贷规模，最后把资金缺口"上交"给中央银行，"结果便是地方银行发放贷款创造货币，中央银行跟在后面加印现钞"，"现金跟着贷款走"。[2]此外，在我国的特殊国情下，从历史上来说，政策性金融业务和商业性金融业务从来不分你我，只有分了机构以后，不同的机构才会从不同的角度说话，所以，组建专门的政策性金融机构也是历史的必然选择。目前，政策性金融机构与商业性金融机构所出现的业务摩擦和竞争，只是在于二者的关系没有协调理顺，相关立法和监管滞后的缘故。

因此，在社会主义初级阶段和社会主义市场经济体制条件下，我国政策性金融机构也必定具有长期持续存在的必要性和必然性。在我国，由专门的政策性金融机构专门从事政策性金融业务，主要有如下优点：（1）政策性金融机构一般都有专门的法规规定其职责任务，因而任务明确，政策观念、责任心较强，道德风险低。（2）由于中间环节少，因而作用就更为直接、更为有力从而更为有效，同时也更有利于政府特定战略目标的实现。（3）成立专门的政策性金融机构，在业务上可以与商业性金融既分工又合作，相互补充，相得益彰，提高金融资源配置效率，有效避免与商业性金融的同构性竞争。（4）政策性金融机构有国家信用作后盾，可以承担风险性较大和不确定性较大的业务。商业性金融机构在无财政补贴等风险补偿的情况下，不会主动承担风险性和不确定性较

① 樊纲：《公有制宏观经济理论大纲》，223页，上海，上海人民出版社，1994。

② 樊纲：《公有制宏观经济理论大纲》，276页，上海，上海人民出版社，1994。

大的项目。(5) 政策性金融机构由于长时期从事政策性业务,积累了丰富的管理经验,可以进行专业性的贷前调查和贷后监管。(6) 对商业性金融机构而言,让政策性金融机构专门从事政策性业务,商业性金融机构就可以全身心地开展商业性业务,减少划分与核算政策性业务的相关成本,同时有利于金融体制改革的顺利进行。

关于政策性金融机构是否有存在的必要性,国内也有不同的看法。有人提出国外鲜有政策性金融或政策性银行、政策性保险或政策性保险公司这一提法,所以我们没有必要搞一个新名词出来。对此,有许多人提出了不同意见,认为亚行、世行也是一种国际性的政策性银行;西方国家金融中介体系中也包括政策性银行,一般归入专业银行之内。还有学者认为,政策性银行和政策性农业保险在美国、加拿大这些国家都有,但没有听说有多么糟糕。我们如果不能办好,不是因为名字没起好吧,或者不是名字里面加没加"政策性"这个形容词的缘故吧。外国有没有政策性农业保险这个学术术语或叫法,并不改变政府从价格上支持农业保险的性质。中国人自己创造一个外国没有的或者跟外国叫法不同的学术术语来反映这种特定的经济关系,无论如何也是应该允许的。事实上,古今中外一直存在政策性金融(保险)活动,政策性金融的称谓从中国政策性银行成立之时就得到了官方认可,目前已被国内外普遍接受。2002 年我国修订的《农业法》也将"政策性农业保险"首次在法律中予以确认。还有专家提出中国的商业银行已经为数不少了,我们现在需要的是名副其实的政策性金融机构;国有银行必须实行民营化即"民进""国退",国有资本应当逐步退出商业性金融这一行业;退出后,政府只需集中力量办好政策性银行,而将商业银行统统留给民间资本去做;而且还要多办几家政策性银行,因为如果没有政策性银行,所有的商业银行就都成了政策性银行,都要承担政府的政策性任务。

本章小结

1. 基于功能观点的视角分析金融体系和金融中介,是相对于传统的机构观点金融分析范式的重大转换。从某种意义上讲,金融功能是一种相对稳定的量或一种状态,它会自动剔除一切可计量的与不可计量的、已知的与未知的影响因素,它是扣除了一切成本、消耗、摩擦、不适应、不协调、不吻合、不耦合以后的"净剩余"、"净结果",因而它具有更大的客观性,从而从功能的角度较之其他角度观察与研究金融发展与经济发展问题就更具优越性和准确性。金融功能具有客观性、稳定性、层次性和稀缺性的基本特征。

2. 政策性金融功能包括一般性功能和特有功能。一般功能指其所具有的与一般银行或商业性金融相同或相似的功能,即金融中介功能;特有功能主要有直接扶植与强力推进功能、逆向性选择功能、倡导与诱导性功能、虹吸与扩张性功能、补充与辅助性功能、专业性服务与协调功能等六大基本功能。政策性金融职能体现的是政策性金融机构具体的业务职责、作用及业务范围。对政策性金融机构的定位,实际上是指基于政策性金融功能基础上的机构性质定位和职能定位的有机统一,而非功能定位。

3. 政策性金融是整个金融体系结构中不可或缺、不可替代的重要一翼,在社会经济发展中具有"一石二鸟"双优化的战略性功能地位。具体就市场定位与份额、市场经济总体而言，商业性金融是主体，政策性金融是辅助与补充；但就某一特定领域、特定地区和特定产业，即市场机制作用的盲区而言，则政策性金融更可能是主体或主角而非配角。

4. 在不同经济与社会发展水平、不同现代化类型、不同发展战略、不同管理模式、不同金融体制的国家中，甚至于在同一国家经济与社会发展的不同历史阶段，政策性金融呈现出明显的差异特征。分析这些特征的目的不仅有助于我们从动态发展的视角更全面地理解政策性金融的特殊地位和历史意义，而且在于强调指出不同经济与社会因素对政策性金融的制约或影响，从而开阔人们的视野、丰富人们的相关知识和经验，进而在研究或处理相关问题时有较多的参照系和作出更为正确的决策。

5. 中国政策性金融制度只能加强不能削弱，具有一定的客观必然性和重要现实意义，主要表现在：它是适应和顺应中国现实国情的需要；它是建立社会主义和谐社会的需要；它是缓解中国社会经济发展中的结构性矛盾的需要；它是我国实现经济与社会现代化、实施国家产业政策、促进产业结构合理化和高级化的需要；它是贯彻政府地区发展政策、抑制"马太效应"、促进全国各地区经济与社会协调均衡发展的需要；它是建立社会主义市场经济宏观调控体系的需要；它是充实社会资本、建立和完善我国社会保险保障体系的需要；它是促进金融体制改革、推进我国金融深化以及优化金融体系总体功能的需要；它是跨入国际经济金融奥林匹克大赛场，遵循国际游戏规则，按国际惯例办事，使中国的金融体系现代化、规范化和国际化的需要。

6. 尽管有些政策性金融业务也可以由商业性金融机构兼营和代理，但国内外的实践已经证明，成立专门的政策性金融机构专营政策性业务，或通过其组织委托商业性金融机构代理其部分政策性业务，效果会更直接、更明显、更有效。组建专门的政策性金融机构也是我国历史发展的必然选择。所以，在社会主义初级阶段和社会主义市场经济体制条件下，我国政策性金融机构必定具有长期持续存在的特殊性、必要性和必然性。

思考题

1. 试述政策性金融特有的六大基本功能。
2. 政策性金融在经济社会发展中的战略性地位是什么？
3. 为什么说中国政策性金融制度只能加强不能削弱？

第四章

政策性金融体系

政策性金融体系是整个金融体系不可或缺的组成部分，一般由政策性金融机构体系和政策性融资业务体系两个部分构成。本章在对政策性金融体系的含义及其基本结构进行理论界定的基础上，分别讨论政策性金融机构体系和政策性融资业务体系，主要包括政策性金融机构的含义、特征、分类、基本类型和运行条件，以及政策性融资业务的含义和主要形式等。最后介绍我国目前政策性金融体系结构的概况。

第一节　政策性金融体系的含义与构成

一、政策性金融体系的含义

政策性金融体系属于金融体系的范畴，是整个金融体系中不可或缺的一个组成部分。我们可以从政策性金融制度结构及其形式上来理解政策性金融体系概念的内涵与外延。

所谓体系，泛指一定范围内或同类的事物按照一定的秩序、特定功能和内部联系组合而成的有机整体，是由不同系统组成的系统。关于金融体系的含义和构成要素，国内外有不同的理解和界定。在 Z. 博迪、C. 默顿和 L. 克利顿的《金融学》（第二版）一书中，金融体系概念被表述为包括金融市场、金融中介、金融服务企业以及其他用来执行居民户、企业和政府的金融决策的机构。为适应高度发达的市场经济的要求，西方国家都各有一个规模庞大的金融中介体系，其中也包括政策性银行等所谓的专业银行。

在黄达主编的《金融学》教材里，认为金融体系是现代经济生活中一个极其庞大的复杂系统，现代金融体系有五个构成要素：（1）由货币制度所规范的货币流通。（2）金融机构。（3）金融市场。（4）金融工具。（5）制度和调控机制。经过三十多年的改革开放，我国目前形成了以中国人民银行为领导，国有商业银行为主体，政策性银行等多种金融机构并存、分工协作的金融中介机构体系格局。具体构成是：中央银行、政策性银行、国有独资商业银行、其他商业银行、投资银行、农村和城市信用合作社、保险公司和其他非银行金融机构、在华外资金融机构等。

国内外对金融体系（包括政策性金融体系）的各种描述，更多的是从机构体系的角度而言的。一般而言，各国金融体系都是以中央银行为核心、以商业银行为主体、以各种专业性银行和非银行金融机构为两翼的一个统一整体。政策性银行是各种专业性银行的重要组成部分，也就是说，政策性银行一定是专业性银行，但专业性银行就不限于政策性银行；政策性银行基本上都是政府的银行，但政府或国有银行就不仅是政策性银行，还有国有商业银行；政策性专业银行基本上都是政府主办的，所以我们常常称之为政府政策性银行，只有极少数国家在个别情况下有私人或民间主办的政策性银行，但在这种情况下它同政府也常具有一种特殊的关系或机制。

因此，所谓政策性金融体系，一般是指由政策性金融组织结构和业务结构相互联系的系统而构成的一个有特定功能的有机整体，即政策性金融体系不仅主要包括政策性银行，而且还包括政策性非银行金融机构等政策性金融组织结构体系；不仅主要包括政策性贷款业务，而且还包括一切带有特定政策性意向的存款（如住房储蓄、社会保障保险存款）、投资、担保、贴现、信用保险、存款保险、农业保险、公益信托、基金、利息补贴、债权重组、外汇储备投资、资产管理等政策性金融业务结构体系。

二、政策性金融体系的基本结构

从政策性金融体系的一般含义可以看出，政策性金融体系结构主要由政策性金融机构体系和政策性融资业务体系两个部分构成。其中，政策性金融机构既是政策性金融制度的主要承载体，也是政策性金融体系的主体。

1. 政策性金融机构体系，或称政策性金融组织体系，主要由政府或政府机构发起或出资组建的各类政策性金融机构组成，包括作为政策性金融机构体系主体的不同类型的政策性银行，如产业开发银行、进出口银行、农业发展银行、中小企业银行、住房银行、地区开发银行、科技开发银行、就业扶助贷款银行等，以及政策性非银行金融机构，如政策性农业保险公司、出口信用保险公司、存款保险公司、中小企业信用担保公司、政策性投资基金或投资公司等。政策性金融机构遵循政策性金融制度宗旨，以某种特定的政策性金融业务为其基本业务活动。

2. 政策性融资业务体系，或称政策性金融业务体系，是指由其他金融机构、部门、组织或个人等不同群体或者说其他政策性金融制度承载体，在特殊时期、特定领域对特殊对象（强位弱势群体），通过承担社会责任，采取多种方式代理、兼营和从事的各种形式的政策性融资业务。

三、政策性金融可持续发展的途径

在许多情况下，政策性金融对经济发展稳定、国家战略、宏观调控、国家安全、资源安全、政治与外交战略意图的贯彻等都有不可替代的巨大作用，其作用比商业性金融更为直接、有力而有效。因此，政策性金融的可持续发展问题，在一国金融可持续发展的整个大系统中具有不可或缺的重要作用，在特定情况下甚至起着主导性作用。当然，政策性金融可持续发展也不是仅仅注重一个国家某一时点上政策性金融资源配置效率目标的实现，而是同时关注国内国外、发展中国家和发达国家的政策性金融资源在一个相当长的历史时期内持续协调、合理有效的配置。为此，在政策性金融可持续发展中，必须着重实现以下六大协调与均衡。

（一）实现商业性金融与政策性金融总量与结构的总体协调均衡

从理论上讲，金融分为商业性金融和政策性金融两大族类，二者是相互对称且高度地平行与并列的。世界近两百个民族国家和经济体的金融体系，都是由商业性金融机构（包括商业性银行和商业性非银行金融机构）和政策性金融机构（政策性银行和政策性非银行金融机构）这样两大类所组成的。各国立法当局也是严格将金融类法规分为针对商业性金融的一般银行法、证券法、保险法与针对政策性金融的单一的特殊的开发银行法、农业发展银行法、进出口银行法等两大类。因此，政策性金融与商业性金融是一个民族国家和经济体经济与社会发展稳定中，完整的金融统一体中不可或缺的两翼，二者是相互补充而不是替代的关系，是平等协调合作的伙伴而非对立的或从属的或竞争的对手。在当代各国经济金融体制中，只有同时存在这两翼，才是协调与均衡的，才是稳定和有效的，否则，就将会是扭曲的、非均衡的、不稳定的和低效的。

实现政策性金融与商业性金融的协调均衡，是就整体和全局性定位而言的彼此平等、同等，而非有主次的从属关系。但这并不意味着二者在微观上具体上，例如机构数量、市场份额、人员数量等方面是绝对相等或相近的。具体就市场定位与份额、市场经济总体而言，商业性金融是主体，政策性金融是辅助与补充。但就某一特定领域、特定地区和特定产业，即市场机制作用的盲区而言，则政策性金融更可能是主体或主角而非配角，例如基础设施领域和区域开发中的开发银行，或进出口和对外投资担保保险服务领域中的进出口政策性金融机构，社会保障领域中的社会保障保险机构，外汇投资管理中的外汇投资管理机构，银行不良资产重组中的资产管理公司，等等。在这里，所谓的主与辅，也是相对的或辩证的，避免作绝对化的理解，或者为了某一方的某种利益或需要，抓住"我为主你为辅"来为我所用，这是不妥当的和片面的。

（二）国家资源配置宏观主体与微观配置主体、宏观目标社会合理性与微观目标经济有效性间的协调均衡

自1969年戈德史密斯（Raymoud W. Goldsmith）的《金融结构和金融发展》一书问世以来，金融发展理论经历了金融结构论、金融深化论、内生金融论和金融可持续发展论等几个不同的发展阶段。围绕资源配置中政府宏观主体和市场微观主体之间的关系问题，这些金融发展理论各有其不同的看法和侧重点，在此仅从金融可持续发展理论的角度进行阐述。

金融可持续发展理论从金融资源理论的角度，强调了政府金融（政策性金融）主体在金融资源配置中的独特作用，以及政策性金融可持续发展的重要意义。维持政策性金融的可持续发展，应立足于政策性金融逆向选择功能基础上的"有所为有所不为"的原则，而且只有"有所不为"才能"有所为"，即要充分发挥商业性金融对项目的市场性正向选择机制。对市场趋利性强的竞争性项目，或者既有经济效益又有一定社会效益的项目，若商业性金融机构既有能力也愿意参与资源配置，那么政策性金融机构就不必涉

足其中，就要"有所不为"。即使在某些特殊情况下有所"越界"，也只能是辅助和补充而不能喧宾夺主，更不能越俎代庖。"有所为"则是为了弥补市场机制作用的盲区。这些盲区往往表现为特定的产业部门和区域，如农业这个基础性弱质产业、外部性强的基础产业和基础设施、创汇的出口产业以及经济落后地区等。对于这些特定领域，毫无疑问，政策性金融就要义不容辞地充分发挥主角主动而非配角被动的决定性作用。

在金融资源配置效率系统中，经济有效性和社会合理性两个目标既有统一的方面，如实现社会合理性目标不能完全抛开资源配置一定程度的经济有效性（否则无异于财政资源的无偿公共配置），但更多的是表现为失衡和矛盾的一面。这种失衡实质上来自金融发展过程中总体利益与局部（个体）利益、长远利益与眼前利益、经济利益与社会利益之间的矛盾，以及来自成千上万、千差万别"有限理性"经济人的不同偏好与一定时期相对稳定的金融资源开发、配置宏观目标之间的矛盾。这也能说明为什么在高度发达的市场经济国家也同时存在发达配套的政策性金融体系。

为此，必须充分发挥政策性金融在实现资源配置宏观目标进而协调与微观目标均衡发展中的重要作用，并通过政策性金融可持续发展来促进一国金融总体的可持续发展，具体包括：（1）在金融资源配置的盲区，政策性金融要运用其一系列优惠杠杆，并通过其特有的逆向选择功能、直接扶持与强力推进功能、对商业性金融的倡导与诱导性功能以及在此基础上的"以小博大"的虹吸与扩张性功能等，引导金融资源合理有效的配置。（2）针对发展中国家的市场失灵问题，首要的任务还是完善金融市场机制，提高市场配置资源的效率。因为不可否认的是，迄今为止自由配置资源的市场仍然是人类所发现的最有效率的资源配置手段和机制。但是，在金融市场化配置资源程度有效提高之前，更需要政策性金融公平合理的诱导，否则，市场失灵导致的金融资源非效率配置和扭曲则会更加严重。（3）政策性金融在协调资源配置宏观和微观目标的活动过程中，既要兼顾和尊重"经济人""有限理性"的复杂性、多样性以及合理的行为偏好，又要在政府产业政策的指导下，矫正偏离于金融资源开发、配置目标的"经济人"的非理性决策，在达到金融资源配置宏观目标的基础上，实现政策性金融可持续发展。（4）发展中国家要充分认识并注意把握国际金融资源一体化配置的总体趋势和潮流，国内开发性政策性金融要加强与国际开发金融组织的联系与合作，积极参与金融资源的全球协调配置，尽可能地促成利益均衡公平。但同时也必须注重保护好本国的金融资源，金融安全第一，否则也难以从经济金融资源的全球化配置中真正有所得益。

（三）实现赋予政策性金融的特殊目标、任务与其拥有的资本与资金综合实力间的协调均衡

作为政府促进经济增长的一个重要宏观调控工具，政策性金融创立的初衷或根本任务，就是要密切配合和贯彻实施政府社会经济金融政策和国家对外经济金融发展战略，通过维持自身的可持续发展来推动整个金融经济与社会的可持续发展。然而，在任何国家的任何发展阶段，相对于对资金无限的巨大需求而言，金融资源从总体上讲都是极为有限和稀缺的。尤其是发展中国家由市场失灵导致的许许多多开发领域和项目，迫切需要大量的政策性资金予以诱导性填补开发。这种状况既说明了政策性金融存在的必要

性，同时又说明了资本短缺和政策性金融资源基数偏低这个发展中国家面临的共同问题，进而使得承担社会经济开发诸多重任的政策性金融的任务更艰巨、更繁重。

在政策性金融资源现有实力下实现政策性金融的特殊宗旨、目标和任务，关键在于走好政策性金融可持续发展之路，核心是保持政策性金融资源的永续利用，标准是政策性金融与经济发展相互协调的程度，目标是经济金融在长期内的有效运行和稳健发展。

1. 要针对资源要素实力，综合协调开发政策性金融资源。政策性金融资源的有限性主要是指基础性核心资源即政策性资金再生能力的有限性。滞后于经济发展要求的资金配置，是对基础性政策性金融资源的开发不足。而超越于政策性资金实力，一味追求扩张的"预支状态"，则会削弱甚至会摧毁政策性金融资源的再生能力，使其"功能预期失效"，同时会加大后期同类金融资源开发和配置的交易成本。因此，政策性金融可持续发展问题，首先是基础性核心金融资源的合理开发利用。实体性中间性政策性金融资源的开发利用也要保持一个合理结构，必须适应机构运营和金融工具开发运用的能力，避免只增长不发展的单纯规模扩张。政策性金融可持续发展，还要特别注重建立在上述政策性金融资源两个"硬件"要素基础上的"软件"功能，即整体性高层政策性金融资源的优化配置。针对金融信用关系与功能不健全的现状，金融上层建筑总体应通过制度变革、制度创新和制度保护，防范金融风险，维持政策性金融的稳健发展。

2. 要维持政策性金融生态环境的稳定和谐。一个国家一定时期特定的政策性金融生态环境，以其环境容量和"净化"能力——政策性金融内在实力的总和，对经济和政策性金融活动产生约束性的影响。若超过这个约束力极限，政策性金融生态环境就会遭到破坏，政策性金融就会面临生存危机。存在是发展的基础，只有存在才能谈得上可持续发展。政策性金融生态环境是比较脆弱的，这在经济金融发展水平较低和政策性金融初创时期的国家表现得更加明显。因为这些国家政策性金融生态环境的"净化"能力同它所承受的巨大经济与社会压力之间存在着严重的不对称性失衡，所以，政策性金融可持续发展的一个充分必要条件，就是保持政策性金融生态环境在相当长一段时期内相对稳态均衡发展。

3. 在保证政策性金融资源基数适时或定时定量增长的同时，尤其要注重政策性金融的质性发展。戈德史密斯的量性增长金融发展观并不能自动带来金融整体效率和功能的提高，麦金农—肖框架下的金融自由化也存在制度环境约束与经济发展相协调的问题，二者的共同缺陷在于无法保证金融的可持续发展。新的金融发展观必然要求金融的可持续发展，包括政策性金融的可持续发展。政策性金融发展的关键在于政策性金融资源质的协调保证及整体效率功能的改善。尽管量性金融是质性金融发展的基础，但由于政策性金融所固有的内在脆弱性，使得质性金融发展问题更为突出。只有走出一条避开大起大落波动的、长期的、不可逆的政策性金融质的可持续发展之路，才能促使进一步的量性金融发展，扩大政策性金融资源基数，也才能使政策性金融对经济增长的渗透力和亲和力进一步增强，从而更好地完成所承担的社会经济发展任务。

4. 为了使政策性金融机构在既定实力情况下提高资金的使用效益，把有限的资源配置在"刀刃"上，还必须赋予其较大的业务经营自主权。因为政策性业务并不意味着以政策性项目牵引资金，而是在政府划定的项目范围内，以政策性资金按比较利益配置原则选择最有优势的项目。根据这一原则，政策性金融机构应综合考虑多种内外因素，例如，一定时期政策性金融资源的"价值"存置状态、开发需求结构、不同资源的功能差异，以及信贷原则和风险管理要求等，在庞大的政策性开发项目库里，区别对待、优中选优，充分享有评审择优和资金供给与否的决定权。因此，即使在总体上符合产业发展序列的投资项目，如果效率不高，资金回收困难，且没有财政补贴，同样不在支持之列，使政策性金融机构在某种程度上也成为提供金融产品最"吝啬"的部门之一，做到既不乱点鸳鸯，更不竭泽而渔，这也是政策性金融可持续发展的本质要求。

（四）实现政策性金融性质职能的特殊公共（产品）性、政策性、非营利性与其具体业务运营管理的市场性之间的协调均衡

从宏观经济理论的角度，金融产品可划分为私人金融产品（商业金融产品）和公共金融产品（政策性金融产品，属于准公共产品而非纯公共产品）。商业性金融机构以市场原则生产在消费上具有排他性、竞争性和营利性的私人金融产品。政策性金融机构则按公共利益原则生产只具备局部的排他性和有限的非竞争性的公共金融产品。实践中，对私人金融产品和公共金融产品的划分，或者说对公共金融产品范围的界定，关系到政策性金融运行中市场性与公共性两者如何协调，使政策性金融既不"缺位"又不"越位"的问题。

公共金融产品范畴具有明显的动态性、差别性和广泛性的特点，使得对其具体范围的界定也呈现出一个动态化的不断重新调整的过程，表现在某个时期和地区被列为公共金融产品的，在另一个时期和地区则可能不属于其范围。而在某种特殊情况下，又会产生新的特有的公共金融产品。而且不同的国家对公共金融产品也有不同的界定标准，发展中国家对公共金融产品的鉴别也有着不同于西方市场经济国家的"特殊性"。这种特殊性主要表现在：巨大的金融市场运行机制缺陷的存在和尚不成熟的金融市场很可能拒绝接受一些本应由市场运行机制解决的私人金融产品，导致不得不由政策性金融提供解决的事实上的公共金融产品。也有可能由于金融市场竞争日趋激烈使得商业性金融"搭便车"而主动涉足公共金融产品生产领域，造成商业性金融与政策性金融之间的时而业务交叉，或后者所谓的"越位"，时而又因分工不明确而相互推诿，或后者所谓的"缺位"。

事实上，要协调好政策性金融运行机制中市场性和公共性之间的关系，首先必须是国家要尽快制定政策性金融专门法，然后在此法律框架内，制定具体的实施细则，并根据产业政策和经济金融环境的变化，适时地、及时地调整界定比较详细的私人金融产品和公共金融产品各自的"领地"，其目的是使政策性金融能够做到依法有针对性、有目的性地去生产和提供那些公共金融产品，尽可能地既不"缺位"又不"越位"，使得私人金融产品和公共金融产品都能实现帕累托最优产出，进而达到社会福利的最大化。

政策性金融具体业务的市场性或营利性与政策性及其相互关系，是各国政策性金融可持续发展进程中共同面临的一个重要问题，也是商业性金融关注的一个焦点。对此，有以下几个基本问题应亟待澄清。

1. 政策性金融业务经营要不要盈利？回答是肯定的，因为政策性金融机构不是一般国家机关，不是财政部、民政部，更不是慈善机构，它是特种企业、特种金融企业或实行企业化管理的特殊金融机构，它只是政府进行宏观经济调控的工具。它虽不追求利润最大化，但必须追求项目的有效性和贷款的可偿还性，以及现在和将来的持续性健康发展。而且，"政策性"原则上是指政策性金融机构每一笔金融业务的方向性和社会效益性，"非营利性"目标也只是针对利润最大化目标而言的，并不是说政策性金融机构不要盈利、不讲经济核算、不求财务效益，也不是变相为光"吃"财政而成为其负担的"第二财政"，更不意味着赔钱的业务都应交给它办，因为如此下去，其必将难以持续，就如国内外历史实践所证明的那样。所以，利润也应成为考核政策性金融机构经营业绩的一个主要指标，成为政策性金融机构壮大资金实力和发展"后劲"的可靠来源之一。事实上，亏损也是各国政府都不愿看到的，国外比较成熟的政策性金融机构一般都保持了连续盈利，并且还有相应的法规约束。

2. 政策性金融业务的盈利标准只是保本微利吗？一般政策性项目直接经济效益不明显、收效慢、风险大，需要低息或财政贴息的优惠贷款扶持，因而从理论上说，政策性金融业务一般难以获取很大的利润，其盈利性要求也只能是在保证本金全部按期收回基础上取得足以抵偿融资和营运成本等正常开支以及政策性亏损的微利水平。保本或微利现象在政策性金融机构创立之初表现得尤为明显，然而，在经济发展走向成熟稳定后，其利润水平也会随之有所提高。同时，对于商业性金融出于自身实力和风险考虑不愿主动涉足而有较大盈利空间的某些特定的政策性项目或幼稚产业项目，则政策性金融就存在有较大盈利的可能性。所以，政策性金融业务的基本要求是保本微利，但也可以在特殊情况下获取较大的额外利润。

3. 政策性金融业务中盈利的原则或"度"是什么？或者说，市场性与政策性的结合点、协同点在何处？一方面，所有政策性金融业务的市场盈利行为都要严格限定在"政策性"规定的项目领域，以执行政府政策为前提和首要任务，在此基础上方可力求合理的盈利水平，实现"政策性、盈利性、安全性和流动性"的有机组合和协同，这也是政策性金融可持续发展质的规定性。同时，在这个"政策性"业务领域内，政策性金融的非主动竞争性自然盈利及其多少都是合理的，不能视为"越界"。另一方面，应该始终不渝地坚持不与商业性金融争利的非竞争性原则。只要商业性金融机构有能力且有意投身于政策性投融资活动，尽管该融资项目有利润或利润很大，政策性金融也要"先人后己"，不主动参与竞争，否则就有悖于政策性金融制度创立的初衷以及市场经济公平竞争原则和WTO规则。当然，为了避免争利，政府就要加大对政策性金融多种形式的财政援助和支持力度。

（五）实现履行政策性金融公共性职能而产生的财务缺口与其自动补偿机制间的协调均衡

政策性金融的战略性定位与不可替代的重要作用本身就意味着在履行其公共性或政策性职能的过程中，必然会产生资金与财务缺口，而且这种缺口还会随着国内外形势的发展、任务的加重或扩大、业务类别的增加与风险的变化而在绝对量上不断扩大。不断扩大的资金缺口必然要求不断增加的资金或财务补偿，而且这种补偿必须是可靠的和稳定的，并且形成一种自动的而不是主观随意性很大的补偿机制。这样不断扩大的财务缺口与不断强化的自动补偿机制之间形成一种良性互动，一种匹配、协调与均衡。

在建立与资金或财务缺口相匹配的稳定可靠的补偿机制方面，综合各国普遍情况，主要包括如下一些渠道或方式：定期或不定期地增加国拨资本金。按各国通例、法令规定免缴一切国税与地方税。按年度盈余提取公积金，而公积金是累积的，稳定的。由国家信用保证带来的较低筹资成本而产生的剩余，由外国政府或国际金融机构优惠贷款的转贷而产生的剩余，由业务的市场化运作、成本的降低和收益或效率的提高而产生的剩余，由运营成本的降低和相对支出减少而产生的相对补偿，由利率与汇率变动而产生的收益，兼营有限的相关的商业性金融业务的收益，等等。

由上而知，这种资金或财务补偿机制是自动的、稳定的和可靠的，而不是人为主观决定的与或然随意的，也不是按年度核销或简单地以国家财政有多大力量就做多少事的这种不确定和不稳定的。如此，则政策性金融的可持续发展才是有保障的。因此，协调政策性金融财务资金缺口与履行其公共性发展重任之间巨大落差的着力点，在于建立与资金或财务缺口相匹配的政策性金融资源基数稳定增长和自动补偿的"自动调节器"机制。从政府支持的角度来说，就是要以法规形式而非人为随意方式，形成一个长期稳定可靠、持续增长、自动补偿的财政"自动调节器"增资机制，即在政策性金融机构既有国拨资本的基础上，再定期或不定期地增拨资本，并及时地核补利差和政策性亏损，减免税负，以及按年度不断提取、积累二级资本或附属资本（公积金）。就政策性金融机构自身而言，要开源节流，通过多种规范有效的渠道，不断扩充资本实力，譬如，非主动竞争性地兼营与其政策性业务相关的或延伸的商业性金融业务，提高资本运作水平和管理效率等。

（六）实现国家对政策性金融的全力综合配套支持与适度监督间的协调均衡

要实现政策性金融的可持续发展，政府的支持是绝对不可或缺的。政府支持是保障政策性金融生存和可持续发展的充分必要条件，也是政策性金融有别于商业性金融的一个显著标志。政府为政策性金融提供的支持应是多方面和完善配套的，是法律的、经济的、行政的、直接的与间接的等多种方式、手段相互结合、交替使用的综合体。（1）法律规范。从各国针对政策性金融的立法来看，一般是各种政策性金融机构分门别类地单独立法，并与针对商业性金融的一般银行法、证券法、保险法等泾渭分明，而不是在实际操作中，谁参照谁、谁比照谁、合二为一地模糊仿效执行。（2）财政援助，确保政府财政对政策性金融的"自动调节器"融资功能。（3）政府宏观调控，即相对于政策性金融机构的微观经营活动而言，政府仅从机构总体发展战略、政策和经营目标、原则以及高层人事安排等宏观层面上，对其进行指导、协调和监督、控制。

政府对政策性金融的适度干预也是十分必要的，但过度干预的后果也是确切无疑的、非常有害的，有时甚至是致命的，因而是值得非常谨慎与警惕的。这种支持与监督必须立法限定并依法履行、制约，实现依法监督，确保政策性金融机构与政府双方的行为方式和"度"，而且支持应该达到保障有力，监督必须适度有效，这是协调两者关系的基本原则。法律约束在政策性金融机构运营之初就应与之同步进行，并且适时地进行修订、补充和完善，法律的动态调整性也是国外政策性金融机构专门立法的一个特点。条例、规定毕竟没有法律更具严肃性、权威性、规范性、公正性和约束力，一大堆行政规定抵不上一部法律，也有悖于市场经济就是法制经济的定理。

第二节　政策性金融机构的特征

一、政策性金融机构的含义和特征

（一）政策性金融机构的含义

所谓政策性金融机构，是指那些多由一国政府或政府机构发起、出资创立、参股、保证或扶植的，体现政策性金融制度内涵与宗旨，不以利润最大化为其经营目标，专门为贯彻、配合政府特定社会经济政策或意图，在法律限定的业务领域内，直接或间接地从事某种特殊政策性融资活动，从而充当政府发展经济、促进社会发展稳定、进行宏观经济调节管理工具的特殊金融机构。政策性金融机构包括政策性银行机构和政策性非银行金融机构。

在国外，更多的是把政策性金融机构称为政府金融中介、政府专业性金融机构、财政投融资机构（简称财投机构）等，在其教科书中一般也是被划入"其他金融中介机构"、"专业银行"或"非银行金融机构"中进行阐述。其中，政策性银行机构居支配地位，有政策性专业银行之称。

（二）政策性金融机构的特征

由政策性金融机构的定义我们可知，在当代一切规范的市场经济国家中，政策性金融机构既不同于"政府的银行"或"银行的银行"的中央银行，也不同于那些一般的民间的或政府的商业性金融机构，它具有如下五大特征：

1. 由政府或政府机构出资创立、参股、保证或扶植。虽然不能说是全部，但除少数例外，这类机构的绝大多数都是由政府出全资创立的，如日本的大多数政策性金融机构以及大部分国家的进出口银行机构、开发性银行或非银行金融机构均由政府出全资创立；也有的是由政府参与部分资本，同其他银行机构共同投资组成，如法国的对外贸易银行；也有的是由政府通过另一政府机构间接地参股，如泰国产业金融公司由一家政府银行持有13％的股份；也有的是由政府提供特殊信用保证，如美国联邦存款保险公司；还有一些发达国家的政策性金融机构长期以来运营状况良好，积累较丰，全部或部分退还了政府原来的资本，成为政府扶植、服务于公众利益的特殊公法法人，如美国的一些联邦专业政策性金融机构。不管具体采取何种形式，总之是以政府为坚强后盾，同政府有种种密切的特殊性联系；就资本投入而言，在发达国家此类问题已越来越不重要，而在大多数发展中国家则还是相当重要的或不可或缺的。

2. 不以盈利或利润最大化为经营目标。不以盈利或利润最大化为经营目标，这是政策性金融机构同商业性金融机构的根本区别。之所以必须如此，是因为非营利性的政策性金融业务与营利性的商业性业务在许多情况下是矛盾的。例如，一国经济与社会发展的地区性均衡化对于该国社会的发展、稳定意义重大，若单纯依靠市场机制的诱导，则落后地区或行业就会得不到足够的资金，相反还会在"马太效应"的作用下使原来有限的资金向发达地区或行业倒流，从而同全社会宏观经济目标相悖。在商业性金融机构不愿或无力承担的情况下，政策性金融机构从宏观经济和地区发展目标出发，不计较盈利的多少，坚持向落后地区提供资金，对于由此而产生的亏损，政府给予补贴或债务硬担保就是必需的了。但这里需要特别强调指出的是，它不以盈利为目标，这仅仅是从其自身主观经营动机或目标的角度来讲的，然而这并不意味着政策性金融业务状况都不佳，可以忽视项目的效益性，或者政策性项目都不盈利、总赔钱。事实上正相反，实践表明，相当多国家的大多数此类机构的运营状况都不错，有盈余，且有不小的自我发展能力。

3. 具有特定而有限的业务领域与对象。同商业性金融机构相比，政策性金融机构严格遵循政策性金融制度宗旨，关注国计民生并以强位弱势群体为服务对象，一般都只有特定的有限的业务领域或对象，如农业、中小企业、进出口贸易、经济开发、住房业等领域。即使是进出口业，也不针对所有的项目，而是只同特定产业的产品或技术的进出口相关。政策性金融机构一般不同商业性金融机构竞争，它只是补充后者的不足而不是替代它。

4. 遵循特殊的融资原则。政策性金融机构遵循同商业性金融机构不同的特殊融资原则，这根源于它的建立宗旨和基本目标。（1）特殊的融资条件或资格。许多国家的相关法规限定一般必须是从商业性金融机构得不到或不易得到所需的融通资金的条件下，才有从某种政策性金融机构获得融资的资格。（2）特殊的优惠性。这些特殊优惠包括：贷款期长，主要或全部提供中长期资金；低利率，明显低于同期同类商业性利率，个别情况下甚至低于筹资成本；按期偿还本息确有困难时，由政府予以补贴。为不使政策性金融机构在营利性的诱惑或压迫下削弱对政策性金融业务的专注，有时即使出现亏损，也在所不辞；在一些发展中国家，有时这种特别的优惠并不表现在利率低上，而是表现在整体资金短缺时的贷款可得性上。这一点在中国尤其突出。（3）充当最后贷款人或最终偿债人的特殊角色。政策性金融机构对其他金融机构，特别是商业性金融机构所从事的符合政府政策目标项目的贷款给予偿还担保、利息补贴或再融资，以此支持、鼓励、虹吸、诱导和推动更多的金融机构从事政策性融资活动。从这个意义上讲，有时它是充当了最后贷款人（再融资）和最终偿债人（担保人）的特殊角色。

有一点必须强调指出，政策性金融机构所遵循的特殊性融资原则，若能够切实有效地贯彻，就必须满足以下三个先决条件：（1）不能屈从于政治压力向无效益的项目贷款。（2）必须独立地作出信贷决策。（3）严谨地进行事前评估和严格的事后审计，否则最终将危及政策性金融本身的生存。虽然政策性金融不刻意追求利润，但仍十分重视盈利，绝不亏损；作为政策性金融，既不能一概拒绝有风险的项目，又不能无视风险而盲目贷款，故必须采取精确计算风险，并承担可以承受的风险的原则。事实上，政策性金融并不必然亏损。例如，日本商业性金融企业的不良资产一般为3.5%左右，而日本开发银行的不良资产率却只有0.1%～0.2%。

5. 依据某种特定的法律或法规。由于政策性金融机构种类繁多，机构宗旨、经营目标、业务领域或业务方式各异，所以一般而言它不受普通银行法的制约，而是各自依据特定的单一相关法律或法规开展活动，因而许多针对商业性金融机构的规定对它并不适用。

二、政策性金融机构分类与基本类型

（一）政策性金融机构体系的一般分类

政策性金融机构种类繁多，可以从不同角度按不同的标准划分为不同的类型，一般有以下几种分类：

1. 按活动空间范围划分为全国性政策性金融机构和地方性政策性金融机构。世界各国中，全国性政策性金融机构占的比例最大。例如，各国的进出口银行都是全国性的；大部分开发性银行，如日本开发银行、德意志复兴银行、法国农业信贷银行、美国联邦专业信贷机构和中国国家开发银行等也都是全国性的。地方性政策性金融机构在经济后进国家，幅员辽阔、差别性大的国家较普遍，如日本冲绳振兴开发金融公库、巴西东北部开发银行以及地方政府建立的此类机构——马来西亚有几个州立经济开发公司，印度尼西亚有26个地区开发银行。

2. 按外部组织结构划分为单一型和金字塔型。单一型指只有一家机构，无成员机构，如大多数国家的进出口银行。金字塔型指以一个中央机构为首的、由不同层次的成员或分支机构组成的金字塔状的体系，常见于农业信贷机构。中央机构由中央政府所有或控制，中下层机构是民间或合作性的。法国农业信贷银行有三个层次，最上层是全国农业信贷中央金库，中间是94个区域金库，最低层是3010个地方金库。

3. 按业务性质划分为信贷机构、保险机构和信贷资产清理机构等。政策性金融机构大部分为信贷机构，少部分是保险机构。政策性保险机构通过收取保费的方式获得融资，但其保费收入很难弥补所承担的风险及赔偿支出，其出现的政策性保费亏损要由政府承担和弥补。政策性保险机构分为农业保险公司、出口信用保险公司、存款保险公司等。例如，英国出口信贷担保局和美国联邦存款保险公司，前者提供出口信贷保险，后者是为保护存款人利益和维持金融体系稳定，由政府专为清理破产或濒于倒闭的或陷入危机的银行和非银行金融机构的资产债务而成立的政策性特殊性非银行金融机构。

4. 按业务领域划分为经济开发、基础产业、主导产业、农业、中小企业、进出口、住房、环境保护、国民福利、存款保险、金融机构资产清理托管，还有专门负责管理公共部门剩余资产的投资公司以及专门负责外汇基金管理和投资的储备管理部等政策性金融机构。此外，还有为军事领域服务的特殊政策性金融机构，如战时银行、军事保险公司、军队住房基金等。前苏联在卫国战争期间组建的国家随军银行，俄罗斯于1993年以来相继成立的军事保险公司、军官保险公司。我军在抗美援朝战争期间成立的志愿军随军银行，以及现在的军队财务结算中心、军人保险基金和住房基金管理中心等，也是一种特殊的军事政策性金融机构。

5. 按业务的综合或单一可划分为综合性政策性金融机构和专业性政策性金融机构。几乎各国的开发性政策性金融机构都是综合性的，业务涉及国民经济的广泛领域，远不像其他大多数政策性金融机构那样是专门面向国民经济某一特定领域的专业性金融机构。

6. 按性质和命名方式可划分为银行、金融公库、公司、基金会或局等。绝大多数政策性金融机构为银行，常冠以服务的部门或领域，如开发银行、农业银行、进出口银行、住房银行。有一些机构比银行的专业性更强、服务范围更小、政策性色彩更浓，称之为公库或金库。另一些则称为公司，如金融公司、开发公司、投资公司，它比银行有更大的灵活性和投资自主权。还有一些政府机构兼具政策性金融之责或称之为局，如美国小企业管理局、托管局、农民家计局，或称之为基金会，如日本海外协力基金会、印度轮船开发基金会和储备管理部等。

（二）政策性金融机构的主要类型及职能特征

政策性金融机构的种类繁多，这里我们主要按照业务领域和专业分类，对典型的政策性金融机构，如开发性政策性金融机构、农业政策性金融机构、进出口政策性金融机构、中小企业政策性金融机构和住房政策性金融机构等进行概述。

1. 开发性政策性金融机构。

开发性政策性金融机构是指遵循政策性金融制度宗旨，为一国或经济体经济与社会发展中的基础性产业或领域（如能源、电力、交通、水利、环境），或落后的地区，或在新形势下又延伸至具有某种特殊战略重要性的产业或部门，提供长期信贷等金融服务的金融机构，如开发银行、开发金融公司等。鉴于开发性金融业务的特殊性，如贷款项目的风险性高、金额大、期限长、基础性强、收益不确定等，商业性金融或私人资本通常既不愿也无力先导涉足其中，所以开发性金融一般是由政府主责，大多为政府所有或控制，主要是指开发性政策性金融机构或政府开发性金融机构。开发性政策性金融机构是政策性金融机构体系的主体，所以西方国家也通常称政策性金融组织为"开发性金融机构"或"政府专业性金融机构"。在全球各国各类政策性金融体系中，开发性政策性金融机构是更为基础性的、实力更为强大的、业务对象和业务种类更为多样化的一类，它在各民族、国家或经济体经济与社会发展中的地位和作用是基础性的、战略性的和绝对不可或缺的。特别是对那些后发的、赶超的、正在发展中的和转轨的国家而言，就是更为重要的和更不可取代的。

开发性政策性金融机构可分为国际性、区域性和国家性三种类型。（1）国际性开发金融机构，是由国际范围内的若干国家共同出资设立的，服务范围也是国际性的，如世界银行、国际开发协会等。（2）区域性的开发金融机构，是由某一区域内的若干国家共同出资设立的，服务范围是本区域，如亚洲开发银行、泛美开发银行、非洲开发银行等。（3）国家性的开发金融机构，是在一个国家内设立的为本国经济发展服务的金融机构。国家性的开发金融机构又可分为两种，一种是全国性开发金融机构，一般由一国中央政府设立，服务于全国，如日本开发银行、韩国开发银行、巴西全国经济开发银行。

另外一种是地方性开发金融机构，一般由地方政府设立，专为本地区经济开发服务，如巴西东北部开发银行。

开发性政策性金融机构具有不同于其他政策性金融机构与商业性金融机构的职能特征，主要表现为：

（1）鼎力支持国家工业化，配合贯彻实施政府产业政策。经济欠发达国家或发展中国家经济发展的主要任务是实现国家工业化，在推进工业化的进程中，政府制定与实施包括产业政策在内的一系列措施来加以促进。产业政策规定了不同阶段的重点发展的部门与产业，如重点加强基础产业建设，重化工业建设等，逐步推动产业成长和优化，奠定雄厚的工业基础。

（2）发掘投资机会，为建设项目提供长期优惠资金。开发性政策性金融机构通过贷款、投资和担保等方式为符合政策要求的建设项目，为那些不能或不易从其他金融机构或资本市场获得长期资金的建设项目提供长期优惠资金。经济欠发达国家和发展中国家缺乏成熟的企业家阶层，投资进行缓慢，开发性政策性金融机构主动挖掘投资机会，以其雄厚的资金力量和一流的人才从事企业创办与经营，扶持新企业逐步走向正常生产与经营。同时，为发展某些产业，开发性政策性金融机构进行创造性投资，以改善投资项目资金结构，引导社会资本参与，壮大新产业，促进产业升级和结构优化。此举基本上是各国开发性政策性金融机构的普遍做法。

（3）为所支持项目提供全面服务。开发性政策性金融机构对于所支持项目不仅是资金援助，更重要的是从项目的选择、计划的制订和实施到投产等各阶段提供技术、管理、人才信息和财务咨询等多方面各种形式的服务。如开发性政策性金融机构具有较多的专家和技术人才，可为项目建设方提供技术、管理援助，有时甚至建立有关机构来负责这方面的工作，有的还由其培训人员协助进行财务管理、咨询、提供信息等。

（4）管理、协调有关机构开展政策性金融活动。各国开发性政策性金融机构一般具有某些管理职能，以其自身实力和优越地位协调、诱导、奖励有关机构共同开展开发性政策性金融活动。

2. 农业政策性金融机构。

农业政策性金融机构是指遵循政策性金融制度宗旨，为促进本国农业和农村经济发展及农民生活水平提高而专门设立的一种金融机构，包括农业政策性银行和政策性农业保险公司等。农业历来是各国国民经济中具有战略地位的部门之一。一般情况下，农业部门的融资较为困难，一般商业性金融机构不愿意或无力承担贷款。因此，政府组建政策性金融机构，向农业提供贷款，弥补农业信贷资金缺口，满足农业资金需求。农业政策性金融机构在兴修水利、整治土地、农业结构调整、农产品销售、稳定农产品价格和稳定与提高农民收入等方面都发挥了重要作用，成为政府贯彻农业政策的有力工具。由于农业的特点和重要性，农业成为受市场机制自由摆布程度最小、政府干预调节与控制程度最大的部门。适应并体现这一特点，农业政策性金融机构广泛而普遍地存在，并且具有历史悠久、结构复杂、业务独特、作用显著等特点，成为较具有代表性的政策性金融机构类型之一。农业政策性金融机构的组织结构较为复杂，但最为普遍的是金字塔型的复合机构模式，即由多个农业信贷机构以某种方式结合在一起，构成一个农业信贷机构体系。农业政策性金融机构的职能特征主要表现为以下方面：

（1）支持农产品价格，稳定农民收入，维持农业稳定发展。农业政策性金融机构通过对农民购买种子、肥料、农药和薄膜等生产经营所需资金，发放短期周转金贷款，为农业生产和经营提供必要的流动资金。作为政府农业政策的贯彻实施者，通过价格补贴等方式，支持农产品价格，防止"谷贱伤农"现象的发生，稳定农民的收入，维持农业的稳定发展。

（2）改善农业生产条件，为农业现代化提供全面支持。农业政策性金融机构通过对农村兴修水利工程、土壤改良、道路建设、购买土地以及农业机械、技术开发与培训等各个方面提供特别政策性贷款、补贴或补偿，进行资金援助，支持农业生产技术开发和利用，推进农业机械化、良种化，鼓励农村文化青年务农和农民掌握先进农业技术等，支持改善农业生产条件，加强农业后劲，促进农业现代化。

（3）分散和化解农业风险、防灾防损和经济补偿。政策性农业保险是分散农业风险、减轻国家负担不可或缺的手段，也是各国政府支持农业生产的普遍做法。目前已有40多个国家建立了政策性农业保险体系，主要有以下几种模式：①以美国、加拿大为代表的"政府主导模式"。其特点是以完善农村社会保障制度为目标，有健全的农作物保险法律、法规；由国家专门的保险机构主导经营并以政策性农业保险为主；农业经营者自愿选择投保，政府给予投保主体和经营主体以保费补贴、税收优惠和再保险等政策支持。②以日本为代表的"政府支持下的相互会社模式"。其特点是以完善农村社会保障制度为目标，有较强的国家政策导向；国家通过立法对关系国计民生和对农民收入影响较大的农作物实行法定保险；经营主体是不以营利为目的的保险相互会社；国家对农业保险进行监督指导，建立了全面的再保险机制并提供保费补贴等政策支持。③以印度、菲律宾等发展中国家为代表的"国家重点选择性扶持模式"。其特点是以稳定农业生产为目标，且有相应的法律制度作指导；由国家专门农业保险机构或国家保险公司经营主要农作物保险；农业保险属于强制性保险，并且一般都与农业生产贷款相联系。

3. 进出口政策性金融机构。

进出口政策性金融机构在国际上也称为官方出口信用机构（Official Export Agency），全称官方支持的出口信用机构（Officially Supported Export Credit Agency），是指遵循政策性金融制度宗旨，为促进本国出口、对外投资以及某种外交意图而提供信贷、担保、保险和其他金融便利等业务的金融机构。它体现了各国参与国际经济活动的战略或意图，是各国对外经济政策措施的重要组成部分，是各国参与国际竞争的有力武器，是国内政策在国际领域的延伸。进出口政策性金融机构的名称多种多样。从数量上看，一般是指占绝大多数且较具有代表性的进出口银行、输出入银行和外贸银行，也包括以公司、局等命名的进出口政策性金融机构，如出口信贷公司、出口信贷担保公司、出口信贷保险公司、出口信用保险公司等。

进出口政策性金融机构大多数是官方和半官方所有。属于官方所有的机构均由政府出资建立，凭借政府的力量开展活动，如美国、日本、韩国的进出口银行，加拿大出口开发公司，英国出口信贷担保局等。属于半官方所有的机构一般采取股份公司的组织形式，政府参与部分资本，与其他机构如中央银行、商业银行共同组建，政府具有实际控制权或影响力，其业务活动也得到政府的支持或帮助，如法国对外贸易银行、德国出口信贷公司等。私营的进出口政策性金融机构比较少，如美国私人出口基金筹措公司（PEFCO）提供中期信贷，填补商业银行的短期贷款和进出口银行的长期信贷之间的空缺，较具政策性，但它的业务活动得到美国进出口银行的支持和管理。进出口政策性金融机构的职能特征主要表现如下：

（1）办理出口信贷，实施官方出口信贷计划。各国进出口政策性金融机构对本国出口商或外国进口商（或其银行）发放优惠性的出口信贷，目的在于加强本国商品的国际竞争力，支持、扩大本国商品尤其是大型成套设备的出口。进出口政策性金融机构最重要的业务活动也就是办理出口信贷。其特点是：首先，一般主要提供中长期贷款，对于短期贷款，由商业性金融机构提供。其次，重点支持资本货物出口，以带动本国经济增长。最后，贷款方式多样化。商业性金融机构对进出口商提供的短期资金融通，可得到进出口政策性金融机构的担保和保险，这样既为进出口商提供了融通资金的便利，又避免了与商业性金融机构的竞争。

（2）采取多种业务措施，便利出口融资和促进出口，常见的如担保、保险、贴现与再贴现，此外，还有提供咨询服务、技术协助、经办对外援助等。贯彻区别对待的原则，服务于政府的对外经贸与外交政策。绝大多数国家的保险业务由保险公司专门经营，不允许其他金融机构经营。唯有出口信贷保险，除有专门的出口信贷保险机构经营外，进出口银行等金融机构也经营，所不同的是，商业性金融保险机构一般只承担商业风险，而政策性金融机构则可以依赖政府强大的后盾来承担政治风险以及通货膨胀风险等，而且担保额度较高，一般达 80% ~ 90%。由此，二者形成分工互补而非竞争的关系。由于政策性金融机构对出口信贷保险的担保，客观上起到了鼓励商业性金融机构从事出口融资，进而推动更多资金支持出口，便利进出口双方融资的作用。所以，出口信用保险具有明确的政策性目的和很强的政策导向性，属于政策性保险。出口信用保险公司的主要职能就是鼓励出口、保护进口，为促进进出口贸易提供风险保障，这已成为国际上公认的支持出口、防范收汇风险的有效手段和通行做法。

（3）发放其他种类贷款。如日本输出入银行发放海外投资贷款，目的是为了建立海外基地，确保日本资源进口。此外，还发放技术服务贷款、进口贷款、对外援助性贷款。韩国进出口银行除上述贷款外，还发放重要资源开发贷款，鼓励本国厂商从事海外资源开发。另外，还发放经济合作贷款等。

4. 中小企业政策性金融机构。

中小企业政策性金融机构是指遵循政策性金融制度宗旨，以中小企业为特定服务对象，专门为中小企业发展和提升其在国民经济中的地位，直接或间接提供融资或信用保证的金融机构。中小企业政策性金融机构是一国政策性金融体系的重要组成部分，它既有政策性金融的一般特征，如由政府创立、出资或保证，不以营利为目的等，又有其特有的特征，如面向中小企业的服务范围广泛，对象众多而力量薄弱等。

中小企业政策性金融机构的种类繁多，按其主营业务可分为信贷机构、信用担保机构、投资基金及"二板市场"等机构；按命名方式可分为政策性银行、金融公库、基金、公司和中小企业服务中心等。国外发展成熟的中小企业政策性金融，已经形成了一个主要包括信贷机构、信用担保机构、投资基金及"二板市场"等方面的机构体系。这里，也主要按主营业务来分析不同中小企业政策性金融机构的基本职能特征。

（1）信贷机构是中小企业政策性金融体系的基本组成部分。不管是发达国家还是发展中国家，都通过中小企业政策性金融体系向中小企业提供贷款，以缓解中小企业发展过程中存在的资本缺口。这也正是各国建立中小企业政策性金融体系的基本出发点，而且很多政府的基本立足点都在于弥补中小企业融资能力的不足。如美国政府的中小企业署就明确，只有在中小企业不能顺利从商业银行取得足够的贷款时才能向中小企业署申请贷款支持。

贷款始终是绝大多数中小企业金融机构资金运用的主要形式，一般可分为普通贷款和特别贷款。前者为短期流动资金贷款，满足中小企业日常周转资金需求；后者是为中小企业提供特别项目贷款，一般为中长期、低息优惠贷款。特别贷款也就是政策性贷款，其特点是与政府发展中小企业的政策相吻合，专款专用，多为资本性贷款，条件优惠，有些具有临时应急性。目前，建立和运行的中小企业政策性贷款机构，包括中小企业政策性银行、金融公库以及由政府投资设立的为中小企业发展提供直接贷款的"基金"等。

（2）信用担保机构是中小企业政策性金融体系的重要组成部分。各国在向中小企业提供融资支持时，采取的主要手段是向中小企业提供融资担保，即给予偿还贷款的担保，以使中小企业有能力从其他渠道获得资金。同时，也有效缓解了商业银行向中小企业提供贷款的风险，有效减轻了政府中小企业政策性金融体系的负担，更有一种"以小博大"的经济效应。如美国中小企业署的贷款保证信用、日本中小企业信用保险公库的信用担保、英国小企业服务局的贷款保证计划等。从数量规模上比较，政府中小企业政策性金融体系向中小企业提供的各种担保基金的规模，要远远高于直接贷款的数额。一般来说，强调经济自由主义的发达国家对政策性担保机构更是情有独钟；而在大多数发展中国家或地区，面向中小企业融资的政策性担保机构正在大规模建设之中。而且，随着各国或地区市场化程度的进一步加深，政府将越来越多地依靠中小企业政策性信用担保向中小企业提供融资支持。

（3）建立投资基金（或投资公司）也是各国政府扶持中小企业发展的方法和手段之一。目前世界上有多种投资基金，这里我们强调的投资基金是指以政府出资为主设立的，以一定的方式吸收机构和个人的资金，投向那些不具备上市资格的中小企业的政策性基金，其对象往往是偏远地区的中小企业以及中小高新技术企业。中小企业政策性投资基金从性质上又可以分为两大类：一类是以开发贫困地区、偏远地区的经济，扶持这些地区中小企业发展的"扶贫基金"或"开发基金"，如英国的凤凰基金和王子基金、中国台湾地区的育成中小企业开发公司等；另一类是投向从事高新技术开发和研究、现代化升级等具有高风险性中小企业的"风险基金"，如美国的中小企业投资公司、印度的技术开发和现代化基金等。政府设立投资基金的目的同样是为了缓解中小企业的技术开发和创业的融资困境。

（4）"二板市场"是一些国家提供的为中小企业从资本市场获取直接融资的市场，是政府建立的又一为中小企业提供缓解其资本缺口的手段。"二板市场"的建立和运行与政府政策存在着密切联系，主要决定于政府的政策支持、政策规范和政府的态度。二板市场作为主板市场的补充，面向高科技型和高成长型中小企业建立，其目的是扩大中小企业从资本市场直接融资的规模，减轻中小企业对政策性贷款的依赖程度。目前，一些发达国家的"二板市场"已经初具规模，如美国的 NASDAQ、日本的 OTC、英国的 AIM 等。而在一些发展中国家，"二板市场"的建立和运行尚处于萌芽状态。

此外，中小企业政策性金融机构还提供各种服务。中小企业不仅缺乏资金，而且还缺乏生产经营管理经验、技术、信息等。因此，政策性金融机构除融资业务外，还为中小企业提供各种服务，辅导中小企业提高生产技术和经营管理水平，促成中小企业现代化，增强融资使用效果。这一点也使之区别于一般金融机构。如美国中小企业管理局除进行贷款、投资活动外，还对中小企业经营管理、争取政府采购合同、产品推销及其出口等方面提供服务。法国中小企业设备银行还从事中小企业调查统计和研究工作，为中小企业提供信息和专家服务。

5. 住房政策性金融机构。

住房政策性金融机构是指遵循政策性金融制度宗旨，专门为缓解中低收入家庭住房困难、促进实现住有所居目标而提供贷款、担保和其他金融服务的金融机构，是一国政策性金融机构体系的组成部分。一般而言，一国政府住房政策目标有如下两个：第一，扩大住房供给量，在总量上逐步满足住房需求，解决住房问题。第二，注重公平分配，通过对收入阶层经济补助，缩小其与其他阶层在住房条件上的差距，使居民都能达到政府规定的住房水准。相应地，政府住房政策也具有两个方面：一是公共住房政策，即由政府出资建造具有一定质量的廉价住房，提供给住房户，以此扩大住房总供给。二是自有住房政策，即重点提高低收入阶层自有住房率，为其购置、建造自有住房发放贷款，并由政府进行利息补贴，纠正市场机制的失灵，实现"居者有其屋"。各国住房政策性金融机构通常都紧密围绕上述目标和政策意图来开展业务活动，主要具有以下职能特征：

（1）直接发放住房贷款，支持住房户尤其是低收入住房户获得自有住房。各国住房政策性金融机构的参与直接增加了住房信贷总量，促进和扩大了住房的建设规模，增加了住房供给。同时，住房金融机构的信贷活动向低收入家庭倾斜，有利于缓和、解决低收入家庭的住房问题。一般来说，住房金融机构发放的贷款包括购置住房贷款、新建住房贷款、旧房改造贷款、其他相关贷款等。其中，重点是支持购置者，一般不对建房予以支持，因为建房往往不一定是自用，还可以出售、出租，故而具有较浓厚的商业性质。住房政策性金融机构仅提供部分资金，以国家资金推动民间资金。如挪威国家住房银行提供资金一般最多为新房购置成本的 55%，其余部分由个人储蓄或从商业银行、储蓄银行融通。其他相关贷款主要是指与住房建设有关的相关土地开发、城市建设以及国家建设项目等贷款。这些贷款尽管不直接用于住房建设，但却能扩大住房建设规模，提高公用事业服务能力，进而促进住房建设的迅速发展。

（2）开展强制性储蓄，保障住房信贷资金规模。尽管各种强制性储蓄做法各异，但共同点是均将这笔资金借给住房政策性金融机构，成为其主要资金来源。新加坡早在1955年就建立了公积金制度，规定招募一个雇员，雇主须按雇员工资每月拿出25%，雇员每月也须按工资额的25%（后来曾降至10%）统一存入中央公税金局，作为雇员名下的储蓄，用来购买和建造住房。此外，还通过其他金融机构（尤其是储蓄银行）吸收储蓄，然后再转借给住房政策性金融机构使用。

（3）以多种方式实施政策性住房政策。住房政策性金融机构有利于扩大住房供给，通过价格抑制经济周期波动，促进建筑业的稳定发展。同时，还可以办理担保、保险等业务，鼓励其他金融机构参与住房信贷，扩大融资规模。

（4）管理控制全国住房金融体系，参与社会事业活动。不少国家的住房金融机构扮演住房金融体系的管理者角色，如美国、巴西和加拿大等国。一些国家还广泛参与社会发展事业，如城市建设、土地开发以及住房建设有关的活动。巴西全国住房银行代表政府制订实施"全国卫生计划"，加拿大住房公司在全国推广公寓建设标准化等即是典型的例证。

三、政策性金融机构运行的条件

实现政策性金融机构的正常运行和可持续发展，需要具备一些充分而必要的条件，这里从前提条件和决定性条件两个方面分别阐述。

（一）前提条件

政策性金融的独特宗旨与功能，决定了它必须有坚实的后盾与实力，才能有直接贯彻执行政府经济社会政策目标或意图所必需的资金实力和对商业性金融的足够吸引力。这就意味着政策性金融机构在某些方面必须享有比一般商业性金融机构更为优惠的待遇或特权，这是实现其基本目标的前提条件。当然，这是手段而不是目的。这些优惠或特权是专门的金融法或法规所赋予的，是相当严肃的和有权威性的。以下，我们将多角度地研究这些优惠或特权。

1. 国拨资本获取权。几乎所有发展中国家和大部分发达国家的政策性金融机构建立之初的资本都来源于国拨资本，国拨资本金额巨大、稳定，且无偿付红利或股息的负担或后顾之忧。许多国家的法律还规定如有纯收益，还可有相当比例用于扩充资本或作公积金，使之不断地有可能随着时间的推移而使实力获得后援性支持与扩充，同时也使之具有较大的抗风险能力。例如，日本开发银行法规定开发银行可从其利润中提取法定准备金作为其资本的一部分，菲律宾开发银行税后利润的20%可留为该行公积金。

2. 稳定而有保证的资金来源。政策性金融机构的资金来源包括国拨资本金、借款、发行债券等。例如，日本政策性金融机构都有稳定而有保证的资金来源，一般国拨资本占20%，金融债券筹资占10%，70%来自属大藏省管辖的邮政储蓄以及厚生省管辖的福利保险金、国民养老金和一般保险金，且期限一般都在 10 年以上。菲律宾开发银行还可以吸收一些特定存款，如政府部门及其下属机构以及由政府控制的公司的存款，占其资金来源的 10%；外国政府贷款和国际金融组织的借款约占资金的 60%，且都得到政府的担保；还有向商业银行的临时借款等。

3. 免交全部或部分赋税。例如，日本开发银行可免交全部地方税、国家税和法人税（商业银行的法人税为其利润的 50%）。免除的税额除一部分提作准备金外，其余上交国库。菲律宾的政策性金融机构税后利润的 35% ~ 50% 上交国库，30% 留作第三窗口业务（支持国家确定的中小企业发展）的补贴，20% 留作公积金。德国的政策性银行——德意志复兴信贷银行可免除全部赋税，免除的税额全部转为公积金，作为贴息以优化贷款利率。

4. 享受政府的利差补贴。低利率是政策性金融比商业性金融更具吸引力的优惠性的具体表现之一，在发达国家甚至构成一个前提条件，否则商业性金融便会取而代之。但优惠性利率产生的利差如何消化，是政策性金融面临的一个基本问题。依靠政策性金融自身的有效运营和严格管理，以及它所享有的种种优惠可以消化很大一个比例，但政府的利差补贴也是一个重要渠道。例如，日本开发银行对某些夕阳产业（如煤炭工业）贷款确有困难，该行可向大藏省申请利差补贴，后者经审查同意后将利差补贴直接补贴给银行。20 世纪 50 年代，为体现国家政策性金融的支持，日本开发银行曾对煤炭工业实行了比当时开发银行的优惠利率（9% ~ 11%）低得多的超低利率（6.5%）贷款，其利差由政府补贴。

5. 特殊情况下，由政府承担部分不良债权或相关风险。在贯彻政府政策目标与意图的前提下，政策性金融机构有相当大的独立自主权，某些特殊情况下的贷款则由政府承担其风险。例如，德意志复兴信贷银行不同意贷款的项目，若政府坚持发放，则贷款风险由德国政府承担。又如，在 20 世纪 60—80 年代，日本政府曾 8 次调整煤炭政策，以应付全球能源由煤炭转向石油和天然气而引起的煤炭业结构性衰退，日本开发银行形成大量坏账，政府除了对坚持生产的煤矿公司继续贴息 3%、对财务恶化的煤矿公司全额贴息外，甚至还拨出巨款替煤矿产业偿还债务。

6. 利用商业银行网络低费率开展业务。政策性金融机构一般都仅有非常有限的分支机构，贷款主要通过商业银行委托—代理和转贷两种形式发放，商业银行对此业务积极性高、竞争激烈。德国法律规定，商业银行转贷德意志复兴信贷银行的贷款，可在原来较低的利率基础上加最高不超过一个百分点，作为代理费用，但代理行仍必须承担全部信贷风险。

7. 作为特种政府机构受到特殊尊重。这无疑构成一种优惠，虽比较抽象，但有时比那些具体优惠更为重要。政策性金融机构作为特种金融机构，受到不同于商业性金融机构的特殊待遇与管理；作为政府机构，它是特种政府机构，有专门法律的支持与约束，不同于一般的政府行政机构。这一点可从其董事会和监事会的构成看出来。菲律宾开发银行实行董事会领导下的行长（首席执行官）负责制。董事会由董事长和副董事长等 9 人组成，由前任董事长和政府内阁推荐，经内阁讨论通过后由总统任命。董事必须是 35

岁以上的，具有经济、银行、法律、管理等一方面或多方面专长的人，至少有 4 人来自私人企业。更重要的是政府高度尊重政策性金融机构的信贷独立自主权。日本政府吸取了复兴银行的失败教训，特向首任日本开发银行行长保证，在不可行项目上可以不必屈从政府的政治压力。

（二）决定性条件

政府性金融有许多优越性，得益于它的人都说它好，但好事往往做不好，好事做好很难。实践表明，政策性金融机构的正常运行不是没有条件的，我们这里只着重讨论某些决定性条件。

1. 单一的特殊法律的支持、保护与制约。商业性金融机构，如商业银行依据或受制于一般的统一的银行法。而一种（常常是一家）政策性金融机构，依据或受制于一项单独的专门的特殊法律，如×国开发银行法、进出口银行法和农业发展银行法等。它的性质、地位、宗旨、职能、资金来源与资金运用、监督管理、审计、外部关系等，都有详尽的具体规定。它的活动与运行受到有关方面的强而有力的尊重、支持与保护，因为在一个法制性社会里任何人也不能凌驾于法律之上。有法可依和有法必依是任何政策性金融机构成功的决定性的基本条件。

2. 政府高度尊重它的独立自主权。不可否认，同商业性金融机构相比，政策性金融机构受到政府有关部门更为直接紧密，有时是强制性的指令、规划、战略、政策与意图的约束，这是由它自身特有的性质与宗旨决定的，是正常和必要的。但这仅仅是问题的一个方面，同样重要的另一个方面，上述这一切约束必须是依法而行的而不是人为任意的，必须是实现它的基本目标和正常运行所必需的和有限的，换句话说，政府必须高度尊重政策性金融机构作出信贷决策的独立自主权。

3. 政策性金融机构自身的严格审查与管理。政策性金融机构一方面常常面临政府方面这样或那样的干预和压力；另一方面，又面临由一系列优惠性和贷款对象的强大诱惑而产生的对政策性贷款无限扩张的压力与需求饥渴症。这两点最终都直接涉及政策性金融机构自身审查与管理的成功与失败、有效还是无效、正常还是反常。排除前面讲的这些因素不论，就政策性融资贷款本身，也是一项非常复杂的工作，它所面临的一个重要问题是项目本身的严峻的获益性条件，以及更加难以预测的它们的最终还款能力。银行必须自己独立判断：（1）具体项目是否符合政府某一特定政策目标或意图。（2）项目单位的管理能力和商业发展前景，以及最终的偿还能力。（3）它必须有一个专业化的、中立性的和公平公正的事先的评估体系，以及良好的财务制度。（4）严格的事后检查与审计制度，以防止对政策性资金的不恰当的和不合法的使用。（5）它必须是一个公正的和无偏见的公共性融资机构，它必须对任何能符合同样政策目标的项目要素，提供公平的融资机会，确保在同一时间、同样方案下由同样的政府机构得到提供的贷款，在利率水平和最高贷款比率方面是相同的。以上这些基本条件是任何政策性金融机构成功而不亏损，并能正常持续运转的基本要素。

第三节　政策性融资业务的形式

一、政策性融资业务的含义

政策性融资业务概念，主要是从资金融通业务的角度而言的，指有政策性资金支持的融资业务与行为。这种业务并不注定百分之百要由政策性金融机构来做，也可由其他政策性金融制度承载体来承担。利率贴补、担保、引导性资金资助以及其他一些政策性支持方式，都可能促成商业性金融机构承接政策性融资业务。所以，政策性融资的实施主体既可以是政策性银行，也可以包括商业银行和其他社会群体等。例如，国家助学贷款是一项典型的政策性融资业务，但由于其服务对象为众多、分散化的学生个体，商业银行更具有服务优势，因此，政府或政策性银行可通过招投标的方式将此项业务委托商业银行经办。

政策性融资既包括带有政策性意向的贷款、担保、投资、贴息、信用保险、公益信托等一系列特殊的资金融通，也包括更广范围的 PPP 概念下的 BOT、BT、TOT 等①特许权经营运作，以及市政债券等融资。近些年，中国各地普遍出现的地方政府融资平台，所从事的其实也都是政策性融资业务。

二、政策性融资业务的主要形式

在政策性融资业务体系中，包含有许多融资业务形式和种类，而且随着金融产品的不断创新而层出不穷。这里主要介绍以下几种典型的政策性金融业务形式。

1. 政策性贷款业务。

政策性贷款是直接对符合政策性金融业务支持条件的资金需求者（强位弱势群体）发放的贷款，这种贷款通常期限比较长，利率也要比商业性贷款的利率要优惠得多。政策性贷款业务对政策性融资对象的支持最为直接，相应的手续也不繁杂，是政策性金融业务的主体或核心，是能够体现政策性金融业务特点的"传统方式"，也是体现政府政策意图最重要的政策性金融方式。政策性贷款既可以由政策性银行直接发放（独立贷款、直接贷款），也可以委托商业银行等间接发放（间接贷款）或联合发放（联合贷款）或由其通过执行国家指令性政策和承担社会责任而直接发放。例如，我国国有商业

---

① PPP（Public – Private – Partnership）即公私合作伙伴关系，是指公共政府部门与民营企业合作的模式。BOT（Build – Operate – Transfer）即建设—经营—转让，是指政府通过契约授予私营企业（包括外国企业）以一定期限的特许专营权，许可其融资建设和经营特定的公用基础设施，并准许其通过向用户收取费用或出售产品以清偿贷款，回收投资并赚取利润；特许权期限届满时，该基础设施无偿移交给政府。BT（Build – Transfer）是 BOT 的一种变换形式，是指一个项目的运作通过项目管理公司总承包后，由承包方垫资进行建设，建设验收完毕再移交给项目业主。TOT（Transfer – Operate – Transfer）即移交—经营—移交，是指政府部门或国有企业将建设好的项目的一定期限的产权或经营权，有偿转让给投资人，由其进行运营管理；投资人在约定的期限内通过经营收回全部投资并得到合理的回报，双方合约期满之后，投资人再将该项目交还政府部门或原企业。

银行在改革开放之前大量经营的"超政策性银行业务"，以及现在承担的对"三农"、中小企业、民生等强位弱势群体的社会责任信贷业务，都是政策性贷款业务。孟加拉国格莱珉银行也直接为农村穷人、妇女和乞丐等弱势群体提供信贷服务，专门经营政策性金融业务，体现了政府扶贫济困的社会政策。

2. 政策性担保业务。

政策性担保是一种信用担保，所谓信用担保，是信誉证明与资产责任保证结合在一起的一种中介服务活动，一般表现为充当商业银行和企业之间的中介。担保人对商业银行作出承诺，对企业提供担保，从而提供企业的资信等级。政策性信用担保，是政府为符合支持条件的融资对象或特定领域的资金融通提供支持的一种手段，从而降低商业性金融机构的资金风险，促使商业性资金进入政策性业务领域。例如，政府通过为中小企业尤其是小微企业提供融资担保服务，贯彻实施国家中小企业政策，缓解中小企业融资困境，促进本国中小企业的发展。政府主导的政策性融资担保可以视为一种财政杠杆，是政府对中小企业的一种隐性补贴。同时，政策性担保放大了政府资金的支持面，可以充分发挥政策性资金对商业性资金的带动作用，有利于提高政府资金的使用效率，实现社会资金的优化配置。但这种方式对资金支持对象的支持较为间接，尤其是要和商业性金融机构合作，从而会增加政策性资金支持对象获得资金的手续和环节，延长获得资金支持的时间。

3. 政策性贴息业务。

政策性贴息是指国家财政在商业性金融机构向政策性支持对象发放贷款时，以承担部分甚至全部利息的方式，直接将部分资金支付给商业性金融机构以弥补其承担的较高政策性贷款业务的风险。政策性贴息业务鼓励和引致商业性金融机构参与政策性金融业务的机制，具有"四两拨千斤"式的放大效应，其所贴补的那部分利息率（表现为百分比）的倒数，即是资金放大的倍数。假如贴了5%的利息，放大倍数是100/5，即20倍，相当于以5%的财政资金，引致100%规模的商业性贷款资金进入政府意欲支持的项目。

4. 专项引导基金业务。

专项引导基金是政府为了促进某些领域内企业发展而设立的专门基金，一般在创业投资领域运用较多。在这些特定领域内，该基金可以联合社会资金一起对其进行资金支持。这种方式主要表现为向被支持对象进行直接的股权投资或债权投资，主要作用是提高其他社会资金对被支持企业的信心，一般在受政策支持的企业取得一定发展后可以股权退出或债务还本付息方式收回政府资金，转而支持其他已选定的企业。政府的 TOT 项目和有部分资金以参股形式进入开发主体资本金的 BOT、BT 项目，也可归在这个实现方式之内，都属于 PPP 模式，即公共政府部门与民营企业合作模式。采用这种融资形式的实质是：政府通过给予私营公司长期的特许经营权和收益权来换取信贷配套、促成基础设施加快建设及有效运营，因而专项引导基金也是一种特许权授予融资业务。

5. 政策性投资业务。

政策性投资是指政府或者是政府的代理机构直接对符合政策性支持条件的融资对象进行股权投资的方式，主要是向处于创业早期或需要国家重点支持的创业企业与项目进行投资。这是政策性资金的一种直接投资方式，形成的是被支持对象法人资产中的一部分股权。它与专项引导基金的股权投资方式较为类似，但带有长期投资性质，可能带动的社会资金并不很多，并且有可能在被投资企业中占有份额较高的股权。这种方式主要是起到一种示范作用，体现政府对所投资领域的重视程度，增强其他社会资本进入该领域的信心。

6. 政策性保险业务。

政策性保险业务既可以主要由政府设立政策性保险公司专营，也可以由商业性保险公司兼营。政策性保险业务也是一种金融服务的重要方式，通过向被保险人收取保费的形式，集中起来一部分资金，当发生政策性保险业务所受保的风险之后，由政策性保险业务承担机构负责弥补承保人的部分或全部损失。由于是政策性保险业务，其保费收入很难弥补赔偿支出和所承担的风险，所以，出现的政策性保费亏损还要由政府承担。

7. 公益信托业务。

公益信托业务是以社会公共利益为目的，使整个社会或社会公众的一个显著重要的部分受益而设立的一种特殊的信托业务。信托的主要业务是"受人之托，代人理财"，所以又称金融信托，其中，按信托受益对象分为私益信托和公益信托两类。私益信托是完全为委托人自己或其指定的受益人而设立的一种信托，公益信托的受益人则是社会公众中符合规定条件的社会群体。我国《信托法》第六十条规定"为了下列公共利益目的之一而设立的信托，属于公益信托：（一）救济贫困；（二）救助灾民；（三）扶助残疾人；（四）发展教育、科技、文化、艺术、体育事业；（五）发展医疗卫生事业；（六）发展环境保护事业，维护生态环境；（七）发展其他社会公益事业"。所以，公益信托的设定，其目的并非为委托人自己谋利益，也不是为特定受益人谋求利益，而是为赞助和促进社会公众的利益，以发展社会公益事业来促进社会进步。因而公益信托业务也是一种政策性金融业务。公益信托的主体（当事人）包括委托人、受托人、信托管理人、受益人和经营委员会。

第四节　中国政策性金融体系概况

中国政策性金融体系框架的基本形成，是以 20 世纪 90 年代初期三大政策性银行的组建为标志的。在此之前，主要是由中国人民银行和各类专业银行及其他金融机构、财政信用机构等承办或兼营政策性金融业务。现阶段，在我国已初步形成了以政策性银行和政策性非银行金融机构为主体，其他政策性金融制度承载体所承担的各种形式的政策性融资业务为补充的政策性金融体系。

一、机构组织体系

我国的政策性金融机构体系主要由三大政策性银行（国家开发银行、中国进出口银行、中国农业发展银行）和一些政策性非银行金融机构（如中国出口信用保险公司、中国投资有限责任公司、中国经济技术投资担保公司等）构成。

1. 国家开发银行[①]

国家开发银行（以下简称国开行）成立于 1994 年 3 月 17 日，主要任务是按照国家的法律、法规和方针、政策，筹集和引导社会资金，支持国家基础设施、基础产业和支柱产业大中型基本建设以及技术改造等政策性项目及其配套工程的建设，从资金来源上对固定资产投资的总量进行控制和调节，优化投资结构，提高投资效益，促进我国国民经济持续、快速、健康地发展。国家开发银行总部设在北京，目前在中国内地设有 37 家分行，海外设有香港分行、开罗和莫斯科代表处。

国开行自成立以来，充分发挥其中长期投融资的优势和作用，为服务国家发展战略作出了重要贡献。1994—1997 年四年间，国开行主要以政策性金融业务为主，为国家基础设施、基础产业和支柱产业大中型基本建设（"两基一支"）提供了巨额的资金支持。其中，国开行对三峡工程的金融支持，就是一个发挥政策性金融诱导性功能的典型而成功的案例。三峡工程在 1994 年建设的初期急需资金，却得不到商业银行贷款。当时，刚刚成立的国开行主动履行政策性银行的职责，通过合理的测算和安排，决定向三峡工程提供每年 30 亿元、总额为 300 亿元的贷款，确保了工程的顺利启动和建设。1997 年，大江截流，三峡工程进入二期建设，三峡总公司也具备条件到债券市场直接融资，此后商业银行纷纷介入，三峡工程多渠道融资方案得以实现。然而，由于国家相关立法和财政支持不足，加之对政策性银行运行机制的认识不到位及经验不足，国开行在发展初期一度陷入财务经营的困境。

1998 年以后，国开行贷款对象的选择和经营机制开始注重追求市场业绩与完善各项制度建设，经营业绩和自身实力逐渐大幅提升。国开行开始主要依靠发行政策性金融债券筹资，是仅次于中国财政部的第二大发债体。截至 2010 年 12 月末，该行资产总额已经突破 5 万亿元，不良贷款率 0.68%，实现净利润 353 亿元，资产质量和财务效益保持同业领先水平。根据 2007 年 1 月全国金融工作会议的要求，国开行"全面推行商业化运作"。应该说，适度有限的商业化运作是对政策性银行固有的经营方式和手段的肯定或归位，但并非意味着政策性银行质的商业化或转型为商业银行。然而，在 2007 年 4 月以后，由中国人民银行牵头的国开行改革方案终于在 2008 年获得批准，国开行改制为商业银行性质的国家开发银行股份有限公司，注册资本金为人民币 3000 亿元，由财政部和中央汇金投资有限责任公司共同出资发起设立。尽管如此，目前国开行主要经营的金融业务，实际上仍是带有强烈国家战略和国家意志色彩的政策性融资支持业务（自称社会责任业务）。在银监会的统计口径中，也仍然将国开行列入政策性银行机构体系之中，并没有将其与农业发展银行和进出口银行分开排列。当然，对于国开行的商业化转型和主动竞争性盈利行为，以及转型后的国开行是否应该继续享有国家信用等显性或隐性的优惠政策待遇问题，无论是学术界还是实际部门一直众说纷纭、争论不休。因此，在国

---

① 现阶段国开行处于商业化转型进程之中。但从其组建初衷和一直主要从事的属于政策性金融范畴的社会责任业务，以及现行的统计口径来看，如今的国开行仍然被政府划入政策性银行体系之列。

家"十二五"规划中，提出并要求"继续深化国家开发银行改革"。

2. 中国进出口银行。

中国进出口银行于1994年7月1日正式成立，作为贯彻国家外贸政策的政策性银行，为扩大我国机电产品、成套设备和高新技术产品进出口，推动有比较优势的企业开展对外承包工程和境外投资，促进对外关系发展和国际经贸合作，提供政策性金融支持。中国进出口银行总部设在北京。截至2010年末，在国内设有18家营业性分支机构；在境外设有东南非代表处，巴黎代表处和圣彼得堡代表处；与500多家银行建立了代理行关系。

从1994年到1998年，中国进出口银行的两大主要任务是为扩大出口和引进外资提供政策性金融支持。从1999年到2005年，此时正值我国加入WTO前夕到加入之后的过渡期，中国进出口银行着眼于国际国内两个市场，坚持"引进来"和"走出去"相结合的对外开放战略。2005年以后，我国进入由贸易大国向经济贸易强国转变的新时期，中国进出口银行开始战略转型，加快了向国际经济合作银行迈进的步伐。2005年，中国进出口银行要求按照现代银行制度对总行机构进行改革和调整，历时一年半，完成了总行机构改革。2007年，又确立要实现经营理念转变、发展模式转变、业务重点转变和经营管理机制转变的发展目标，由单纯经营政策性业务向兼营政策性业务和自营业务转变。目前，中国进出口银行已成为我国外经贸支持体系的重要力量和金融体系的重要组成部分，通过业务创新、提高效益，走出一条自我积累、自我循环的可持续发展道路，实现了社会效益和经济效益的统一。

3. 中国农业发展银行。

中国农业发展银行（以下简称农发行）是根据国务院1994年4月19日发出的《关于组建中国农业发展银行的通知》于同年11月8日正式成立的国有农业政策性银行，主要承担国家粮棉油储备和农副产品合同收购、农业开发等业务中的政策性贷款、代理财政支农资金的拨付及监督使用。中国农业发展银行总部设在北京，全系统共有31个省级分行、300多个二级分行和1800多个营业机构，服务网络遍布中国大陆地区。

从成立到1998年3月，农发行的主要任务是：按照国家法律、法规和方针、政策，以国家信用为基础，办理农业政策性金融业务，代理财政支农资金的拨付，为农业和农村经济发展服务。从1998年3月至2004年，为适应粮食流通体制改革需要，国务院决定将农发行承担的农业综合开发、扶贫，以及粮棉油加工企业和副营业务贷款等职能划拨给中国农业银行，农发行的主要业务为对粮、棉、油等主要农产品收购资金实行封闭管理。从2005年以后，农发行努力培育"建设新农村的银行"的品牌形象，除了继续执行党和国家关于"三农"和金融工作的各项方针政策，加大信贷支农力度，还积极拓展新业务。作为我国唯一一家农业政策性银行，目前，农发行形成了以支持国家粮棉购销储业务为主体、以支持农业产业化经营和农业农村基础设施建设为两翼的业务发展格局，初步建立现代银行框架，经营业绩实现重大跨越，有效发挥了在农村金融中的骨干和支柱作用，取得了较好的社会效益和经济效益。

4. 中国出口信用保险公司。

中国出口信用保险公司（以下简称中国信保），是由国家出资设立、支持中国对外经济贸易发展与合作、具有独立法人地位的国有政策性保险公司，于 2001 年 12 月 18 日成立，目前已形成覆盖全国的服务网络。它的成立是我国政府在中国加入世界贸易组织的全新经济环境下，参照国际惯例，深化金融保险与外贸体制改革，加大对出口贸易政策性支持力度的重大举措。公司的经营宗旨是："通过为对外贸易和对外投资合作提供保险等服务，全面支持对外经济发展，促进经济增长、就业与国际收支平衡。"中国信保的主要任务是积极配合国家外交、外经贸、产业、财政和金融等政策，通过政策性出口信用保险手段，支持货物、技术和服务等出口，特别是高科技、附加值大的机电产品等资本性货物出口，支持中国企业向海外投资，为企业开拓海外市场提供收汇风险保障。

公司自成立以来，出口信用保险对我国外经贸的支持作用日益显现。尤其在国际金融危机期间，出口信用保险充分发挥了稳定外需、促进出口成交的杠杆作用，帮助广大外经贸企业破解了"有单不敢接"、"有单无力接"的难题，在"抢订单、保市场"方面发挥了重要作用。截至 2011 年 10 月，中国信保累计支持的国内外贸易和投资的规模约 6942.5 亿美元，为上万家出口企业提供了出口信用保险服务，为数百个中长期项目提供了保险支持，包括高科技出口项目、大型机电产品和成套设备出口项目、大型对外工程承包项目等。同时，中国信保还带动 147 家银行为出口企业融资超过 9500 亿元人民币。

除了上述 4 家主要的政策性金融机构外，我国还有一些全国性和地方性的政策性金融机构，如中央汇金投资有限责任公司、中国经济技术投资担保公司、金融资产管理公司等。

为了实现国有金融资产的保值增值，2003 年 12 月 16 日，国务院批准成立了中央汇金投资有限责任公司（以下简称汇金公司）。汇金公司是依据《中华人民共和国公司法》由国家出资设立的国有独资公司。根据国务院授权，汇金公司的主要职能是，对国有重点金融企业进行股权投资，以出资额为限代表国家依法对国有重点金融企业行使出资人权利和履行出资人义务，实现国有金融资产保值增值。汇金公司不开展其他任何商业性经营活动，不干预其控股的国有重点金融企业的日常经营活动。2007 年 9 月 29 日中国投资有限责任公司（简称中投公司）成立后，汇金公司变为其全资子公司，但仍然履行其原有的职能。

我国最大的政策性担保公司是中国经济技术投资担保公司，于 1993 年 11 月经国务院批准设立，公司的经营宗旨是，适应中国市场经济发展的需要，以信用担保为基本经济杠杆，促进资金融通和商品流通，支持企业技术进步和科技成果转化，推进中小企业尤其是中小科技企业的创立与发展。此外，目前全国已有 30 多个省、自治区、直辖市组建了 4000 多家城市中小企业信用担保机构，大部分省、自治区、直辖市组建了省级中小企业信用再担保机构，为中小企业融资提供担保支持。

亚洲金融危机后，为了防范和化解金融风险，深化金融体制改革，实现国有经济的战略重组，1999 年 4—10 月，国家先后组建了信达资产管理公司、东方资产管理公司、华融资产管理公司和长城资产管理公司，对国有商业银行的不良资产进行剥离和处置。

金融资产管理公司以最大限度地保全资产、减少损失为主要经营目标。我国四家金融资产管理公司自成立以来，在有效处置国有银行不良资产、推进国有商业银行改革和支持国有企业脱困发展等方面发挥了积极作用。关于我国金融资产管理公司的未来发展方向也存在着不同的看法，如既有清算注销、商业化转型的观点，也有长期存在、区别对待等观点。

二、融资业务体系

除了上述政策性金融机构组织体系外，在我国不同历史时期和发展阶段，还存在着不同形式、不同种类的政策性金融业务和相关的金融方针政策及规定等，这些也都属于政策性金融制度范畴和政策性金融体系的内容。这样，政策性融资业务体系与政策性金融机构体系共同构成了我国统一的政策性金融体系框架。

党和国家在不同历史时期有关强位弱势群体方面的金融方针政策，以及现阶段中国人民银行、银监会、保监会、财政部、国家发改委、农业部等国务院有关部委、金融监管部门，对"三农"、中小企业、低收入者住房、西部大开发、企业"走出去"、文化产业、科技创新与高新技术成果转化、节能减排、生态环境保护、就业、助学、灾后重建等国民经济重点领域和薄弱环节所制定和出台的一系列金融倾斜扶持政策和融资要求，以及商业性金融机构、其他部门和组织、社会各界等对这些领域所采取的具体而多样的政策性融资业务品种，如国家助学贷款、小微企业贷款、中小企业信用担保、财政信用、财政贴息、市政债券融资、农业保险，以及地方城投债（即城市建设投资公司债券）融资、基础设施建设特许权授予融资（如 BOT、BT、TOT）等，这些一般都可列入政策性金融业务体系的范畴。

以"5·12"汶川特大地震为例，面对这次特大自然灾害造成的巨大损失，中国人民银行对受灾地区金融机构增加数百亿元的再贷款额度，并暂缓上调重灾区部分地市的存款准备金率；银监会发出的核销银行业震灾呆账以减轻受灾群众债务负担的紧急通知，以及出于社会责任感的商业性金融机构和社会各界等纷纷开展的支持抗震救灾、重建家园和扶贫济困的特殊金融活动，也都属于政策性金融业务的范畴。国内外也往往把这些特殊金融政策称为"特政"，把这种政策性贷款简称为"特贷"。

本章小结

1. 政策性金融体系属于金融体系的范畴，是整个金融体系中不可或缺的一个组成部分。所谓政策性金融体系，一般是指由政策性金融组织结构和业务结构相互联系的系统而构成的一个有特定功能的有机整体。即政策性金融体系不仅主要包括政策性银行，而且还包括政策性非银行金融机构等政策性金融组织结构体系；不仅主要包括政策性贷款业务，而且还包括一切带有特定政策性意向的存款（如住房储蓄、社会保障保险存款）、投资、担保、贴现、信用保险、存款保险、农业保险、公益信托、基金、利息补贴、债权重组、外汇储备投资、资产管理等政策性金融业务结构体系。

2. 政策性金融体系结构主要由政策性金融机构体系和政策性融资业务体系两个部分

构成。前者或称政策性金融组织体系，主要由政府或政府机构发起或出资组建的各类政策性金融机构组成；后者或称政策性金融业务体系，是指由其他金融机构、部门、组织或个人等不同群体或者说其他政策性金融制度承载体，在特殊时期、特定领域对特殊对象（强位弱势群体），通过承担社会责任，采取多种方式代理、兼营和从事的各种形式的政策性融资业务。

3. 所谓政策性金融机构，是指那些多由一国政府或政府机构发起、出资创立、参股、保证或扶植的，体现政策性金融制度内涵与宗旨，不以利润最大化为其经营目标，专门为贯彻、配合政府特定社会经济政策或意图，在法律限定的业务领域内，直接或间接地从事某种特殊政策性融资活动，从而充当政府发展经济、促进社会发展稳定、进行宏观经济调节管理工具的特殊金融机构。它具有如下五大特征：由政府或政府机构出资创立、参股、保证或扶植，不以盈利或利润最大化为经营目标，具有特定而有限的业务领域与对象，遵循特殊的融资原则，依据某种特定的法律或法规。政策性金融机构包括政策性银行机构和政策性非银行金融机构。政策性金融机构种类繁多，可以从不同角度按不同的标准划分为不同的类型。实现政策性金融机构的正常运行和可持续发展，需要具备一些充分而必要的条件。

4. 政策性融资业务，主要是从资金融通业务的角度而言的，指有政策性资金支持的融资业务与行为。这种业务并不注定百分之百要由政策性金融机构来做，也可由其他政策性金融制度承载体来承担。政策性融资既包括带有政策性意向的贷款、担保、投资、贴息、信用保险、公益信托等一系列特殊的资金融通，也包括更广范围的 PPP 概念下的 BOT、BT、TOT 等特许权经营运作，以及市政债券等融资。

5. 中国政策性金融体系框架的基本形成，是以 20 世纪 90 年代初期三大政策性银行的组建为标志的。现阶段，在我国已初步形成了以政策性银行和政策性非银行金融机构为主体、其他政策性金融制度承载体所承担的各种形式的政策性融资业务为补充的政策性金融体系。我国的政策性金融机构体系主要由三大政策性银行（国家开发银行、中国进出口银行、中国农业发展银行）和一些政策性非银行金融机构（如中国出口信用保险公司、中国投资有限责任公司、中国经济技术投资担保公司等）构成。同时，在我国不同历史时期和发展阶段，还存在着不同形式、不同种类的政策性金融业务和相关的金融方针政策及规定等，这些也都属于政策性金融制度范畴和政策性金融体系的内容。

思考题

1. 谈谈你对政策性金融体系概念的理解。
2. 试述政策性金融可持续发展必须实现的"六大协调均衡"。
3. 政策性金融机构的主要特征和分类标准是什么？
4. 政策性融资业务的主要形式有哪些？
5. 试述现阶段我国政策性金融体系的基本结构。

Economics & Management

高等学校经济管理类课程教材——金融系列

第二篇

政策性金融结构论

第五章

政策性金融资本结构

　　充足的资本以及良好的资本管理状况，对于政策性金融机构的业务开展及可持续发展来说，具有极为重要的意义。本章主要介绍政策性金融资本结构的相关基本知识，主要包括政策性金融机构资本金的含义、影响因素和资本构成形式，政策性金融机构资本充足率的意义和测算方法，并结合我国现阶段对于政策性金融机构资本管理的状况，阐述政策性金融机构资本金的筹措途径和资本管理的基本对策。

第一节　政策性金融机构资本金的构成

一、政策性金融机构资本金的含义

　　政策性金融机构资本金是政策性金融机构持有或要求持有用于满足开业和发展、吸收和消化经营损失、承担风险、树立社会声誉而筹集和留存下来的资金的总称。政策性金融机构资本金制度，是国家制定和认可的关于政策性金融机构资本金的筹集、管理以及所有者的责、权、利等方面的法律规范、规章制度的总称。

　　政策性金融机构的资本金不仅仅是作为一种资金来源，而重点在于消化预期和非预期的经营损失，资本金制度也是政策性金融机构持续经营和发展的前提。在政策性金融机构的组建及其可持续发展过程中，政府对其资本金的足额拨付、授予与稳定的资本增补补偿制度是一个不可或缺的重要因素。由于政策性金融机构业务的特殊性质，所以其资本金一般都由政府全额拨付。另外，由于政策性金融机构担负着对于强位弱势对象给予金融倾斜或扶持的使命，其贷款普遍具有优惠性、可得性，机构并不追求利润最大化等特性，所以对政策性金融机构的资本金数额和资本充足率的要求相对要高一些。当然，这样的要求是与政策性金融机构所被赋予的重任相匹配的，也是政策性金融机构可持续发展的根本保证。目前，国际通行的政策性银行资本充足率一般也是高于商业银行的，并且发展中国家普遍高于发达国家，如2010年末，日本农林渔业金融公库为12.8%，印度国家农业和农村发展银行为24.95%，泰国农业和农村合作社银行为20.63%。

二、政策性金融机构资本金的影响因素

众所周知，资本充足率和核心资本充足率不仅对于商业银行的资本管理是至关重要的指标，对政策性银行而言也是首要关切的指标。当然，对于政策性银行的资本管理并不能仅看几个数字的高低，还应从更广的视角来认识，把控影响政策性金融资本金的因素，以图更好地进行政策性金融机构的资本管理。

1. 资产的风险程度。

收益与风险是相伴相生的两个概念，通常体现为"高风险，高收益；低风险，低收益"的特征，但也并不意味着高风险就一定会有高收益，而收益低风险就一定会低。对于商业银行而言，利润是其经营管理中所看重的目标，因而就要在力求尽可能高的收益的同时，最大限度地降低风险；而对于政策性银行而言，虽说盈利不是第一要务，但也并不意味着风险相较于商业银行就会低很多。一旦风险管控不力，就会直接造成资本金的损失，进而影响政策性银行的日常经营。因此，在日常的经营管理中还是要密切注意对风险的管控：首先，要严格按照巴塞尔协议的要求将政策性银行资本与资产的风险程度挂钩，根据资产风险程度的不同来具体配置资本金。其次，要有效管理政策性银行资产，提高资产的质量，这样既防范了风险，又在一定程度上增加了收益，同时对资本金的累积也有好处。再次，要进行全面的风险管理。政策性银行同商业银行一样也会面临诸如信用风险、政策性风险等风险，而且个别的风险暴露可能还会更大，因此，必须对其进行全面有效的管理。最后，要努力提高政策性银行的盈利能力。尽管政策性银行不以盈利为根本目的，但拓宽盈利渠道、保证适当的盈利，也是解决政策性银行长期稳定发展的根本保证。

2. 信用评级水平。

对于银行而言，其资本的数量与其信用评级水平有着紧密的联系，政策性银行也是如此。无论是本国的监管部门还是国内外的评级机构在对某家银行进行评级时，都将其资本充足率作为衡量其信用等级的首要指标，而信用评级水平的高低又会影响其在市场的融资成本，并面临更加严格的信息披露，进而影响其经营管理并最终反映在资本金上。目前，我国三家政策性银行由于享受100%的国家信用支持，其信用评级水平与国家的主权信用评级等同。但从长远发展的角度，政策性银行应该消除"大树底下好乘凉"的思想，从改善银行的资产质量、风险暴露、管理水平、盈利能力等方面出发，从根本上提高银行的整体经营管理能力。

3. 利率。

利率是金融市场上最重要的价格之一，利率的变化会直接影响金融资产的价格，并影响资产的风险和收益水平，最终影响银行的资本金。对于政策性银行而言，其信贷业务支撑着绝大部分的利润，因此，更应该针对利率风险进行管理。具体来说，首先，政策性银行要对信贷与其他对利率敏感的产品进行正确的定价，实现在风险可控前提下，"政策性"与"适度盈利性"的统一。其次，由于市场利率的变动会改变资产与负债的价值，因此，政策性银行要积极地对利率变动进行分析与判断，综合运用"久期匹配"、

"缺口管理"等做法对其利率风险暴露进行对冲，并按照巴塞尔协议及我国《商业银行资本管理办法（试行）》的规定计提风险准备，保证资本充足率水平。

4. 汇率

同利率一样，汇率也是一种金融市场中极其重要的价格。随着金融全球化、经济全球化的不断深入，我国政策性银行的业务也势必越来越多地受到汇率波动的影响。例如，2012 年全年中国进出口银行共支持了 1659.06 亿美元的机电产品和高新技术产品出口、对外工程承包和境外投资项目，以及 1116.67 亿美元的产品进口；办理国际结算业务、保函、贸易融资业务 981.90 亿美元，比上年增长 14.93%，其中，国际结算业务达到 706.04 亿美元[①]。截至 2012 年末，国开行的外币贷款余额为 2245 亿美元，已与全球101 个国家和地区的 638 家银行建立代理行关系[②]。此外，国开行 2007 年年末接受了中央汇金公司以美元形式的注资，总额达到 200 亿美元，这无不彰显了汇率对于政策性银行资本金的作用。因此，对于政策性银行而言，也要时刻关注全球汇率变动对于银行资产的影响，对于汇率风险的暴露也要进行相应的计提准备，保证资本金的安全。

5. 存款准备金。

存款准备金是中央银行调节货币供应量的"三大法宝"之一，也是促进政策性银行稳健运行、有效防范风险的必要手段。政策性银行的资本充足率与存款准备金的运行机制有相似之处，都能发挥风险防范、限制银行过度扩张、促进贷款规模合理化的作用。在差别存款准备金的政策下，政策性银行的资本充足率越高，要求的存款准备金率越高，其可贷资金越少；资本充足率越低，要求的存款准备金率越低。

6. 存款保险制度。

存款保险制度作为一种金融保障制度，给予存款人的存款一定的保障，这一制度设计通常与资本充足率紧密联系。比如美国对于参加了存款保险且其资本充足率足够高的银行，规定了免除保费的条款。这一措施不是仅简单地节省了一笔开支，更重要的是从根本上保证了银行资本的充足，有利于银行长期稳定的发展。存款保险制度目前在绝大多数发达国家得到普遍的实施，我国虽尚未推出存款保险制度，但推出的时机已经基本成熟[③]。对于政策性银行而言，由于其不以盈利为第一要务的政策要求，客观上要求政策性银行应该具备相对于商业银行更高的资本充足率水平，因而存款保险制度的存在对于政策性银行来说更为重要。

三、政策性金融机构资本构成的形式

政策性金融机构无论采取何种资本构成形式，都需要政策性金融立法予以明确和保障，尤其是明确规定政府对政策性金融机构资本金的足额拨付与稳定的资本增加补偿机制，以保证政策性金融机构稳定的资本构成，满足政策性金融机构稳健经营与业务扩张

---

① 资料来源：中国进出口银行 2012 年年报。
② 资料来源：国家开发银行 2012 年年报。
③ 资料来源：中国人民银行《2012 年金融稳定报告》。

的需要。政策性金融机构大都是由政府创立、参股或保证的，其资本构成有三种形式：

1. 政府全资所有。这也是政策性金融资本最主要的构成形式。各国政策性金融机构的资本金一般为政府出资，全额、巨额和足额地拨付并随时、适时、稳定地追加，而且还以法的形式予以明确和确立。例如，日本政策性金融机构"二行九库"[①]，其资本金即由日本政府全额提供。《日本开发银行法》第一章第4条规定："日本开发银行的资本金，为政府从产业投资特别会计中的出资2339.71亿日元。"加上历年收益滚存的准备金（包括一般准备金和坏账准备金）和当年收益，1995年末，日本开发银行的资本金合计为3233亿日元。除此以外，日本开发银行还在预算中设立公积金，用于补偿由于不可见原因导致的亏损，公积金由每个财年决算后的利润中按规定提取。目前该行的资本及法定准备金为16689亿日元，资本充足率为11%。韩国产业银行成立之初的资本金也全部由财政部拨付，并以后逐渐增加。《韩国产业银行法》第一章第4条规定，该银行的1兆元资本全部由政府出资。1979年资本金达到4800亿韩元，到1994年已达15000亿韩元。韩国政府在金融危机后，及时向韩国产业银行注入大量的资金以扩充资本，1998年和1999年两年中共注入6.2万亿韩元，相当于过去40多年中注入的全部资本。自1998年以来，政府已经向韩国产业银行注入9.4万亿韩元的现金与证券，以加强该银行的资本金。1999年末的总资本为55亿美元，截至2011年，其总资产达到1548亿美元，资本充足率达到15.8%。美国进出口银行最初资本额为10亿美元，全额由联邦政府拨付。由于各国国情不同，有的政策性金融机构，其资本金由国家政府和地方政府联合拨付，如《德国复兴信贷银行法》第一章规定，银行10亿德国马克的资本中，联邦政府投入8亿德国马克，各州政府投入2亿德国马克。马来西亚开发银行初始的资本额为2000万美元，政府资金占92.5%。

我国的三家政策性银行，其资本金也主要依靠政府提供。而从资本金具体的注入情况来看，国家开发银行的500亿元注册资本金，其中的362亿元是中央财政将国家对重点项目的经营基金拨款作为国开行的资本金，其余的138亿元以税收返还的形式从1997年至2003年陆续拨付，因而到2003年，其资本金才达到注册资本的要求。2007年12月31日，由于进行股份制改造，由中央汇金公司再向国家开发银行注入200亿美元，按当时汇率折合人民币1460.92亿元[②]。2011年6月，全国社会保障基金理事会出资100亿元人民币入股该行[③]。截至目前，国开行的资本金达到3100亿元。中国农业发展银行的注册资本也和国开行相似，经历了14年，于2008年才达到注册资本金200亿元的要求，如表5-1所示。

---

① "二行"即日本开发银行、日本进出口银行，"九库"即国民金融公库、中小企业金融公库、中小企业信用保险公库、农林渔业金融公库、住宅金融公库、环境卫生金融公库、公营企业金融公库、冲绳振兴开发金融公库、北海道东北开发金融公库。

② 资料来源：国家开发银行2008年年报。

③ 资料来源：国家开发银行2011年年报。

表 5 - 1	我国三家政策性银行的实收资本情况		单位：亿元
年份	国家开发银行	中国进出口银行	中国农业发展银行
1994	100.14	6.71	—
1995	203.64	13.37	117.81
1996	304.51	23.37	126.45
1997	442.33	33.19	139.96
1998	463.76	34.67	120.50
1999	490.45	39.51	139.91
2000	503.18	50.00	156.23
2001	474.49	50.00	156.82
2002	490.50	50.00	165.15
2003	500.00	50.00	165.46
2004	500.00	50.00	165.75
2005	500.00	50.00	165.80
2006	500.00	50.00	165.80
2007	1960.92	50.00	165.81
2008	3000.00	50.00	200.00
2009	3000.00	50.00	200.00
2010	3000.00	50.00	200.00
2011	3100.00	50.00	200.00

资料来源：国家开发银行、中国农业发展银行和中国进出口银行 1994—2011 年年报。

2. 政府与民间资本共同所有。政府参与部分资本，联合商业银行和其他金融机构共同设立，事实上政府间接控制着政策性金融机构。如法国对外贸易银行，是由法国中央银行——法兰西银行（持股 24.5%）、信托储蓄银行（持股 24.5%）以及几家商业银行和其他金融机构共同投资组成的。另外，政府也可以通过另一机构间接地所有。如泰国产业金融公司（IFCT）由一家政府银行（Krung Thai Bank）持有 13% 的股份，因而尽管政府没有直接参与资本，但事实上它却控制着公司的活动，使其能够在保持经营活力的同时，贯彻配合政府的政策或意图。

3. 民间资本所有。这种形式一般是由前两种形式转化而来的，例如美国联邦土地银行创立资本完全由联邦政府提供（由财政部购买该行股票的方式提供）。到 1947 年联邦土地银行将政府股本归还给政府，全部股份（资本）由借款人持有，成为合作金融性质的农业信贷机构。

第二节　政策性金融机构资本充足率及其测定

一、政策性金融机构资本充足率的意义

资本充足率是衡量银行资产风险预防程度的重要指标，也是银行抵御各类风险的

"最后一道防线"。银行风险加权资产的数额越大，就越需要更多的资本金。资本充足性反映出金融机构对风险的吸纳能力，对政策性金融机构也有重要的意义。对于政策性金融机构来说，由于承担着有关国计民生的信贷项目和投融资需求，而这些项目多数情况下又具有资金规模大、盈利水平不高、风险较大的属性，如果政策性金融机构没有充足的资产储备，就很容易受到冲击，进而将风险转移给国家，并对整个国民经济的健康发展产生不利的影响。因此，充足的资本以及良好的资本管理状况对于政策性金融机构来说具有极为重要的意义，是维护国家的经济与金融安全的"防火墙"。鉴于政策性金融机构所承担项目的特有属性，我们一般对其资本金的要求要比一般的商业银行要高。

2007 年爆发的次贷危机、随之而来的全球经济危机、正在恶化的欧债危机，使得对于银行的风险管理成为举世瞩目的焦点问题。顺应金融监管的要求，在以往版本不断修订的基础上，巴塞尔委员会于 2010 年末出台了《巴塞尔协议Ⅲ》，《巴塞尔协议Ⅲ》无论在银行资本构成、资产质量还是在资本充足率以及其他流动性指标方面都大幅度甚至成倍地提升了监管要求，代表了全球银行业监管强化的新趋向，被认为是最近 30 年来全球银行业在监管方面进行的最大规模的改革，称之为历史性的金融监管协议。对于政策性金融机构来说，由于国家对政策性业务提供隐性担保，《巴塞尔协议》未对政策性银行资本充足率提出监管要求。但是作为一种金融机构，尤其是在政策性业务实行市场化运作，并同时经营自营性业务的情况下，保证资本充足就成为政策性银行防控风险、实现持续经营的必要条件。

按照 1994 年我国三大政策性银行成立时的资本金制度，国家财政从预算计划中支出470 亿元人民币作为资本金，以后国家逐年在预算安排中拨出一些资金，以充实国家政策性银行的资本金。国家通过发行国债也充实了一些资本金。事实上，虽然没有商业银行的名称，但政策性银行执行的仍然是与国有商业银行相类似的资本金制度。综观我国的金融监管要求，也不难发现：自 2004 年 2 月 23 日银监会公布《商业银行资本充足率管理办法》，到 2011 年 4 月 27 日银监会发布《关于中国银行业实施新监管标准的指导意见》，我国的金融监管当局从来没有把政策性银行排除在实施资本管理的监管范围之外。如银监会于 2007 年 7 月 3 日公布的《商业银行资本充足率管理办法》（修订版）第四十七条明确规定政策性银行资本充足率的计算和监督管理参照商业银行的标准，这也就是说，我国政策性金融机构或政策性银行也要达到 8% 以上的资本充足率的监管要求，并对其资本结构与相关风险进行科学有效的管理。

二、政策性金融机构资本充足率的测定

按照相关规定，对于政策性金融机构资本充足率的测定，目前也是比照商业银行的标准进行的。而对于商业银行资本充足率的测定，《巴塞尔协议Ⅰ》、《巴塞尔协议Ⅱ》、《巴塞尔协议Ⅲ》针对不同的风险暴露都有具体的测算标准。

（一）巴塞尔协议的演变过程

1. 1988 年资本协议——《巴塞尔协议Ⅰ》。

1988 年 7 月，巴塞尔委员会公布了《统一国际银行资本计量和资本标准的协议》，

即《巴塞尔协议Ⅰ》。该协议包括了资本的分类、风险权重的计算、标准比率以及实施安排等内容。在资本监管方面，把总资本占风险资产总额比率的最低标准定为8%，其中，一级资本占的比率至少为4%。《巴塞尔协议Ⅰ》的推出，确立了资本监管的基本模式，体现了"以资本约束风险，进而保持银行体系稳健"的监管核心思想。发展至今，这个核心思想实际成为现代银行业监管乃至金融监管的基本规范。

2. 2004年新资本协议——《巴塞尔协议Ⅱ》。

随着金融业的迅速发展与变革，金融创新和技术进步条件下衍生工具的使用，银行业所面临的风险也大幅增加。1988年的资本协议只考虑单一的信用风险而忽视了对于市场风险和操作风险的度量，资本计量存在着对风险缺乏敏感度以及无法有效约束资本监管套利等问题。巴塞尔委员会认识到这样一些问题的存在，进而也意识到《巴塞尔协议Ⅰ》在体现监管思想"以资本约束风险，进而保持银行体系的稳健"方面，实际上存在着漏洞，于是决定对协议进行逐步修改与补充，并最终于2004年6月出台了《资本计量和资本标准的国际协议：修订框架》，即《巴塞尔协议Ⅱ》。《巴塞尔协议Ⅱ》以三大支柱[1]为标志确立了新的资本监管框架，从而进一步强化了监管的核心思想。《巴塞尔协议Ⅱ》的重要改进在于：在资本约束原则不变的情况下，扩大资本计算对风险资产计算的覆盖面。与《巴塞尔协议Ⅰ》相比，其具体改进主要体现在：（1）创新了计量方法，提高了资本计量对风险的敏感度。（2）将资本计算对风险资产计算的覆盖面从《巴塞尔协议Ⅰ》只单一针对信用风险扩展至市场风险和操作风险。（3）对资产证券化及表外实体提出了监管资本要求。

3.《巴塞尔协议Ⅲ》。

2007—2009年国际金融危机爆发后，《巴塞尔协议Ⅱ》暴露出一些缺陷，比如出现一些高资本充足率的银行在危机中倒闭的现象、对系统性风险和顺周期效应未引起足够重视等问题。这些问题集中暴露了此前资本对风险的覆盖并不能反映资本对风险真实性约束要求。如果我们归纳巴塞尔协议的改进，集中体现在资本充足率模型的分子与分母计算，及计算所涵盖的内容变化上的话，比较于《巴塞尔协议Ⅱ》，这一次的问题主要不在于资本充足率计算模型的分母部分，而是在于计算模型的分子的质量方面。《巴塞尔协议Ⅲ》是对《巴塞尔协议Ⅱ》的完善而非替代[2]，其创新的重点在于以下几个方面：（1）提高了单个银行的资本充足率和流动性标准。（2）对系统重要性的银行实施重点监管。（3）强化对系统性金融危机的防范，从而实现微观审慎监管与宏观审慎监管的结合。从时代意义上来说，《巴塞尔协议Ⅲ》应该是全球金融危机的直接产物。但是，从1988年资本协议所建立的监管核心思想的进化来说，这是一个必然过程。《巴塞尔协议Ⅲ》围绕"以资本约束风险，进而保持银行体系的稳健"这一监管核心思想，使资本

---

① 三大支柱包括最低资本要求、外部监管以及市场约束。

② 次贷危机后，根据二十国集团领导人匹兹堡金融峰会的要求达成了国际金融监管合作共识，巴塞尔委员会于2009年12月发布了《增强银行体系稳健性》和《流动性风险计量、标准和监测的国际框架》征求意见稿。在经历了30多次意见征求后，基本框架最终在2010年11月经二十国集团领导人首尔峰会审议通过，即《巴塞尔协议Ⅲ》。

风险覆盖更精细化：既强调单一风险也强调系统风险，以完成资本对风险时间长度的覆盖。

（二）资本充足率的测定方法

为了说明《巴塞尔协议Ⅲ》的资本充足率指标的变化，这里对资本充足率的衡量公式进行了比较，如表5-2所示。

表5-2 资本充足率衡量公式的变化

	衡量公式
《巴塞尔协议Ⅰ》	资本充足率=（核心资本+附属资本）/风险资产总额≥8% 核心资本充足率=核心资本/风险资产总额≥4% 其中，风险资产总额=∑（资产额×风险权重）
《巴塞尔协议Ⅱ》*	资本充足率=（资本-扣除项）/（信用风险加权资产+12.5×市场风险资本+12.5×操作风险资本）
《巴塞尔协议Ⅲ》	资本充足率=（资本-扣除项）/总加权风险资产

* 基于《巴塞尔协议Ⅱ》、《巴塞尔协议Ⅲ》的框架，主权风险的确定主要依赖于银行自身的风险评估，或根据一些国际性评级机构的评级，给不同国家或地区以不同的风险权重。

1988年的《巴塞尔协议Ⅰ》提出的资本充足率实质上是监管资本的最低要求。在其协议条款下，银行资本来源被分为两个等级，第一等级为核心资本，包括普通股、资本公积与留存公积、未分配利润、非累积合格的永久性优先股、减去商誉和无形资产后附属公司的股东权益。第二等级为附属资本，包括贷款与租赁损失准备、未公开储备、资本重估储备、次级债务资本工具和股权票据。另外，银行资产负债表内与表外业务的每个资产项目都必须乘以一个风险加权权数，后者用来反映各个项目的信用风险敞口。针对银行资产所面临的风险大小，规定了100%、50%、20%和0的风险权数，并以此为基础计算出所要求的银行资本规模，具体的适用资产项目如表5-3所示。

表5-3 风险等级及权重

类别	风险权数（%）	适用的资产项目
第一类	0	现金、中央政府发行的债券、无条件可取消的信贷额度
第二类	20	同业存款、中央政府机构债券、一年以内的短期贷款
第三类	50	住宅抵押贷款、抵押贷款担保债券、地方政府债券、一年以上信贷额度
第四类	100	公司贷款与信贷额度、所有其他对私要求权及银行固定资产与房地产投资

2004年发布的《巴塞尔协议Ⅱ》对资本充足率衡量的改进主要体现在风险资产的界定上，即将风险资产的计量范围从单一的信用风险扩展到市场风险和操作风险。另外，引入了多种可供选择的更为灵活的风险衡量方式。以信用风险的计量为例，除了《巴塞尔协议Ⅰ》采用的标准法外，还提供了初级内部评级法和高级内部评级法，银行和监管部门可根据业务的复杂程度以及自身风险管理水平灵活地选择使用，但《巴塞尔协议Ⅱ》对最低资本充足率的要求仍然为8%。

对于《巴塞尔协议Ⅲ》，表面上看，资本充足率的衡量公式被简化了，但是由于其对最低资本要求作出了重大改进，实际使得这一资本充足率对风险的覆盖能力得到了很大程度的提高，具体变化如表5－4所示。

表5－4　　《巴塞尔协议Ⅲ》最低资本要求与《巴塞尔协议Ⅱ》的主要变化　　　单位:%

资本监管改革	资本要求							额外资本要求	
	普通股权益资本			一级资本		总资本		逆周期资本缓冲	系统重要性银行的额外资本
	最低要求	资本留存缓冲	总资本要求	最低要求	总资本要求	最低要求	总资本要求		
Basel Ⅱ	2.0			4.0		8.0			
Basel Ⅲ	4.5	2.5	7.0	6.0	8.5	8.0	10.5	0~2.5	1.0

资料来源：Hannoun H., The Basel Ⅲ Capital Framework：a Decisive Breakthrough［R］. Bank for International Settlements, Nov. 2010。

结合上表分析，我们基本可以将这种改进归结为以下两大方面：

1. 微观审慎监管方面。（1）最低资本要求。第一，重新定义银行资本，弱化附属资本概念。将监管资本重新划分为一级资本和二级资本两大类，同时取消针对市场风险的三级资本。第二，统一了资本扣减和调整项。第三，提高了各级别的资本充足率，提高商业银行对损失的吸收能力。（2）引入杠杆率作为补充指标。引入了杠杆率作为银行清偿力的辅助监管指标，其定义为经调整后的一级资本与表内外总风险暴露的比率。（3）流动性监管指标。针对全球银行业流动性监管不足的问题，巴塞尔委员会提出了两个新的监管指标：一是流动性覆盖比率，这一指标主要用来衡量设定的短期严重压力情形下，优质流动性资产能否满足一个月流动性需要，即优质流动性资产与未来30天的净现金流出总额之比应大于或等于100%；二是净稳定融资比率，用于度量较长期限内，银行至少具有与其流动性风险状况相匹配、能支持其业务发展，并且可获得稳定性资金来源，即可获得的稳定融资金额与业务所需的稳定融资金额之比应大于或等于100%。

2. 宏观审慎监管方面。（1）资本留存缓冲。为确保银行持有足够的资金在危机时吸收损失，《巴塞尔协议Ⅲ》实行了2.5%的资本留存缓冲，由扣除递延税项以及其他项目后的普通股权益资本组成。（2）逆周期缓冲资本。为防止银行业在经济萧条时遭受大规模的违约损失，巴塞尔委员会提出"逆周期缓冲资本"。各国可根据本国实际情况确定逆周期缓冲资本，其范围为0~2.5%，由普通股或者其他可以完全吸收损失的资本覆盖。（3）系统重要性银行的额外资本。系统重要性银行通常是指业务复杂、规模较大、与其他银行关联度高，一旦经营失败或者遇到重大风险事故会使整个金融体系受到系统性影响的银行。为降低超大银行的系统性风险，让系统重要性银行具有更强的损失吸收能力，巴塞尔委员会要求在新规定的基础上增加1%的额外资本要求。

（三）政策性金融机构资本充足监管分析

一般地，要满足对于资本充足率的监管要求，除了需要政府外部援助的办法之外，政策性金融机构通常通过以下两种内部经营管理的办法予以实现。

1. 增加资本金策略。

根据巴塞尔协议的规定，资本总额包括核心资本和附属资本两部分，而要增加资本金总量通常从以下几方面着手：（1）通过股份制改造，扩充核心资本。但对于政策性金融机构而言股份制改造意味着追求利润为其第一目的，与其政策性金融机构不以盈利为目的的宗旨相违背。（2）提高盈利能力，增强自身积累。但通过留存盈余转增的方式由于受政策性银行的特殊性以及非趋利性目标的影响，银行的盈利数额并不大，因而这方面对于政策性金融机构来说也较难实现。（3）发行次级定期债券。根据《巴塞尔协议Ⅱ》允许发行此种债券来充实附属资本，事实上，通过历年国开行的年报来看，次级债券已成为补充资本金的一个手段。但由于次级债券的券息率相对高级债券较高，而鉴于政策性金融机构盈利能力的限制，发行次级定期债券并不能作为其主要的增加资本金的方式。（4）增提普通准备金。国际上，银行准备金分为普通准备金和特殊准备金。普通准备金可以计入附属资本，从而可以提高资本充足率。但这方面受到两方面的约束，一是附属资本不能超过核心资本100%的限制；二是尽管我国允许银行可以按资产的风险程度来计提呆账准备金，但超过贷款余额1%的部分要做纳税扣除，从而侵蚀银行利润，反而影响核心资本的积累。

2. 控制资产规模、调整资产结构策略。

（1）缩减高风险资产规模、调整资产的风险分布结构。为了使作为分母的风险加权资产减小，银行通常会出售某些风险权重较高的业务，通过减少风险资产的总量来达到提高资本充足率的目的。从资产结构的角度来说，我国政策性银行的资产结构过于集中于贷款，当然这是政策性金融机构使命所决定的客观现实，除了缩减必要的高风险资产规模外，对于风险资产进行证券化应该是化解政策性银行风险的有效途径。

（2）重视风险缓释技术的使用。风险缓释技术的使用是指银行采取如抵押、担保、风险净值、信用衍生物等风险缓释工具，或者采取保险等手段所实施的分散技术。因此，政策性金融机构应对现有的各种风险缓释技术进行全面的评估，建立起完整清晰的操作框架和流程，对诸如抵押物范围价值波动、潜在敞口波动等情况进行研究，有效地运用这一风险管理方面的新技术来降低加权风险资产，进而提高资本充足率。

综上所述，对于政策性金融机构要想满足资本充足率的监管要求，除了运用风险缓释技术来提高资本充足率之外，其他的方式能够腾挪的空间有限，因而通过政府的外部援助来补充资本金，进而提高资本充足率就是政策性金融机构达到监管要求的主要方式。另外，对于政策性银行而言，由于所参与的信贷项目的特别属性，使得信用风险、市场风险和操作风险的风险暴露在某种程度上要比商业银行更大。这些都决定了政策性金融机构的资本充足率水平必须高于商业银行8%的监管要求。然而，事实上，我国的三家政策性银行，除了国家开发银行有资本充足率的约束并达到了一定水平之外，农发行和进出口银行还远没有达到资本充足率监管的要求。

2010年，巴塞尔委员会发布了《综合的定量测量结果》，数据表明两组样本银行在

《巴塞尔协议Ⅲ》框架下的核心一级资本、一级资本、总资本充足率水平都有了大幅下降①。冯乾、侯合心（2012）基于《巴塞尔协议Ⅲ》的标准对我国16家上市商业银行的一级资本充足率进行核算，其最终结果比照《巴塞尔协议Ⅱ》的标准，普遍有0.5%～1.5%不等的下降，而我国的三家政策性银行面对《巴塞尔协议Ⅲ》的要求，要做的工作还有很多很多。

第三节　政策性金融机构资本管理

一、中国政策性金融机构的资本管理

我国政策性金融机构资本金规模小，来源单一，总量少；同时，风险资产增长速度快，不良贷款率较高，但缺乏资本金长线补充机制，这使得银行的资本充足率严重不足，极大地影响了政策性金融机构的进一步发展。

国务院审批通过的《金融业发展和改革"十二五"规划》提出：政策性金融机构要"明确划分政策性业务和自营性业务，实行分账管理、分类核算，防范道德风险。对政策性业务，由财政给予必要的支持；对自营性业务，要严格资本约束，实行审慎性监管"。也就是说，目前我国政策性金融机构的资本金制度，采取的是对政策性业务和自营性业务分类管理的制度。从总体上来看，我国政策性金融机构的资本管理工作还不成熟和完善，主要存在以下问题：

1. 资本充足率低，与其他国家政策性银行差距较大。

伴随着我国经济快速发展，我国的政策性银行也发展迅速，但在不断扩张的同时用于抵御风险的资本金增长却严重滞后，与国外其他政策性银行差距明显，极大地削弱了我国政策性银行的发展后劲。从表5－5中可看出，我国政策性银行虽然资产规模极其庞大，但资本充足率和核心资本充足率却与国外政策性银行差距明显。除国家开发银行对外公布资本充足率、不良贷款率等信息外，中国农业发展银行和中国进出口银行并不公布。虽然可以寄希望于国家"应急性"注资，但并不能从根本上解决长期的潜在风险。

表5－5　　　　　　　　　　各国政策性银行资产状况

名称	资产规模（百万美元）	核心资本充足率（%）	资本充足率（%）
印度农业和农村发展银行	32773.54	20.43	21.76
日本国际协力银行	125260.00	20.89	21.23
日本政策投资银行	145482.96	20.39	25.32
韩国产业银行	154800.00	14.90	15.80
马来亚银行	90060.50	11.84	15.36

---

① BCBS. Results of the comprehensive quantitative impact study ［R］. Bank for Imemational Settlements，Dec. 2010.

续表

名称	资产规模（百万美元）	核心资本充足率（%）	资本充足率（%）
巴西开发银行	304603.00	10.8	20.60
中国农业发展银行	318610.00	—	—
国家开发银行	1019750.00	7.35	10.78
中国进出口银行	254262.00	—	—

注：数据来源于各相关银行2011年年报，资产规模的计算以2011年各银行年报编制时的汇率为基准。

2. 资本金筹措渠道单一，结构不合理，资本利用率较低。

我国政策性银行主要资本金依靠国家拨付，随着业务范围的不断拓展，现有的资本金水平已不能支撑政策性银行的信贷及其他业务的发展。而除了依靠国家和个别战略投资者的注资之外，也只有国家开发银行通过发行次级债券的方式补充附属资本（见表5-6），几乎再没有其他的补充资本金的渠道。因此，政策性银行需要拓展筹集资本金的途径。而且相当部分资本都占压在固定资产和亏损资产等变现能力较差的资产上，政策性银行的资本利用率并不高，缺乏资本有效运用和优化配置的方法。

表5-6　　　　　　　我国政策性银行信贷业务发展状况　　　　单位：亿元，%

年份	国家开发银行		中国农业发展银行		中国进出口银行	
	贷款余额	增速	贷款余额	增速	贷款余额	增速
2004	14095.00	23.6	6894.70	4.2	1252.86	20.5
2005	17318.00	22.9	7870.70	9.5	1759.87	40.5
2006	20176.00	16.5	8844.00	12.4	2316.70	31.6
2007	22617.00	12.1	10224.40	15.6	3210.55	38.6
2008	28986.00	28.2	12192.80	19.3	4512.40	40.5
2009	37084.00	27.9	14512.60	19.0	5918.85	31.2
2010	45097.00	21.6	16709.00	15.1	7075.63	19.5
2011	55259.00	22.5	18738.40	12.1	9143.01	29.2
2012	64176.00	16.1	21844.40	16.6	11830.32	29.4

数据来源：相关银行2004—2012年年报。

3. 资本金补充机制有待完善，无法匹配信贷业务的增长。

政策性银行的发展，需要有一定的资本金作为支撑。近年来，我国经济高速增长，政策性银行的贷款规模随之扩张。但由于尚未建立起动态注入资本金的制度，政策性银行所面临的潜在风险增大，资产对资本耗用严重，资本充足率难以达到要求指标，如表5-6和表5-7所示。因此，建立长期、稳定、有效的资本金补充机制，有利于保证政策性银行规模扩张的需要，有益于政策性银行的长远发展。近年来，我国政策性银行已开始拓宽筹资渠道，促进资金来源多元化。

4. 缺乏稳定成熟的资本筹集机制。

我国政策性金融机构目前尚无稳定而成熟的资本筹集机制。相比国外，国家资金注入或财政支持对于我国政策性银行来说力度并不是很大。除了政策性银行开办时拨付的资本金之外，国家很少在政策性业务方面投入新增资本金，财政、税收方面的优惠很少，这就使得国内政策性银行先天不足，资本不足以覆盖业务高速增长带来的风险。按照《金融业发展和改革"十二五"规划》和2012年全国金融工作会议的精神，政策性银行自营性业务的资本充足率应该达到监管要求。但是在政策性银行职能定位的前提下，由于不以盈利为目的，自营性业务本身的利润有限，又不能通过吸引战略投资者的方式来补充，在缺乏有效的资本金补充机制情况下很难达到监管要求。

5. 对资本管理缺乏明确的思想认识，没有明确的资本管理规划与措施。

目前，我国政策性金融机构缺乏完善的资本管理理念和具体的资本管理实施策略。从公开的历年年报信息来看，除国家开发银行明确其在资本管理方面所做的工作以外，中国农业发展银行和中国进出口银行均未提及资本管理问题。显然，研究资本管理内涵，充分认识资本管理的必要性，树立资本管理的观念，制定明确的资本管理规划，并在此基础上转变经营理念和业务发展模式，是我国政策性金融机构面临的当务之急。

6. 资本管理的手段相对滞后，对于风险的敏感程度不够。

对于资本的管理，国外政策性银行已普遍采用《巴塞尔协议Ⅱ》的规范进行管理，采用VaR、压力测试等技术手段严格从市场风险、信用风险、操作风险等方面对银行的风险暴露进行测算与管理，对风险的敏感度很高。而从我国政策性银行的年报来看，除国开行逐步尝试采用《巴塞尔协议Ⅱ》的要求对银行的风险进行评估外，农发行和进出口银行还是按照传统的方式对信贷管理进行草草论述而已，对风险的敏感度较低，技术手段落后明显。

7. 缺少相关的法律法规和制度保证。

众所周知，法律是社会经济活动的准绳，金融机构的运作均应受到相应法律的严格约束和规范，各类政策性金融机构也同样应受到专门法律和普通法律的约束。不过，与国外政策性银行专门而系统的立法惯例和趋势相比，我国的政策性银行立法建设显得非常滞后。美国、德国、韩国、日本、印度等许多国家的政策性金融机构都有自己的专属法规，国家对政府运用财政补贴、税收返还等方式建立资本金补充机制等一系列资本管理问题都进行了规定，从而为政策性金融机构享用国家信用充实资本提供了法律保障。而我国的政策性金融机构已经成立了十几年，但在现有的银行法律体系中，至今还没有对政策性银行进行相关的独立立法；除了三家政策性银行的章程之外，一般性的政策性银行法律法规都比较缺乏，政策性银行的经营活动缺少法律依据和保障。

二、政策性金融机构资本金的筹措途径

众所周知，巴塞尔委员会对金融机构规定了资本充足率8%和核心资本充足率4%的要求。特别是在金融危机之后，巴塞尔委员会对于核心资本充足率有了更高的要求，并对于系统重要性银行另外规定了1%的额外资本要求。

由表5-7可以看出，作为我国的系统重要性银行的四大国有商业银行来说，其资本充足率已经达到《巴塞尔协议Ⅲ》的要求。而按照2013年开始实施的《商业银行资本管理办法（试行）》中要求政策性银行也要满足相关资本充足率的规定，我们可以明

显看出，三家政策性银行中经营最好的国家开发银行与国有四大商业银行在资本充足率与核心资本充足率上的差距。因此，政策性银行为了更好地服务我国的经济发展必须首先提高自身的安全性，加强风险管控，提高资本充足率。

表5-7　　　　　　　　　相关银行的资本充足率情况统计表　　　　　　　　　单位:%

年份	工行		中行		建行		农行		国开行	
	资本充足率	核心资本充足率	资本充足率	核心资本充足率	资本充足率	核心资本充足率	资本充足率	核心资本充足率	资本充足率	核心资本充足率
2004	—	—	10.04	—	11.29	—	—	—	10.50	—
2005	9.89	8.11	10.42	8.08	13.57	11.08	—	—	9.15	—
2006	14.05	12.13	13.59	11.44	12.11	9.92	—	—	8.05	—
2007	13.09	10.99	13.43	10.67	12.16	9.43	—	—	12.77	—
2008	13.06	10.75	13.43	10.81	12.36	10.17	9.41	8.04	11.31	10.07
2009	12.36	9.90	11.14	9.07	11.70	9.31	10.07	7.74	11.83	8.83
2010	12.27	9.97	12.58	10.09	12.68	10.40	11.59	9.75	10.87	7.86
2011	13.17	10.07	12.97	10.07	13.68	10.97	11.94	9.50	10.78	7.35
2012	13.66	10.62	13.63	10.54	14.32	11.32	12.61	9.67	10.92	6.86

资料来源：相关银行2004—2012年年报。

对于银行来说，资本金的增加一般通过内部积累和外部筹集两种渠道进行，政策性银行也是如此。

1. 内部积累。

无论对于商业银行还是政策性银行，通过留存收益的累积来增加资本金的数量事实上都是一种良性、持久、根本的手段。而政策性银行主要是为了满足"强位弱势"领域或产业的相关融资需求，其本身并不以盈利为首要的经营原则，因此，依靠内部积累的方式本身有着一定的局限性，但其发展的潜力很大，不容忽视。

表5-8　　　　　　　　我国政策性银行的贷款余额和资产总额情况　　　　　　　单位：亿元

行别 年份 项目	国家开发银行			中国进出口银行			中国农业发展银行		
	2010	2011	2012	2010	2011	2012	2010	2011	2012
贷款余额	45097	55259	64176	7076	9143.01	11830.30	16710.65	18755.50	21850.77
资产总额	51123	62523	75203	8871	11990.60	15589.30	17508.28	19534.67	22930.79

资料来源：相关银行2010—2012年年报。

首先，政策性银行本身要加强对风险的管控，降低不良贷款率。从目前的情况来看，三家政策性银行主要的利润来源还是贷款。截至2012年末，国家开发银行、中国进出口银行和中国农业发展银行的总资产11.37万亿元，总负债10.8万亿元，所有者权益5684.7亿元[①]，其贷款余额和资产总额近年来可谓增长迅速，具体情况如表5-8所示。

---

① 数据来源于《2013年中国金融年鉴》。

因此，在贷款项目普遍微利的局限下，严格风险管理、完善对贷款客户的信用评级、最大限度地控制不良贷款产生就是增加资本金的前提。然而，要想从真正意义上降低不良贷款率，需要做的工作还很多。以国家开发银行为例，从表5-7和表5-9中近几年的数据可以明显看出，降低不良贷款率的主要方式是大量放贷，而这显然不是治本的方法。其次，加强绩效评价的制度建设，降低运营成本、提高资金的配置效率。最后，重视中间业务对于利润增长的贡献作用，大力拓展中间业务。从表5-10可以很明显地看出，虽然三家政策性银行在中间业务上有了较快发展，但还有很大的进步空间。另外，考虑政策性银行所支持项目的政策性特征，国家也应该通过税收优惠、政策性银行收益的分红安排等手段支持其资本金的累积，促进政策性银行的持久发展。

表5-9　　　　　　　　　　我国政策性银行不良贷款率情况　　　　　　　单位：亿元，%

年份 \ 项目 \ 行别	国家开发银行		中国进出口银行		中国农业发展银行	
	不良贷款额	不良贷款率	不良贷款额	不良贷款率	不良贷款额	不良贷款率
2004	166.00	1.21	66.20	5.28	1352.23	18.81
2005	146.00	0.87	86.40	4.91	798.62	10.15
2006	144.00	0.72	80.40	3.47	676.95	7.65
2007	134.00	0.59	78.70	2.45	643.14	6.29
2008	278.00	0.96	68.60	1.52	463.40	3.80
2009	346.96	0.94	65.10	1.10	523.90	3.61
2010	301.54	0.68	68.60	0.97	465.90	2.79
2011	222.52	0.40	133.50	1.46	273.60	1.46
2012	193.96	0.30	88.70	0.75	217.20	0.99

注：不良贷款额＝贷款余额×不良贷款率。

资料来源：相关银行2004—2012年年报。

表5-10　　　　　　　我国政策性银行和工商银行中间业务发展情况　　　　　单位：亿元

年份 \ 行别	国家开发银行	中国进出口银行	中国农业发展银行	中国工商银行
2004	2.90	—	0.04	82.08
2005	8.87	—	0.38	105.46
2006	18.61	—	0.76	163.44
2007	34.81	—	1.37	383.59
2008	41.64	18.93	2.48	440.02
2009	40.08	20.03	3.63	551.47
2010	56.60	22.60	5.09	728.40
2011	67.50	33.57	8.57	1015.50
2012	99.50	35.91	10.40	1060.64

资料来源：相关银行2004—2012年年报。

2. 外部筹集。

通常情况下，发行股票是许多商业银行以及企业筹集资本金的主要渠道之一。而银行或公司一旦上市势必以股东权益最大化为首要目标，这显然与政策性银行扶持强位弱势行业的初衷和非营利性的经营原则相违背，因而政策性银行采用发行股票筹集资本金的方式要谨慎。

此外，补充资本金的另一主要方式是直接注资，其具体分为三种形式，政府独资、政府参股或者民间资本控股。而对于政策性银行而言，因为其微利的特征很难吸引民间资金的注入，所以通常采用政府独资的形式。目前来说，我国的政策性金融机构的资本金主要通过国家注资的方式进行补充，绝大部分资本金由政府提供。从已知的资料来看，三家政策性银行的注册资本金基本由国家拨款和税收返还组成。只是在2011年，社保基金向国家开发银行注入了100亿元的资金用于补充资本，具体参见表5-1。可以说，通过国家注资的方式，政策性金融机构可以更好地践行其特定的金融功能，这是补充资本金的重要手段之一。

当然，政策性银行也可以采用发行次级债券和混合资本债券的方式作为筹集资本金的途径之一。所谓次级债券，是银行对其他的债券进行偿付以后，在股东的利益偿付之前进行偿付的债券，其利率略高于普通债券。次级债券的发行不改变原有的股权结构，发行次级债券有利于丰富政策性银行资本金的结构，拓展资本金的渠道，而且次级债券可以自由交易，有一定的流通性，这对于活跃金融市场有一定的促进作用。事实上，我国政策性银行在次级债的发行方面已经进行了很好的实践，国家开发银行就曾几次发行次级债用于补充资本金，最近的一次是在2011年发行的200亿元长期次级债券，具体情况见表5-11。我国的进出口银行和农业发展银行还没有进行这方面的尝试。按照巴塞尔协议的规定，次级债券虽可记入附属资本，但其发行上限不能超过核心资本的50%，这使得利用发行次级债券的方式筹集资本金受到了一定的限制。而混合资本债券又可作为资本金的有力补充。混合资本债券是混合型证券的一种，巴塞尔协议和我国《商业银行资本管理办法（试行）》都允许利用混合资本债券补充附属资本。办法中规定"附属资本不得超过核心资本的100%；计入附属资本的长期次级债务不得超过核心资本的50%"，而附属资本小于核心资本的差值部分便可以通过发行混合资本债券的方式填补。

表5-11 　　　　　　　三家政策性银行和中国工商银行长期次级债务　　　　　　　单位：亿元

年份 ＼ 行别	国家开发银行	中国进出口银行	中国农业发展银行	中国工商银行
2004	200.06	—	—	350.00
2005	403.01	—	—	350.00
2006	403.08	—	—	350.00
2007	399.27	—	—	350.00
2008	399.35	—	—	350.00
2009	796.55	—	—	750.00
2010	796.78	—	—	782.86
2011	995.72	—	—	1676.55
2012	1195.89	—	—	1875.85

资料来源：2004—2012年相关银行年报。

对于政策性银行还有一种可选择的方式是引进战略投资者。改革开放三十多年来，我国的货币财富得到了很大程度的累积，某些金融集团出于资产配置的考虑，将部分资金投资于国家金融其实也不失为一种好的选择。比如社保基金在 2011 年以战略投资者的身份向国家开发银行投资 100 亿元就是一个好的开始。此举，对于国家开发银行而言，既充实了资本金，又丰富了股权结构，可谓两全其美。

三、政策性金融机构资本管理的对策

对于政策性金融机构来说，要保证政策性业务和自营性业务的资本充足率达到监管要求，必须要通过外部改革建立正常的资本金补充机制，除了提高自身积累能力，通过资本公积金、盈余公积金、未分配利润转增和发行次级债务以外，还必须依靠所得税减免、国家财政注资等方式建立资本补充机制。

1. 建立完善政策性金融机构内部评级体系和信息系统，为实现更加科学合理的资本管理打下坚实的基础。

针对《巴塞尔协议Ⅱ》、《巴塞尔协议Ⅲ》的要求，政策性金融机构应积极进行资本管理的有关探索。首先，明确经济资本配置的目的或战略目标，逐步实施经济资本配置。经济资本配置是指在理论上或形式上计算支持一项业务所需的资本额（经济资本额），再对全行经济资本的总体水平进行评估，综合考虑信用评级、监管当局规定、股东收益和经营中承担的风险等因素，在资本充足率的总体规划之下，制定经济资本目标，将经济资本在各个机构、各项业务中进行合理配置，使业务发展与银行的资本充足水平相适应。实施经济资本的配置是商业银行实施资本管理的重要内容，是银行主动运用经济资本进行指导战略和业务决策的体现。显然，经济资本配置不只是管理层面的问题，不应仅停留在业务部门和分支机构，还应该深入到政策性银行业务的最低层面，通过配置经济资本，政策性银行可以清楚地了解到在风险调整的基础上，真正为银行创造价值的客户、部门和产品。根据不同的风险偏好和风险承受能力，政策性银行管理层应该明确其风险偏好并制定相应战略，决定本行对风险的容忍程度。同时，还要综合考虑业务发展与风险控制之间的联系，分阶段、分步骤地灵活制定资本配置战略目标。另外，为配合资本配置的战略目标，政策性银行应该对不同部门、岗位、人员在优化资本配置过程中作出相应的要求，优化现有资本审批、分配、监控、绩效考核等流程，通过制度规定和信息系统的控制，把资本配置政策具体体现在实际业务中。

其次，建立完善内部评级体系。根据银行特性和目前状况，我国政策性银行内部评级体系的特点主要表现在以下三个方面：一是政策性银行内部评级体系不仅包括客户评级，而且包括地区和行业评级；二是政策性银行客户评级的方法、标准主要针对大额的公司类客户；三是由于客户数量少、历史数据缺乏，测算各风险要素必须参考外部数据。从目前情况看，我国政策性银行的内部评级体系尚不完善。以中国进出口银行 2007 年起实施的评级法为例，100 分的评级分数 40% 是定性内容，主观判断的成分依然很大。我国的政策性银行目前面临的主要风险是信用风险。为了使信用风险的资本要求更具风险敏感性，同时也为了促使政策性银行不断提高内部风险管理水平，建立可信、审

慎、完善、先进的信用风险管理体系，我国政策性银行应当按照新巴塞尔协议的标准建立起相应的内部评级体系。虽然，在未来的一段时期内，我国政策性银行尚不具备实施《巴塞尔协议Ⅱ》、《巴塞尔协议Ⅲ》所要求的实施高级内部评级法的条件，但有关部门可以积极研究探索，以初级内部评级法作为切入点，逐步建立起完善的内部评级体系。

最后，建立完善的数据库和信息化系统，为实现全面的资本管理打下基础。政策性银行应充分利用信息技术，逐步建立风险管理信息系统，尽可能将分散在各部门、各分支机构的历史数据进行收集整理，实现业务数据和信息管理的同步集中，建立起综合的数据库，通过建立风险盈利模型等方法，将资本配置到各个业务单位和产品上。对于风险敞口、相关系数、置信区间等需要跨越比较长的经济周期才能用于判断风险概率分布的数据，也应该逐步积累。此外，根据自身实际，我国政策性银行也可以采用外包的形式来加快信息化建设。

2. 政策性金融机构应加强风险管理，调整资产结构，控制风险资产的快速增长。

可以采取的措施包括：首先，建立健全政策性金融机构内控机制，改善政策性金融机构法人治理机制和结构，加强内部稽核、审计和监察力量，细化信贷管理流程，控制、降低政策性银行的不良贷款率。其次，建立分账管理模式，将政策性业务与开发行业务明确分开，实行分账管理、专项核算。在此基础上，建立两类账户不同的风险补偿机制。对于政策性业务，在国家指令指导下实行项目的专项管理和单独核算，出现风险和亏损，由财政提供补贴和补偿。对于商业性业务，由政策性银行自行承担经营收益和风险，并建立相应的风险补偿机制。再次，积极运用抵押、担保、风险净值、信用衍生物等风险缓释工具来规避和减轻风险，采用现代信用风险缓释技术进行风险评估，建立完整清晰的风险操作框架和流程，同时对诸如抵押物价值波动、潜在敞口波动等情况进行研究，有效运用风险管理方面的技术降低风险资产。最后，采取积极措施调整资产结构，如通过出售或者剥离某些高风险权重的业务减少风险资产的总量。由于风险资产减少的同时可能导致银行的收益减少，政策性银行可以通过调整资产的内部风险结构，降低高风险资产比例，拓展诸如中间业务等低风险权重的业务，在资产总量不变的情况下，将风险分布状况重新分配。又如：可以考虑对资产流动性较差但仍具现金流量的企业或项目实施资产证券化，并由此建立市场退出机制，也即政策性银行可以需要退出的行业和领域的贷款合同为基础发行债券，通过资本市场把债券出售给社会投资者，从而退出这些行业和领域。另外，由于政策性银行的资金运用大多是中长期的，因而资金回流较慢，加权风险较高，这不仅使其流动性受到影响，而且也使其难以摆脱资金供给紧张的局面。为此，政策性银行可将贷款和投资之后项目有收益或商业性价值明显的债权或股权售卖给商业银行和契约性储蓄机构等其他的机构投资者，以缓解这种情况。通过上述措施，政策性金融机构可以相对有效地降低风险加权资产增长对资本的蚕食，降低总资产的平均风险度。

3. 建立与资金或财务缺口相匹配的稳定可靠的资本补偿机制。

政策性金融机构的战略性定位与不可替代的重要作用本身就意味着在履行其公共性或政策性职能的过程中，必然会产生资金与财务缺口，而且这种缺口还会随着国内外形势的发展，由于任务的加重、业务类别的增加和风险的不断变化而在绝对量上不断扩大。这种不断扩大的资金缺口必然要求不断扩张与补充资本结构，不断增加资金或财务补偿，而且这种补偿必须是可靠的和稳定的，并且形成一种自动的而不是主观随意性很大的资本补偿机制。这样，不断扩大的财务缺口与不断强化的资本自动补偿机制之间才能形成一种良性互动，一种匹配、协调与均衡。

在建立与资金或财务缺口相匹配的稳定可靠的资本补偿机制方面，综合各国普遍情况，主要包括如下一些渠道或方式：定期或不定期地增加国拨资本金；按各国通例、法令规定免缴一切国税与地方税；按年度盈余提取公积金，而公积金是累积的，稳定的；由国家信用保证带来的较低筹资成本而产生的剩余；由外国政府或国际金融机构优惠贷款的转贷而产生的剩余；由业务的市场化运作、成本的降低和收益或效率的提高而产生的剩余；由运营成本的降低和相对支出减少而产生的相对补偿；由利率与汇率变动而产生的收益；兼营有限的相关的商业性金融业务的收益，等等。

4. 国家应尽快进行相关法律制度的建设，从法律制度上建立政策性金融机构充实资本的长效机制。

我国应当尽快制定诸如政策性银行法等有关政策性金融的法律法规，用于规范政策性金融机构的设立程序、基本性质、资本金、资金来源、优惠政策、运行原则、监管程序等，明确国家或财政支持政策性金融机构的相关措施，为政策性金融机构建立健全充实资本的长效机制提供法律依据和保障。

本章小结

1. 政策性金融机构资本金是政策性金融机构持有或要求持有用以满足开业和发展、吸收和消化经营损失、承担风险、树立社会声誉而筹集和留存下来的资金的总称。政策性金融机构资本金制度，是国家制定和认可的关于政策性金融机构资本金的筹集、管理以及所有者的责、权、利等方面所做的法律规范、规章制度的总称。政策性金融机构的资本金不仅仅是作为一种资金来源，其重点在于消化预期和非预期的经营损失。资本金制度也是政策性金融机构持续经营和发展的前提。

2. 政策性金融机构资本金的影响因素包括资产的风险程度、信用评级水平、利率、汇率、存款准备金和存款保险制度等。政策性金融资本构成主要有三种形式：政府全资所有、政府与民间资本共同所有、民间资本所有。

3. 资本充足性反映出金融机构对风险的吸纳能力，对政策性金融机构也有重要的意义。银行资本水平与风险敞口成反比关系，风险越高所需资本越多。《巴塞尔协议Ⅰ》、《巴塞尔协议Ⅱ》和《巴塞尔协议Ⅲ》提出了基于风险的资本要求，以及信用风险、市场风险、操作风险的计量和控制的基本原则，并且对如何提高资本的质量进行了改进。《巴塞尔协议Ⅱ》提出了资本要求、外部监管和市场约束机制三大支柱，提出了包括操作风险在内的银行综合风险的测算要求，并重视银行内控机制的重要性。

4. 目前，我国的政策性金融机构的资本管理工作还不成熟和完善，主要存在以下问题：资本充足率低，与其他国家政策性银行差距较大；资本金筹措渠道单一，结构不合理，资本利用率较低；缺乏稳定成熟的资本筹集机制；资本金补充机制有待完善，无法匹配信贷业务的增长；缺乏稳定成熟的资本筹集机制；对资本管理缺乏明确的思想认识，没有明确的资本管理规划与措施；资本管理的手段相对滞后，对于风险的敏感程度不高；缺少相关的法律法规和制度保证。

5. 政策性金融机构资本金的增加，一般也是通过内部积累和外部筹集两种渠道进行的。针对《巴塞尔协议Ⅱ》、《巴塞尔协议Ⅲ》的要求，政策性金融机构应积极进行资本管理的有关探索，主要包括：加强对政策性金融机构资本管理的重视程度，建立完善政策性金融机构内部评级体系和信息系统，为实现更加科学合理的资本管理打下坚实的基础；采取有效手段加强风险管理，调整资产结构，从而控制风险资产的快速增长；建立与资金或财务缺口相匹配的稳定可靠的资本补偿机制；国家应尽快进行相关法律制度的建设，从法律制度上建立政策性金融机构充实资本的长效机制等。

思考题

1. 什么是政策性金融机构资本金？其资本构成的形式主要有哪些？

2. 影响政策性金融机构资本金的因素有哪些？

3. 资本充足性对政策性金融机构有何重要意义？如何测定政策性金融机构的资本充足率？

4. 对于政策性金融机构而言，其资本金的补充往往可以采取哪些途径？

5. 针对我国政策性金融机构在资本管理上存在的问题，如何加强和完善资本管理？

第六章

政策性金融负债结构

负债业务是政策性金融机构业务经营的基础，是为了有效筹集资金进而有足够的资金实力开展资产业务。负债业务是手段，资产业务是目的，因此，政策性金融机构负债业务的经营目标是以最低的成本、最优的服务吸收适量的资金。本章主要阐述政策性金融机构负债业务的特点和内在规定性，政策性金融机构和商业银行资金来源的区别，政策性金融机构资金来源的主要渠道，政策性金融机构负债管理的目标及其优化途径等基本内容。

第一节　政策性金融机构负债的内在规定性

一、政策性金融机构负债业务的含义

政策性金融机构的负债业务或资金来源业务，是指政策性金融机构筹措和获得资金借以形成资金来源的业务，在金融机构内部具有各项业务基础的地位。政策性金融机构负债有广义和狭义之分。广义负债是指除机构自有资本以外的一切资本来源，包括资本期票和长期负债等二级资本的内容；狭义负债主要指机构的借款、特定存款等一切非资本性的负债，包括存款负债、借入负债和结算中的负债等。以中国农业发展银行为例，其负债业务包括以下内容：各项存款、向中央银行借款、同业拆入款项、同业存放款项、同业定期存款、发行债券、卖出回购金融资产、委托贷款资金等。

从不同的角度来看，政策性金融机构负债可以分为不同的种类。按负债期限的长短，可分为短期负债和长期负债。按取得资金的方式，可分为被动负债和主动负债。所谓被动负债是指政策性金融机构被动地接受各种资金来源和特定存款，而无法自主决定负债规模的负债行为。因为政府或政策性客户是否将资金存入、何时存入、存入多少、期限多长等都取决于政府的政策性业务需要及政策性客户自身的决策，政策性金融机构在这种业务中处于被动地位。被动负债是政策性金融机构负债业务的基本方式。所谓主动负债是指政策性金融机构为扩大自身经营规模，更好地发挥政策性金融基本功能及作用，主动地在金融市场上筹措资金，通过发行各种债务凭证获得资金来源，或通过向中

央银行借款、向同业借款等方式来满足自身业务发展的需要。这种负债业务在政策性金融机构经营中处于主动地位。

政策性金融机构的资金来源与商业性金融机构的资金来源有着严格的界限，商业银行的资金来源主要依靠自身的灵活经营通过吸收存款来解决，而政策性银行的资金来源则不完全甚至不主要是靠吸收存款来解决。一般而言，政策性金融机构的资金主要是通过行政分配和市场经营获得的。例如，在政策性银行的资金来源中，财政拨款形成的自有资本和财政增拨信贷基金就属于行政分配资金；向国内外金融市场发行金融债券所筹集到的资金则明显具有市场属性；而中央银行对政策性银行的资金支持和邮政储蓄存款的重新划配却兼有行政与经济两种因素，即双重属性。

二、政策性金融机构负债业务的作用

1. 负债业务是政策性金融机构开展各种政策性金融业务活动的基础与前提。负债业务是一般金融机构开展资产业务的基础和前提，对于政策性金融机构也不例外。政策性金融机构作为信用中介机构，首先通过负债业务吸收各种闲置资金，然后通过资产业务有效地运用出去，这是政策性金融机构的基本金融功能。此外，政策性金融机构还要履行比这更为广阔和指令性更强的政策性金融功能。因此，政策性金融负债业务的规模决定了资产的规模，也决定了政策性金融功能发挥的大小和程度深浅，同时负债的结构也决定着资产的运用方向和结构特征。另外，与一般的商业银行一样，政策性银行的负债业务也是政策性银行开展中间业务的基础，作为信用中介，把借者和贷者有机地联系起来，进而为政策性银行开拓和发展中间业务创造有利条件。

2. 政策性金融负债业务是保持流动性的重要手段。流动性原则是政策性金融机构在其经营活动中必须遵循的原则之一，政策性金融机构如果无法保证自身经营的可持续性，那么发挥政策性金融作用就无从谈起，而保持政策性金融机构的流动性是保证其经营可持续性的前提和条件。跟所有一般银行一样，政策性银行的流动性可以通过资产和负债两种途径获得，两种途径互为补充。银行通过负债业务聚集起大量资金，以确保银行对到期债务的清偿，满足合理的贷款需求和存款的提取等。

3. 负债业务是政策性金融同社会各界联系的渠道。银行是社会资金的聚散地，所有经济单位的闲散资金和货币收支都离不开银行的负债业务，而政策性银行是传导政府政策意图的金融工具，更需要以适当的方式将与自身政策性特点相吻合的社会有关经济单位联系起来。市场的资金流向、企业的经营活动、机关事业单位、社会团体的货币收支，都每时每刻反映在银行的账面上。政策性金融机构在为政策性客户提供各种融资、信息咨询、担保等金融服务的同时，也为政府有关宏观金融决策部门反馈必要的社会市场信息。所以，负债业务是政策性金融机构同社会各界进行联系、提供服务、反馈信息和有效监督的重要渠道。

4. 政策性金融的负债业务量也是社会流通中的货币量的组成部分。流通中的货币量由现金和银行存款构成，现金是中央银行的负债，存款是银行的负债，包括商业银行负债也包括政策性银行负债，缺一不可。政策性银行所经营的政策性客户的存款的规模及结构的变化，也影响着宏观经济中流通货币量的变化。因此，对政策性银行存款规模及其流动性的分析测量，也是判断通货数量和社会总需求状况的重要依据之一。

5. 政策性金融机构的负债业务有利于整个国民经济的稳定发展。从一般意义上讲，银行的负债业务把社会上的闲置资金聚集起来，然后贷放给急需资金的企业和个人，这些企业将闲置资金重新投入再生产，在现有的生产水平基础上创造出更高的生产力，生产出更多的为市场所需的产品，这就有效地将货币这种资源通过银行的负债业务实现了优化配置。对于政策性银行来说，除了可以发挥以上的一般性金融功能，还可以按照政府意图有针对性地筹集和支配社会有关闲散资金用于特定的产业领域。所以，通过政策性银行筹集资金和再分配资金的活动，与商业性银行一样实现了国民经济的良性循环和健康发展。

三、政策性金融机构负债业务的特点

充足、优惠和稳定的资金来源，是政策性金融机构赖以发挥其职能作用的前提和基础。政策性金融机构与商业性金融机构不同的性质、职能和任务，决定着政策性金融机构的资金来源与商业性金融机构不同的内在规定性。与商业银行相比，政策性金融机构的负债业务一般具有低成本、高效率和统筹性的基本特征。

1. 资金来源的特殊性。政策性金融机构从诞生起就被深深地打上了政府的烙印，政府的意图贯穿于其投融资活动的始终，而政策性金融机构与政府的关系最集中地体现在其与财政的关系上。政策性金融机构的资本金是由政府拨给的，筹资由政府担保，这实际上是政府与金融相互渗透、相互利用的一种方式。政策性银行资金来源与商业银行资金来源的区别，一是政策性银行的资金主要来源于资本金和借款，而商业银行则主要来源于存款；二是政策性银行在资金来源上对政府的依赖性较大，而商业银行则主要依赖于客户和市场融资；三是政策性银行一般不能经营零售的活期存款，不能创造派生存款，而这些却正是商业银行资金运动的特色。

2. 资金来源的低成本性。政策性金融机构由其性质决定，其资金运用主要是为了弥补市场机制对社会资金配置及实现国家总体经济发展战略意图的不足或缺陷，盈利不仅不是政策性金融机构追求的主要目标，甚至只能保本经营。由于政策性金融机构的资金多用于市场机制失效的投资领域，如基础设施、基础产业和支柱产业，这些领域尽管具有宏观或长远效益，但微观或近期效益不好，再加上政策性金融机构必须至少是保本经营或保本微利，这就决定了政策性金融机构为维持其正常运行，资金来源的成本和费用不能太高，只能以较低的融资成本来解决自己的资金来源。当然，低成本并不是指每一项资金来源都以较低的成本取得，而是指整个政策性金融机构资金来源的综合成本应当比较低。

3. 资金来源的长期性和高效性。政策性金融机构资金来源的长期性和高效性可以从宏观和微观两个方面来分析。从宏观上来看，在世界各国尤其是广大发展中国家，普遍存在着强位弱势群体，经济发展的重要使命就是逐步消除贫富差距和地区差异，消除经济发展中的瓶颈制约，实现经济的均衡发展。因此，政策性金融机构需要大量、长期、

稳定的资金来源。从微观上来看，政策性金融机构的贷款对象多是期限较长的基础产业、基础设施和支柱产业的建设项目，平均期限 10 年左右，长的可达 20 年。按照资产负债比例管理原则，这样的资产运用结构，就要求政策性金融机构在资金来源上必须以长期资金为主，否则，政策性金融机构难以适应长期投资的需要，同时还会因资金短借长贷而造成其负债规模急剧膨胀，增加政策性金融机构的管理难度和资金营运风险及成本。

由于政策性金融机构的资金运用一般期限较长，规模较大，尤其是一些社会公益事业和国家基础产业，政策性金融机构资金投入规模较大，这就决定了政策性金融机构资金来源应是大而集中、相对稳定、可用期限长。政策性金融机构这种"高效"特征反映在资金来源的两个方面，一是取得的资金应是便捷、低成本甚至无须偿还的大量集中的资金，二是资金来源过程环节少且相对稳定。

4. 资金来源的统筹性。不同类型的政策性金融机构虽然所处的领域和经营的业务不同，但都必须服从国家的宏观总体目标。这样，为履行和完成各政策性金融机构的职能与任务，就需要相应地统一考虑各政策性金融机构的资金来源，包括政策性金融机构资金来源总量需求、单个政策性金融机构资金来源数量、资金获取方式、是否需要开辟新的融资渠道等。

第二节　政策性金融机构负债业务的构成

政策性金融机构负债业务的构成，是指政策性金融机构所拥有和筹措的各类资金之间的比例关系。合理的资金来源构成应体现政策性金融机构资金来源的特殊性、低成本性、长期性和统筹性特点，它可以使政策性金融机构正确组织资金来源，减少财务风险，降低资金成本，促进业务正常营运和健康发展。

一、政策性金融机构资金来源的主要渠道

政策性金融机构资金来源的高效性，基本上决定了政策性金融机构资金来源的主要方式和渠道。总括起来，一般有以下共同的资金来源渠道：

1. 政府供给资金。政策性金融机构资金来源的基础就是政府供给资金，一般以资本金的形式存在。因为政策性金融机构大都是政府创设的金融机构，政府一般都要向政策性金融机构提供全部或部分资本金。政策性金融机构资本金构成自身资金来源的源头和基础，资本金也是政策性金融机构开业前的铺底资金，主要用于购买营业所需的固定资产和抵御风险损失的准备金。资本金的多少决定了政策性金融机构的规模大小和实力厚薄，决定了政策性金融机构的信誉程度。由于各国政策性金融机构的组建方式不同，其资本金的来源和构成方式也有所不同。日本政策性金融机构的资本金即由日本政府全额提供。韩国开发银行的资本金也由政府从财政资金中拨付，1954 年成立之初，授权资本额为 4000 万韩元，以后逐渐增加，1989 年底达 19.39 亿美元。美国进出口银行最初资

本额为 10 亿美元, 全部由联邦政府拨付。马来西亚开发银行资本额 2000 万美元中政府资金占 92.5%。

2. 借入资金。政策性金融机构借入资金的方式较多, 途径较广, 包括向财政、中央银行、政府部门借入资金, 还有借入公共资金和国外资金等。从政府借款的角度来看, 财政拨款是主要方式。为了维持政策性金融机构的正常运转, 及时满足政府扶持行业或项目的发展, 需要不断补充信贷基金。建立正常稳定的资金补充机制, 是政策性金融机构不断发展所必不可少的。因此, 国家在安排每年财政预算时, 应该按照法定程序划拨一定比例的资金给政策性金融机构, 作为政策性金融机构发展的持续资金来源。综观世界各国政策性金融机构的借入资金方式, 各有特点。如美国进出口银行借入资金为其主要资金来源, 1989 年从联邦融资银行 (FFB) 借款额达 109.8 亿美元, 占其资金运用余额的 99.9%; 2011 年从美国财政部 (US Treasury) 借入资金 82.79 亿美元, 仍然占其资金运用余额的 70.7%[①]。日本政策性金融机构的资金借入渠道有财务省资金运用部和简易保险年金, 韩国进出口银行借款渠道包括国家投资基金、中央银行和国内外其他金融机构。政策性金融机构还从储蓄机构, 尤其是国家兴办的储蓄银行借入中长期资金, 以改善其资金结构, 承担起中长期资金提供者的职责, 如法国国家信贷银行、土地信贷银行和农业信贷银行都从信托信贷银行借入资金。巴西是将社会福利和社会保险同政策性银行的资金筹措结合起来, 全国住房建设银行保管拥有巨额款项的 "保障就业基金", 该基金的 "流动资金" 成为全国住房建设银行的主要资金来源; 而 "政府职工基金" 的流动资金则成为全国经济开发银行的主要资金来源。另外, 从一些发展中国家的开发性金融机构来看, 它们还从世界银行、各洲开发银行等国际金融机构借入资金。如墨西哥全国金融公司就可代表政府与国际金融组织谈判接受其贷款。

3. 发行政策性金融债券。政策性金融机构通过在金融市场上直接发行政策性金融债券进行融资。政策性金融机构发行的金融债券, 以国家信用为后盾, 实际上兼有政府债券和一般金融债券的属性, 风险低、收益高、灵活性大, 较易被投资者接受, 被称为 "金边债券"。发行政策性金融债券是发达国家政策性金融机构的主要筹资方式, 也是发展中国家政策性金融机构的辅助筹资方式。如美国联邦专业信贷机构的筹资方式主要是发行各专业信贷机构证券; 法国农业信贷银行发行的长期公债和债券占其拥有资金的比例还比较高; 韩国开发银行对国内外发行债券, 且向国外发行的比重较大, 1979 年末发行债券达 2399.6 亿韩元, 而到 2010 年这一数字增长到了 4499.81 亿韩元[②]。需要说明的是, 一些国家对政策性银行发行债券有限额规定, 如美国中期信贷银行发行债券不得超过其资本金及盈余的 10 倍, 日本开发银行被允许在资本金和准备金总额的 10 倍限度内向政府借款和发行债券。一些发展中国家国内市场不太发达, 规模也不大, 所以在本国难以筹集到足够的资金时, 它们通常面向国外金融市场筹措资金, 如韩国开发银行就到国外借款和发行债券, 补充国内资金的不足。

[①] 资料来源: 联邦融资银行 2011 年年报。
[②] 资料来源: 韩国产业银行 2011 年年报。

4. 吸收特定存款。政策性银行是否吸收存款和吸收存款的种类各国有较大的差异。在实际操作中有相当一部分的政策性银行不吸收存款,如美国的联邦专业信贷机构、法国的复兴信贷银行和日本的政策性金融机构等,都不吸收存款,以避免同其他商业银行开展不合理竞争。也有一些政策性银行吸收存款,这有两种情况,即一部分政策性银行只吸收往来对象或会员的存款,而不吸收社会公众存款。为保证政策性银行资金的周转使用,使这部分政策性资金真正长期由政策性银行用于国家的重点项目,许多政策性银行规定:得到政策性贷款支持的企业或项目单位的存款只能存入指定的政策性银行。这样,既可以防止政策性资金的流失,使政策性银行有一部分相对稳定的资金来源,也可以减轻财政负担。另一部分吸收存款的政策性银行,主要吸收储蓄存款或定期存款及少量的活期存款。例如,法国农业信贷银行吸收会员储蓄存款、定期存款和活期存款,印度国家开发银行接受社会公众定期和活期存款,马来西亚农业银行接受定期和储蓄存款而不接受活期存款,韩国开发银行则吸收储蓄存款和往来对象的活期存款。

5. 国际融资。国际融资是指政策性金融机构在国际金融市场上,运用各种金融手段而进行的资金融通。国际融资也包括直接融资和间接融资两类,前者如国际债券融资、海外投资基金融资、外国直接投资等形式,后者包括外国政府贷款、国际金融组织贷款、国外商业银行贷款等形式。政策性金融机构可凭借其国家的良好信誉和机构专业化经营的优势,采用灵活多样的方式向国外筹资,重要的是要赋予政策性金融机构代表政府直接同国际金融机构联系的权力,建立正常的业务往来。

二、国外政策性金融机构负债业务的特征

综观世界各国,政策性金融机构的资金来源多种多样,因各国的经济金融环境差异而有所不同。经济发展水平、政府对经济金融的干预程度、金融市场是否完善以及对外开放度等都在不同程度上决定或影响其筹措资金的方式和渠道。

1. 发展中国家政策性金融机构的资金来源渠道虽趋于多样化,但主要依靠政府供给资金。这就是说,发展中国家政策性金融机构既有政府拨给资金,又有借入资金,还吸收存款,并在金融市场上发行债券筹资。由于发展中国家国内储源有限,加上金融市场不够完善、资金不是很充裕,所以一些发展中国家的政策性金融机构往往依赖于政府的资金供给。泰国农业与农村合作银行(BBAC)的资金来源包括政府预算资金、商业银行和社会公众的定期与储蓄存款、中央银行的贴现与再贴现、借入政府和外国金融机构的资金和发行债券,此外,政府还从农民援助基金中向其提供一定数额的无息贷款。这种情况表明,发展中国家在发展过程中需要大量的建设和发展资金,政策性金融机构仅依靠某个单一的或有限的渠道,均不能达到这一目的,应该尽可能采取各种有效的途径和方式多方面筹措资金。

2. 发达国家的政策性金融机构主要是从金融市场上融资。发达国家相对较富裕,居民收入较高,企业积累雄厚,资金供给较宽裕,金融市场完善且资金规模庞大、交易活跃,政策性金融机构发行金融债券可以从市场上吸收足够的资金,因此,其他筹资渠道就显得不是非常重要了,并且逐步脱离依赖政府供给资金的格局。需要说明的是,通常

情况下，发展中国家在向发达国家发展转变的过程中，其政策性金融机构负债业务的主要方式往往是从依赖政府资金供给向金融市场筹资转变。第二次世界大战后，日本的政策性金融机构资金来源由政府供给资金为主向金融市场筹资为主转变，则说明了这一问题。

3. 发达国家的政策性金融机构一般不吸收存款，而发展中国家的政策性金融机构不同程度地吸收特定种类的存款，这体现出二者经济和金融市场发达的程度不同。有些国家则通过设立储蓄银行吸收定期、活期或储蓄存款、发行储蓄债券来筹措资金，然后全部或部分转贷给政策性金融机构，如泰国储蓄银行由银行业务部将储蓄部吸收的各种存款贷给政府住房银行。还有一些国家，如巴西政策性银行的资金来源与社会福利和社会保险相结合，减轻了对政府资金的依赖，有益于避免通货膨胀。这种以需要偿还的公共基金为来源，从事有偿的政策性融资，是政策性金融机构资金来源的重要特点。

4. 发达国家政策性金融机构基本上不吸收外资，并且还承担某些资本输出的职能，如日本进出口银行就主要承担对外投资和援助的任务；而发展中国家的政策性金融机构则既从国际性金融机构借入款项，又从其他发达国家借入资金，并在国际金融市场上筹措资金，承担资本输入的职能。这体现出二者国内资金盈余的差异。

三、我国政策性金融机构的负债业务

从 1994 年我国政策性银行成立以来，逐步形成了独具特色的政策性金融负债结构。国家开发银行的资金来源，主要是在境内外发行财政担保债券和由金融机构认购金融债券，此外还包括企业存款和长期借款；中国农业发展银行的主要资金来源为人民银行借款，其他有境内面向金融机构发行金融债券、农业政策性贷款企业的短期存款和财政性存款；中国进出口银行的主要资金来源为在境内外发行短期和长期金融债券，其他还包括贷款项目企业存款、财政专项资金、向国内外金融机构拆借及长期借款等，如表 6-1所示。

表 6-1　　　　　　　　　我国三家政策性银行的资金来源情况　　　　单位：百万元人民币

负债结构 / 年份		2004	2005	2006	2007	2008	2009	2010	2011
国家开发银行	同业及其他金融机构存款	744	—	9500	674	13459	120406	125539	233698
	向政府和其他金融机构借款	83612	66196	60966	51275	240201	235422	264020	299919
	吸收存款	95935	136853	155310	158107	213799	329708	408172	421092
	发行债券及次级债券	1274831	1541496	1904047	2307590	2595087	2913842	3547195	4257860

续表

年份 负债结构		2004	2005	2006	2007	2008	2009	2010	2011
中国 农业 发展 银行	同业及其他金融机构存款	25	31459	71503	39268	119833	168345	59617	21279
	向政府和其他金融机构借款	609900	523000	387000	365850	365850	365200	365200	272000
	吸收存款	75539	94329	107837	163161	183285	273890	339549	367524
	发行债券及次级债券	—	176652	305983	403015	659750	821057	939411	1219547
中国 进出口 银行	同业及其他金融机构存款						211696	196497	
	向政府和其他金融机构借款						11222	10993	
	吸收存款				30240	31777	41137	51277	55235
	发行债券及次级债券	100559	120228	167736	267371	363048	488589	583682	

注：① 数据源自国家开发银行、中国农业发展银行 2004—2011 年年报和中国进出口银行 2004—2010 年年报。

② 由于统计口径的差别，中国进出口银行不能计算出准确的资金来源数据。

根据三家政策性银行的章程规定，其资金来源主要包括注册资本、财政贴息或支持款项、发行金融债券、中央银行再贷款、企业存款、境外筹资等。虽然三家政策性银行也在不断地探索新的资金来源形式，但是从目前实际情况看，其主要的资金来源还是通过发行政策性金融债券、向中央银行借款特别是前者进行筹资。

1. 向中国人民银行借款。从政策性银行的经营角度来看，向中央银行借款构成了其负债的一部分内容，包括向中国人民银行借入的临时周转资金、季节性资金、年度性资金以及因特殊需要经批准向中央银行借入的特种借款等。按照借款的期限不同分为年度性借款、季节性借款、回拆性借款和再贴现。如农发行 2011 年全口径负债约 19000 亿元，其中向中央银行借款为 2820 亿元。另外几家政策性金融机构的负债构成中，向中央银行的借款也占有一定比例。然而，值得一提的是，依赖中央银行的再贷款解决筹资问题，则会导致银行对于中央银行的依赖过大，从而可能影响中央银行宏观调控政策的执行。

2. 发行政策性金融债券。在中国，广义的金融债券指所有金融机构为筹措资金而发行的债券；狭义的金融债券，专指国家政策性银行发行的以政府为担保的债券，简称金融债、政策性金融债。广义金融债券剔除政策性金融债后的那一部分统称金融机构债。政策性金融债虽然出现较晚，却是中国金融债券市场的主体。2007 年 8 月底，中国的政策性金融债累计发行量已经超过了 4 万亿元，债券存量 2.6 万亿元，占银行间市场债券托管总量的 1/3。政策性金融债的投资人由最初的邮政储蓄、四大国有商业银行，扩大到商业银行、农信社、保险公司、证券公司、财务公司等银行间债券市场的所有成员，政策性金融债也已经成为央行公开市场操作和商业银行、保险公司等金融机构资产负债管理的重要工具。政策性金融债的发行和创新，不仅有效地解决了政策性金融机构的资金来源问题，而且成为推动中国银行间债券市场发展的重要力量。从 1994 年 4 月政策性金融债券的派购发行①，到 1998 年 9 月以来的市场化发行，目前，我国的政策性银行负债业务形成了以发行债券为主的基本结构，也就是说，发行政策性金融债券成为我国政策性银行的主要资金来源。虽然将发行金融债券融资作为主要筹资方式对于政策性银行有着某种合理性甚至可能是该类银行的某种特点，但是不可否认的是，过度依赖这种方式会导致筹资成本过高，甚至可能出现利率倒挂现象。

3. 各项特定存款。从我国现阶段的几家政策性银行的实际运作状况看，各项存款是其负债的一个组成部分。但是，与商业银行相比，我国政策性银行的存款有一定的局限性，存款多数是政府指定的财政专项存款及特定的政策性贷款客户的存款，其他还有一些同业拆入款项、同业存放款项、同业定期存款等。比如，农发行 2011 年各项存款合计为 4514 亿元，其中，多数存款是国家财政用于农民种粮直补、农机补贴等财政性补贴资金，以及各省区粮食风险基金等地方财政性存款账户。存款中还有一部分来源于其特定的粮棉油贷款客户，如中储粮公司、中储棉公司及贷款的各级各类农业产业化龙头企业。近几年来，随着地方政府融资平台在政策性银行贷款的不断增加，几家政策性银行的存款还有一部分来源于各级地方政府土地出让金进入贷款质押账户形成的。

此外，我国政策性金融机构的负债业务也存在一些其他形式，比如境外资金托管、世界银行再贷款、卖出回购金融资产、委托贷款资金、税收返还等。

第三节 政策性金融机构负债管理

完善政策性金融机构负债管理，是完善政策性金融机构经营管理和运行机制的重要内容。合理的资金来源构成应体现政策性金融机构资金来源的特殊性、低成本性、长期性和统筹性特点，它可以使政策性金融机构正确组织资金来源，减少财务风险，降低资金成本，促进业务正常营运和健康发展。因此，要根据市场经济要求、国家产业政策和政策性金融负债业务的特点及管理目标，选择合理的资金来源渠道和筹资体系，在此基础上保持资产存量的良性循环。

一、政策性金融机构负债管理的目标

政策性金融机构负债业务的经营管理主要达到四个目标：保持适度的负债规模、保持合理的负债结构、降低负债成本和规避风险。

1. 保持适度的负债规模。由于金融机构的盈利主要来自各项资产，而扩大资产所需要的资金主要通过负债提供，因此，金融机构一般总是存在尽力扩大负债规模的内在冲

---

① 所谓派购发行，就是政策性金融债通过行政手段实行指令性发行，派购债券的发行利率、发行债种、认购人、认购数量等都由中央银行决定。市场化发行是以市场化招标方式在银行间债券市场发行政策性金融债。

动。然而，政策性金融机构的负债并非多多益善，而是存在着一个最佳数量界限，因为，负债所动员的资金在被运用之前不仅不会给机构带来任何收益，反而会使机构付出一定的成本。政策性金融机构只有把负债吸收的资金通过对政策性项目的合理贷放或投资，并使资产收益在抵消负债成本后至少能够保本微利，其经营活动才是有效的。政策性金融机构负债规模的确定，至少必须考虑四方面的限制：一是政策性金融需求量和资产业务规模，二是负债成本的高低，三是负债所吸收的资金有无适当的贷放或投资机会，四是资金运用的收益在抵消负债成本和税收后能否产生必要的剩余。

2. 保持合理的负债结构。合理的负债结构可起到稳定银行资金来源、降低资金成本、保证政策性金融机构安全高效运营、降低风险和有效实现政策性融资的作用。因此，政策性金融机构必须重视对负债结构的调整。负债结构合理化，既要求政策性金融机构保持多样化的筹资方式和筹资渠道，以利于及时获得所需资金，提供流动性需求；也要求负债结构合理搭配，以利于所筹资金的稳定和降低筹资成本。负债的结构一般包括利息结构、期限结构和种类结构。合理安排负债的利息结构要求政策性金融机构做好高息负债、低息负债和无息负债的优化组合。在政策性金融机构资金来源构成中，政府资金属于无息资金，债券融资属于高息资金，各类储蓄银行储蓄等其他资金来源属于低息资金。合理安排负债的期限结构要求政策性金融机构将短期负债和长期负债的数量保持一定的比例，长中短期资金搭配并以长中期为主，从而使机构的负债既能满足其资产业务的需要，又能保持一定的流动性。合理安排负债的种类结构要求政策性金融机构做好被动负债与主动负债的优化组合，同时要求机构不断进行业务创新，注重负债新品种的研发与推广，拓展负债的种类结构。另外，合理配置负债结构，不仅在于负债结构本身，在某种程度上还取决于资产结构的匹配合理。所以，在搞好负债结构调控的同时还应注意资产结构的合理安排。

3. 尽可能地降低负债成本。政策性金融机构的负债成本是指机构为筹措资金、借入款项所必须支付的成本费用开支。负债成本主要由以下三部分构成：一是利息成本，二是营业成本，三是相关成本。其中，前两项成本是主要的。在政策性金融机构的经营成本中，除利息成本外，日常营业成本在机构成本中所占的比重不容忽视。营业成本包括筹资的广告宣传费用、筹资人员的工资、筹资所需设备和房屋的折旧费摊销、筹资过程中的管理费用以及为客户提供服务所发生的费用等。政策性金融机构在成本管理中，应制定切实可行的成本控制方法，如采用作业成本法、定额成本法、标准成本法等专业成本管理办法，降低银行的营业成本。在金融机构的经营实践中，一般正常情况下，负债总量与负债成本同方向变动，即负债总量增加，负债成本也增加。所以，要控制好负债成本，必须保持适度的负债总量规模。另一方面，银行不同的负债结构，带来不同的负债成本。所以，要控制好负债成本，必须保持合理的负债结构。对于政策性金融机构来说要追求的最终结果是：负债结构的变化既要满足政策性金融机构资产运用的需要，又要使负债的综合成本降到最低。

4. 规避负债业务风险。政策性金融机构通过负债筹集资金会面临各种各样的风险，如流动性风险、利率风险、资本金风险等。狭义的流动性风险主要是指政策性银行没有足够的现金来清偿债务，从而发生支付危机。广义的流动性风险还包括银行不能满足客户正常合理的贷款需求，影响政策性银行自身的形象和信誉，对于以政府信誉为基础的政策性银行甚至带来对当局的政治影响。利率风险是指资金市场利率的变动对政策性金融机构经营成本的影响，即利率的不确定性而导致负债成本的增加。资本金风险是政策性金融机构因为资本金不足而导致的风险。防范政策性金融机构负债业务的风险，关键是拓宽资金来源渠道，增加机构的资本金，确定适度的负债规模，从多个途径、以多种形式筹措资金，协调各种不同资产在利率、期限、风险和流动性等方面的搭配。

二、政策性金融机构负债结构的优化

优化政策性金融机构的负债结构，概括地说，就是要实现"三个构成优化"。一是资本金充足，使资本债务构成优化。资本债务构成是政策性金融机构最基本的资金结构。正常情况下，政策性银行也要按照巴塞尔协议的要求满足资本充足率，以此奠定政策性银行经营的基础。一般而言，政策性金融机构设立之初，由政府提供部分或全部资本金，以后逐年增加。而且随着自身经营积累的增加，也可以独立完善自身经营的可持续性。二是资金来源期限合理，长中短期资金构成优化。由于政策性金融机构的职能及资金运用的特点，特别是要适应政府特定政策意图的融资需求，这就要求政策性金融机构资金来源必须保持长中短期资金搭配，并以长中期为主。三是资金成本科学合理，高息、低息和无息构成优化。政策性银行要发放低利率贷款，就必须降低资金成本。所以，在筹资时必须考虑高息、低息和无息资金的构成。只有不断提高无息资金和低息资金来源比例，政策性银行才有可能做到"保本经营"或至少是"保本微利"。

根据我国的实际情况，结合政策性金融机构资金来源的特点及资金来源构成，应该建立和完善科学合理的政策性金融机构筹资体系，形成一个长短搭配、高效灵活、合理补偿的多元化筹资体系，以保证资产存量的良性循环和资产总额的逐步扩大。

1. 加大资本金注入力度。我国的政策性金融机构作为政府的金融机构，财政性资金在其总的资金来源中应当占有相对较大的比重。财政在拨足政策性金融机构的注册资金的同时，再拨给一定的经营性财政资金，使政策性金融机构的资本充足率保持一个合理的比率，这一方面可以降低政策性金融机构的融资成本，另一方面为政策性金融机构从事长期投资贷款提供雄厚的资金基础。建立健全政策性金融机构资本金补充机制，一是通过减免政策性金融机构税金来增补资本金；二是可直接列入财政预算安排补充；三是利用财政"转移支付制"，即我国实行分税制后，中央财政要将其收入的约20%通过转移支付的办法返还给地方政府，从中划一部分给政策性金融机构作为资本金。

2. 既要善于向财政部等有关政府部门借款，也要把有限的政府资金集中利用到政策需要的产业和领域。以农业产业领域为例，我国政府组成部门涉农的各类补贴分散在20多个部委办局，总量不小，但分配下来往往形成"撒芝麻盐"的局面，无法集中发挥作用。如果这部分资金能够集中到政策性银行，以市场化方式运作，一定能发挥更大的作用。

3. 完善政策性金融债券运行机制。金融债券融资已逐步成为政策性金融机构资金来

源的重要组成部分，因此，要进一步完善金融债券运行机制，拓宽融资渠道。主要是：（1）要完善政策性金融机构债券发行制度。这主要是在期限上相互衔接、相互转换、滚动式发行，以保持一个稳定的量。（2）适当扩大不同期限金融债券之间的利差，使之与资金来源的成本和风险相适应。（3）可考虑将政策性金融机构的债券发行纳入国库券的发行轨道上来，借助国库券发行渠道扩大政策性银行长期稳定的资金来源并减少多头发债所产生的矛盾。（4）要建立和完善政策性金融债券的二级市场，提高金融债券的流动性。（5）购买债券与代理业务相结合，原则上谁购买债券谁代理业务。

4. 利用好业务往来对象的各类存款资金。政策性银行的多元化筹资渠道必须要做好的工作之一，就是要充分吸收自身贷款支持的政策性客户的存款资金，包括部分客户的基本账户存款、往来货币资金、各种销售回笼款等等。此外，还可以集中与政策性金融业务有关的行业和企业的有关基金，比如粮食风险金、各类产业基金等。

5. 积极参与资金市场融资。随着我国金融体制改革的不断深入，资金市场日益完善，政策性金融机构利用资金市场体系进行筹资也是一种必要的方式。可以利用的各类同业往来筹资形式如同业存入资金、同业拆借资金等方式。同时，也可以进入国际金融市场，利用好国外同业借款。

6. 积极拓展多元化筹资渠道。多元化筹集资金有利于形成一个长短搭配、高效灵活、合理补偿的筹资体系。多元化筹集资金具体包括：向政府财政、中央银行和国内外同业借款；参与资金市场融资；向社会筹资，如利用基金借款、向社会发行中短期银行票据、企业债券等进行筹资；还可利用杠杆融资，以小博大。政策性金融机构不可能包揽所有政策性业务，它更重要的是引导商业性金融机构向强位弱势群体和国家产业政策确定的项目贷款，并为之贴息、担保、承担最后风险。

本章小结

1. 政策性金融机构的负债业务或资金来源业务，是指政策性金融机构筹措和获得资金、借以形成资金来源的业务。从不同的角度来看，政策性金融机构负债可以分为不同的种类。政策性金融机构的资金来源与商业性金融机构的资金来源有着严格的界限，具有其内在质的规定性。一般而言，政策性金融机构的资金主要是通过行政分配和市场经营获得的。政策性银行的资金主要来源于资本金和借款，而商业银行则主要来源于存款；政策性银行在资金来源上对政府的依赖性较大，而商业银行则主要依赖于客户和市场融资；政策性银行一般不能经营零售的活期存款，不能创造派生存款，而这些却正是商业银行资金运动的特色。

2. 政策性金融机构负债业务一般具有低成本、高效率和统筹性的基本特征。其作用主要表现在：负债业务是政策性金融机构开展各种政策性金融业务活动的基础与前提，是保持流动性的重要手段，是政策性金融同社会各界联系的渠道，是社会流通中的货币量的组成部分，有利于整个国民经济的稳定发展。

3. 政策性金融机构负债业务的构成，是指政策性金融机构所拥有和筹措的各类资金之间的比例关系。合理的资金来源构成应体现政策性金融机构资金来源的特殊性、低成本性、长期性和统筹性特点，它可以使政策性金融机构正确组织资金来源，减少财务风险，降低资金成本，促进业务正常营运和健康发展。政策性金融机构资金来源的主要渠道有：政府供给资金，借入资金，发行政策性金融债券，吸收特定存款，国际融资。

4. 政策性金融机构负债业务的经营管理主要达到四个目标：保持适度的负债规模、保持合理的负债结构、降低负债成本和规避风险。优化政策性金融机构的负债结构，概括地说，就是要实现"三个构成优化"：资本金充足，使资本债务构成优化；资金来源期限合理，长中短期资金构成优化；资金成本科学合理，高息、低息和无息构成优化。

思考题

1. 简述政策性金融机构负债业务的含义及其特征。
2. 政策性银行和商业银行在资金来源上有何不同？
3. 政策性金融机构资金来源的渠道主要有哪些？
4. 政策性金融机构负债管理的目标是什么？
5. 针对我国政策性金融机构资金来源的现状，如何优化其负债结构？

政策性金融资产结构

政策性金融机构的资产业务是政策性金融机构实现政府意图的主要环节。考察政策性金融机构的资产结构，有助于我们深入了解政策性金融机构资产业务的基本内容和构成方式，资金运用的特点和基本要求，资产管理的一般原则和基本内容，进而更深刻地认识政策性金融独特的功能和作用。考察我国政策性金融机构的资金运用业务，有助于比较与分析我国政策性金融机构资产业务开展的状况和作用，进一步优化我国政策性金融机构的资产业务结构。

第一节　政策性金融机构资产业务的含义和特点

一、政策性金融机构资产业务的含义

政策性金融机构的资产业务或资金运用业务，是政策性金融机构对商业性金融机构不愿或不能涉足的产业提供信贷、投资、担保等直接融资或间接融资的资金支持，以实现政府政策意图和矫正市场失灵的活动。它是政策性金融机构主要的业务活动。

作为政策性金融机构最主要的业务，资产业务是政策性金融机构得以产生、存在和发展的直接原因和实现经营目标的重要途径，政策性金融机构的性质、职能与任务，更多的就是通过政策性金融机构的资产业务表现出来的。政策性金融机构资产业务的开展，决定于政策性金融机构的经营目标。政策性金融机构与生俱来的唯一性质就是"特殊企业"，是政府出资或控股的企业，自它产生的那一天起就是要代表国家的利益，全局的利益，实现社会经济效益而不以营利为目的。它是要通过资金的运用这一资产业务来积极地、主动地和强有力地调整利益驱动下的资金流动的不合理、不平衡，在优化货币资金自身资源配置的同时，优化其他社会资源和自然资源的配置，促进生产力的合理布局和产业结构的优化调整。

二、政策性金融机构资金运用的要求和特点

（一）政策性金融机构资金运用的基本要求

有着特殊使命的政策性金融机构不同于商业性金融机构，并因此决定了它的资金运用有着和商业性金融机构资金运用不同的基本要求，也就是说，要遵循特殊的经营方针。政策性金融机构资金运用的方针可以概括为"让小利取大利"。所谓"让小利取大利"是指为了国家的全局利益、为了国家经济金融的长远发展，而让出政策性金融机构自身的经济利益，让出银行的局部的小利益。这里的"小利"即指政策性金融机构自身的财务效益，"大利"即指国家的全局利益和长远利益。

政策性金融机构以"让小利取大利"为其经营方针是由它的性质和职能所决定的。首先，设立政策性金融机构就是为了弥补市场机制的不足。由于市场机制的运行使资金流向效益高的部门或产业，形成经济发展中资金分布不均衡，资源配置不合理，政策性金融机构作为政府的金融机构，要保证国民经济协调发展，就不能过分计较经营收益。其次，政策性金融机构作为政府经济管理的工具，为实现宏观经济社会发展目标和政策要求，向欠发达产业和地区输入资金，也决定了它不能追求盈利。政策性金融机构只有坚持"让小利取大利"，才能切实履行自己的职能，完成政策性金融机构不以自身的财务效益即盈利为经营目标，而是以社会效益和国民经济的整体效益为其经营目标的政策性任务。

（二）政策性金融机构资金运用的主要特点

1. 资金运用的指令性。

政策性金融机构的资金运用是为国家产业政策和区域发展政策服务的，它区别于商业性金融机构资金运用的最大的特征就是服务于国家政策导向，服从国家指令性计划，表现在它的贷款投向必须是国家确定的优先发展的产业、地区、项目配套资金，它的贷款规模、期限、利率服从国家对相关建设的计划需要。

2. 资金作用的补充性。

政策性金融存在的必要性和合理性，在于市场机制作用的不足与缺陷。当商业性金融机构提供融资的私人边际收益低于社会边际收益时，便会出现市场机制下供给之不足。解决这种正的外部性下资金配置市场选择的失灵正是政策性金融发挥作用的地方。政策性金融资金运用正是对市场机制对资源配置不足与失灵的弥补和矫正。政策性金融的资金投向就是对市场选择的"拾遗补阙"，或者说弥补市场失灵之不足。

3. 贷款利率和期限的优惠性。

政策性金融机构的资金运用在服从于国家政策导向的前提下，通过经济杠杆机制的作用和利益倾斜政策的支持来服务于贷款产业、地区和项目。贷款资金的"让利"就是经济杠杆，贷款资金的"优惠"就是利益倾斜。"让利"体现的至少是"保本微利"，"优惠"体现在资金提供及时、资金额度到位、贷款利率低和贷款期限宽松等特点。

4. 贷款行业的专门性。

由于政策性金融的资金投向是对市场选择的"拾遗补阙"的地位所决定的，政策性

金融的资金投向就不可能是综合性的、可自由选择的和全方位的，而一定是专门性的。市场机制作用不到的领域，或作用微弱的地方，就需要政策性资金的投入。这些领域往往表现为明显特殊的部门和地区，如基础产业和设施、进出口、农林渔业、中小（微）企业及特殊地区等，每个部门或地区对政策性金融机构的资金运用又各有特殊政策要求。可以说，政策性金融就是为了某一个或某类政策目标，需要组织专门的资金供给而设立的。政策性金融这种贷款的专门性特点还体现了管理上的需要，一是有利于高效正确地贯彻和实施国家对某一地区或行业的发展政策；二是由于政策性金融机构是政府设立或控股的金融机构，贷款的专业性特点有利于对其进行成本核算与管理。

5. 贷款资金弱的流动性。

由于上述特点，政策性金融机构资金运用表现出明显的流动性差的特点。流动性是指以最小的损失将资产转换成现金的难易程度。保持必要的、合理的流动性是金融机构生存与发展的决定因素。政策性金融机构贷款的流动性差主要表现在：第一，贷款期限长，中长期贷款数量比较大。第二，政策性贷款项目效益低，资金周转慢。第三，政策性贷款服务于政策性导向强，政策性金融机构自主调整贷款流向、期限以提高流动性的能力有限。

6. 资金投放面临较大的风险性。

资金投资面临较大的风险性主要表现在：第一，产业性风险。政策性金融机构资金投向基本上是商业性金融机构不愿涉足的低收益或根本无收益的弱质行业、产业或部门，而这些行业、产业或部门本身就是风险性的，这种风险性的收益是未来的、远期的，涉及国家长远利益的，而这种风险性的损失往往是即期的。第二，结构性风险。政策性金融机构不像商业性金融机构能够自主调整信贷结构，避免流动性风险，而是积极主动地服从于国家的信贷政策，在贷款的占用量、贷款的结构上都具有相对稳定性；贷款又具有行业的专门性和单一性，所以，一旦出现信贷风险，往往很难从结构上给予抵消和调整。第三，非担保性风险。政策性金融机构的信贷对象往往是支持老少边穷地区发展经济，或者是表现专门性特征的，比如农副产品收购、农业综合开发等等，绝大多数是贷款无担保，只能由政府信用承担。所以，风险管理的压力大。第四，政策性风险。政策性风险又称国家风险。由于政策性金融是为国家产业政策和区域发展政策服务的，其贷款的投向服从于国家产业政策，一旦国家产业政策有调整，相对其他商业性金融资金运用来说，风险性比较大。

第二节　政策性金融机构资产业务的内容

一、政策性金融机构资金运用的主要形式

政策性金融机构的资产业务主要包括贷款、投资和担保等形式。

（一）政策性贷款业务

政策性贷款业务是政策性金融机构的主要资产业务。它的含义是指建立在信用基础上的以偿还本金为基本前提条件的货币资金的投放行为，其特征是，一方面表现为以中长期贷款为主的贷款期限较长、额度大、风险高的批发性、资本性的贷款，另一方面表现为贷款利率的低息或贴息的优惠贷款。政策性金融机构的资产业务更多地表现为贷款业务，是因为贷款业务使政策性金融机构在贯彻落实国家政策性信贷意图时，在众多的申报符合国家政策性意图的项目中，具有一定的选择性。在选择性的择优放贷中，不仅能够激励接受贷款企业注重资金的使用效率，提高企业的经济效益，以保证贷款的如期偿还，与此同时，政策性金融机构也很好地贯彻了"让小利取大利"的经营方针。

政策性金融机构的贷款种类也有不同的分类。

1. 普通贷款和特别贷款。

按照贷款是否具有商业性的成分，可将政策性金融机构的贷款分为普通贷款和特别贷款。普通贷款指政策性金融机构承担的、一般商业性金融机构也可能发放的贷款。普通贷款体现了政策性金融机构作为金融企业的一般特征。这种贷款一般是政策性项目的辅助性、短期流动性贷款，所以是在一定的条件下、一定的额度内放款。特别贷款是指政策性金融机构发放的、一般商业性金融机构不能或不愿发放的贷款，这种贷款一般利息较低、期限长，体现了政策性金融机构贯彻国家经济与社会发展政策的特殊职能。

2. 直接贷款和间接贷款。

按照贷款是否通过政策性金融机构直接发放，可将政策性金融机构的贷款分为直接贷款和间接贷款。直接贷款是指政策性金融机构直接向政策性贷款项目发放的贷款。这种贷款的特点是直接明确了贷款对象，一般适合于产业开发和地区经济的开发项目。大多数政策性金融机构都采用直接贷款方式，如日本开发银行、美国联邦土地银行、韩国开发银行、印度土地开发银行等都采取这种方式。间接贷款是指政策性金融机构不直接向政策性贷款对象发放贷款，而是将资金"批发"给其他金融机构，由其他金融机构根据确立的政策性贷款用途和对象发放贷款，是一种通过其他金融机构转贷或委托贷款。如美国联邦中期信贷银行充当农业信贷的批发商，它把资金批发给400多家生产信贷协会、农业信贷公司和商业银行，再由这些机构发放给贷款对象；美国联邦住房贷款银行的贷款也是通过其会员机构转贷给借贷者。此外，政策性金融机构还可以同时采取直接贷款和间接贷款两种形式发放贷款。如日本中小企业金融公库、农林渔业金融公库，在1987年度的直接贷款额占52.2%，间接贷款额占47.8%。

3. 独立贷款和联合贷款。

按照政策性金融机构在贷款项目中所占的贷款比例，可将政策性金融的贷款分为独立贷款和联合贷款。独立贷款是政策性金融机构独家为一个项目发放贷款。联合贷款（又称银团贷款、协议贷款），是政策性金融机构联合其他金融机构共同为某一项目发放的贷款。一般情况下，能够联合其他金融机构共同贷款的，就不采取独立贷款的形式。政策性金融机构贷款在项目贷款中所占的比例的大小，表示政府对该项目或行业的支持程度。为了保证政策性贷款项目的顺利实施，政策性银行一般在联合贷款中充当领导角色，发挥领导者与组织者的作用。例如，日本进出口银行的贷款活动，原则上要求和其他银行进行协调融资（联合融资），而且进出口银行的融资比例一般在70%以内。

另外，政策性金融机构的贷款业务，根据政策性金融机构从事的专业领域不同，还可分为出口信贷、进口信贷、产业开发贷款、高新技术贷款和农业贷款等，并各归属于不同的政策性金融机构的贷款种类。

（二）政策性投资业务

政策性投资业务是指政策性金融机构对所支持的政策性对象直接投入资金或通过购买其发行的有价证券等形式注入资金。投资是使某些需要优先发展和重点发展的行业及部门得到必需的资金支持的最有效的和最直接的方式。由于不同的国家对经济的干预程度不同，政策性金融机构采取投资方式的必要性和程度也不同。一般来说，市场经济发达的国家采取投资方式相对较少，如美国；而重视政府对经济的干预的发展中国家采取投资方式相对较多。一般来说，从事投资活动的主要是开发性政策性金融机构。投资业务的主要方式有如下几种类型：

1. 股权投资和证券投资。

政策性金融机构的投资业务按照对被投资公司或项目的政策意图，可分为股权投资和证券投资。股权投资一般是指政策性金融机构用于为贯彻政府政策意图而有必要进行控制的行业或企业的直接投资。因为有股权才能对该行业或企业的大政方针及其发展起着操纵作用，拥有股权的多少也决定控制程度的高低。当然，政策性金融更多的不是为了控制，所以大多采用的是证券投资。证券投资是政策性金融机构对符合政府产业政策和地区发展政策的企业所发行的中长期公司债券进行认购，目的是为了满足企业的资金需要，特别是公司创立时对资金的需要。在公司发展成熟时，政策性金融机构可将债券变卖，收回投资。政策性金融机构进行股权投资和证券投资，是一种过渡性、暂时性和诱导性的手段，而不是出于持股或盈利的目的。

2. 独资或合资参股。

政策性金融机构的投资业务按照投资额的多少不同，可分为独资或合资参股等形式。一般来说，能够吸引社会资本投入的，就不采取独资的方式，政策性金融机构更多的是采取合资参股方式。在合资参股中，政策性金融机构出资比例的大小，表示政府对该行业或项目的政策支持程度，并通过出资比例的大小调节需要政策支持的行业和项目的资金投入量。

（三）政策性担保业务

政策性担保业务是指政策性金融机构对其他商业性金融机构所发放的符合政策意图的贷款给予偿还性保证，同时还对业务对象的债务偿还进行保证。当借款人或债务人到期无力偿还贷款和债务时，由政策性金融机构负责偿还全部或部分贷款或债务。政策性金融的担保业务实质是政策性金融机构为需要政策支持的客户所提供的一种信用保证业务。

政策性金融机构之所以比其他商业性金融机构更重视担保业务，是因为政策性金融机构的本职任务就是对其从事的政策性领域，组织更多的资金供给和资金融通，促进这些领域加快发展。要完成这一任务，一种方式就是对所支持的政策性领域或项目直接发放贷款和投资，但政策性金融机构的资金运用也是有限的。为解决政策性金融机构资金不足的矛盾，另一种方式就是为所支持的政策性领域或项目创造和提供更好的融资便利条件，为政策性扶持对象广辟财源使其能够筹措到充足的发展资金。担保业务作为政策性金融机构对其所支持的领域或项目融通资金提供信用保证，就为这些领域和项目提供了更好的融资便利条件。政策性金融机构从事担保业务的意义还在于，由于有政策性金融机构的信誉保证，转移了贷款风险，改善了政策性金融支持对象的融资地位和条件，对那些商业性金融机构从事政策性信贷给予了刺激、鼓励和支持，从而以较少的资金推动和吸引更多的资金流向政策性融资项目，达到"四两拨千斤"的事半功倍的效果。例如，日本开发银行、进出口银行、美国进出口银行、法国外贸银行等都开展担保业务。

比较其他商业性金融机构，政策性金融机构之所以在开展担保业务时更有其独特的优势，是因为政策性金融机构是政府的企业或政府支持的企业，几乎不存在信用违约问题，或者说有政府信用作保证，它的一切债务和活动都是由政府保证的。政策性金融机构这种信用地位和实力，更容易被融资者所接受，效率也更高。

1. 政策性金融机构提供的保证的方式。

政策性金融机构提供的保证的方式主要是一般保证和连带责任保证。一般保证是指当事人在保证合同中约定，债务人不能履行债务时，由保证人承担保证责任。一般保证的保证人在主合同纠纷未经审判或者仲裁，并就债务人财产依法强制执行仍不能履行债务前，对债权人可以拒绝承担保证责任。连带责任保证是指当事人在保证合同中约定保证人与债务人对债务承担连带责任。连带责任保证的债务人在主合同规定的债务履行期届满没有履行债务的，债权人可以要求债务人履行债务，也可以要求保证人在其保证范围内承担保证责任。

2. 政策性担保业务的种类。

政策性金融机构的担保业务几乎覆盖了一般担保业务的所有种类，所不同的是政策性金融机构的担保业务所保证的标的必须符合政策性金融支持的要求。主要的担保业务类型有：（1）筹资担保。筹资担保是指应所支持的领域筹资人的要求，向贷款人或出资人出具的书面保证，保证借款人在无力偿还贷款本息或所发行的公司债券时，由政策性银行无条件履行付款责任的行为。（2）出口信贷担保。出口信贷担保是指应出口商的要求，给为出口商办理贷款的商业银行提供的担保。保证当出口商无法偿还贷款本息时，由担保行代为偿还的保证行为。（3）租赁担保。租赁担保是指在对外租赁中应所支持领域承租人的要求，为出租人开出的保证承租人按规定支付租金的书面文件的行为。（4）预付款担保。预付款担保是指在进出口贸易和对外承包工程中，为国外进口商或项目业主提供的在得到部分定金或预付款后按要求履行的保证。（5）付款保证。付款保证是指应进口方要求，为国外出口方提供的在出口方按规定交付货物和开立了必备的单据，比如跟单票据后，保证进口方按规定履行部分或全部付款义务的保证行为。（6）延期付款担保。延期付款担保是指在进出口贸易中采用分期付款方式的情况下，为外商提供的进口方按合同规定履约的保证。（7）透支担保。透支担保是指为对外工程承包商和在外派出机构在当地开立银行透支账户而进行的担保。（8）投标担保。投标担保是指在对外工程投标或招商投标中，为招标人提供的为了防止投标人中标后不签合同或提出其他变更要求的保证。（9）承包工程担保。承包工程担保是指在对外工程承包中，应承包人的要求，为国外项目业主提供的承包人按质按量按期履行合同规定的保证。（10）加工装配进口担保。加工装配进口担保是指在进口来料加工再出口中，为外方提供的为防止进口加工方不能按要求履约的保证。

除以上主要担保类型之外，政策性金融机构的担保业务按不同的条件还可有不同的分类。例如，按币种不同可以分为外币担保和本币担保，按境内外不同又可以分为对外担保和对内担保等。

（四）政策性金融机构的其他业务

政策性金融机构的资金运用，除开展贷款业务、投资业务和担保业务外，通常还采用诸如贴现与再贴现、利息补贴、信用保险等业务方式开展业务活动。

二、我国政策性金融机构的资金运用业务

我国政策性金融机构提供政策性资金支持的服务领域具有鲜明的专门性特点，在资金运用上有各自的特定要求。除了贷款业务是三家政策性银行共同具有的主要的资产业务外，还各有侧重地开办有投资业务、担保业务和其他的保险、咨询、结算等业务。

（一）国家开发银行的资产业务

国家开发银行的资产业务主要是在贷款业务，同时包括少量的投资业务，表现出资产业务的单一性。

1. 贷款业务。

国家开发银行的贷款业务是指国家开发银行根据政府的意图，以优惠的条件向现阶段经济效益比较低，建设用期长，国家又急需发展的项目发放的贷款。国家开发银行政策性贷款的对象是国家批准立项的基础设施、基础产业和支柱产业大中型基本建设、重大技术改造、高新技术产业化项目和其他项目建设等政策性项目及其配套工程。其中，基础设施项目包括农业、水利、铁道、公路、民航、城市建设、电信等行业，基础产业项目包括煤炭、石油、电力、钢铁、有色、黄金、化工、建材、医药、森工等行业，支柱产业项目包括石化、汽车、机械（重大技术装备）、电子等行业中的政策性项目。其他行业项目包括环保、轻工纺织等行业政策性项目。这些都是国民经济发展的重要部门，国家开发银行对此给予了最大的资金支持，每年投向"两基一支"的贷款都在90%以上。大中型国家重点建设项目，由于资金需求量大，周期长；一般商业银行不可能涉足，国家开发银行在此发挥了独特和不可替代的作用。

（1）贷款业务的种类。

国家开发银行的贷款种类按照信贷资金来源不同可划分为硬贷款和软贷款。其中，硬贷款又包括基本建设贷款、技术改造贷款和设备储备贷款，软贷款包括股本贷款和特别贷款。除此之外，还有人民币贷款和外汇贷款以及其他种类贷款。

①硬贷款。硬贷款是指国家开发银行利用借入资金（包括向国内外金融机构发行的金融债券和利用外资）发放的贷款，它包括基本建设贷款、技术改造贷款和设备储备贷

款。基本建设贷款是指国家开发银行利用借入资金对国家政策性支持的基础设施、基础产业和支柱产业所发放的贷款。技术改造贷款是指国家开发银行利用借入资金对国家批准的基础设施、基础产业和支柱产业中的政策性技术改造项目以及急需国家扶持的重点技术改造项目所发放的贷款。设备储备贷款是指对已列入开发银行年度贷款计划，并已签订借款合同的在建项目，以及与开发银行贷款项目相关的信誉好、效益好，有市场需求和还贷能力的建设项目，由于工程储备设备需求与信贷计划安排中发生的时间差等原因形成的短期性用款需求而发放的贷款。

②软贷款。软贷款是指国家开发银行以其注册资本金和中央财政安排的经营性建设基金及专项建设基金和资金，以长期优惠的方式发放的贷款。包括股本贷款和特别贷款。股本贷款是指国家开发银行基于政府的政策意图，按照项目配股的需要，贷给国家控股公司和中央企业集团，由这些公司、企业集团对项目参股、控股的贷款。特别贷款是指国家开发银行根据国家产业政策和发展规划，对不宜通过国家控股公司和中央企业集团参股、控股而又需要扶持的项目直接发放的贷款，也是主要用于国家批准建设的基础设施、基础产业和支柱产业的重点建设项目及其配套工程的贷款。

③人民币贷款和外汇贷款。人民币贷款即以人民币为贷款币种的基本建设贷款、技术改造贷款和设备储备贷款。外汇贷款分为外汇固定资产贷款、外汇流动资金贷款（含外汇搭桥贷款）。国家开发银行外汇贷款主要用于我国大型重点项目引进国外先进技术，例如三峡水利枢纽工程、岭澳核电站和沈阳桃仙机场建设等。这些贷款主要是为了满足项目单位中长期的基本建设资金需求。

④其他种类贷款，例如农业贷款、林业环保贷款、交通贷款、煤炭石油贷款、电力贷款、原材料贷款、机电轻纺和军转民贷款等。

（2）贷款业务的期限。

贷款期限是指从借款合同生效之日起到借款单位全部还清贷款本息止的时间。国家开发银行的人民币贷款分为短期贷款（1年以下）、中期贷款（1~5年）、长期贷款（5年以上），贷款期限一般不超过15年。特别贷款的贷款期限一般不超过10年，最长不超过15年。外汇贷款的期限根据银行筹资方式、项目的具体情况，与借款人协商确定。对大型基础设施建设项目，根据行业和项目的具体情况，贷款期限可适当延长。短期贷款的展期期限不得超过原贷款项目期限，其中，设备储备贷款不办理展期，中期贷款的展期期限不得超过原贷款期限的一半，长期贷款的展期期限最长不得超过3年。

（3）贷款业务的利率。

国家开发银行执行中国人民银行统一颁布的人民币贷款利率规定。例如基本建设贷款的贷款利率按中国人民银行的规定执行，贷款利息按年计收，每年9月20日为年度结息日。外汇贷款利率分为现汇贷款利率、境外筹资转贷款利率、外汇储备贷款利率。现汇贷款利率是根据中国人民银行的有关规定，参照中国银行公布的不同期限外汇贷款利率和同业水平确定的，可采用固定利率和浮动利率。境外筹资转贷款利率是由国外贷款协议规定的利率加一定转贷利差组成的。外汇储备贷款利率是由中国人民银行规定的有关利率加一定转贷利差组成的。境外筹资转贷款和外汇储备贷款除按上述利率收取利息外，还收取国外贷款协议所规定的各种费用。转贷利差根据贷款类别、借款人资信、项目情况、贷款金额、贷款期限等因素的不同而定。

2. 投资业务。

为拓展资产业务，为企业拓宽融资渠道，国家开发银行探索新的投资业务，开展基金投资和基金管理，以及支持国企改造，实施债权转股权的工作。

（1）基金投资与基金管理。1998 年 1 月 16 日，国家开发银行与瑞士联邦对外经济部共同出资设立了中国第一家中外合作产业投资基金——中瑞合作基金。受中瑞合作基金委托，国家开发银行作为基金管理人，提供投资顾问、投资管理及会计和行政管理等服务。1999 年，中瑞合作基金成功地投资于首家企业——泰州威德曼高压绝缘有限公司，完成了一批项目的前期开发、评估、准备工作，并逐步将投资范围扩大到中德合资企业。中瑞合作基金这种以中外合资产业投资基金形式引进外资、技术及管理经验的管理运作模式，为探索和促进中外企业间的合作与交流起到了积极的示范作用。

（2）为落实中央支持国企脱困、促进国企改革发展的精神，国家开发银行曾经自1999 年 6 月开始实施债权转股权工作。

3. 其他业务。

除贷款业务和少量的投资业务外，国家开发银行还开展了一些中间业务。一是外汇保函与信用证业务，支持中方公司因从国外购买设备而发生的借贷。二是咨询服务业务，围绕由其贷款的基础设施项目，积极探索运用资本市场工具，为一批客户提供融资、改制、重组、购并等咨询的系列服务。

（二）中国进出口银行的资产业务

中国进出口银行的资产业务表现为国家政策支持的进出口服务的各类出口信贷业务以及担保等其他业务。

1. 出口信贷业务。

出口信贷业务（包括卖方信贷和买方信贷）是指一国政府为了支持和扩大本国资本性货物的出口，通过提供信贷担保和给予利息补贴的办法，鼓励本国银行对本国出口商和外国进口商或进口方银行提供利率较低的中长期贸易融资，以解决本国出口商资金周转的困难，或满足国外进口商对本国出口商支付货款需要的一种国际信贷方式，它是出口商在本国政府支持下争夺国际销售市场的一种手段。出口信贷的特点一般有五个，分别是：出口信贷金额大、期限长、风险大；出口信贷的发放与保险结合；出口信贷的利率一般低于相同条件资金贷放的市场利率，利差由国家补贴；需国家成立专门的出口信贷机构制定政策、管理与分配信贷资金；出口信贷有指定用途。中国进出口银行这一政策性金融机构的设立正是出口信贷业务特点和需求的体现。

（1）卖方信贷。

卖方信贷是指在大中型机电产品与成套设备贸易中，为支持出口商对外国进口商以延期付款方式出口技术设备，出口商所在地的银行对出口商提供的中长期贷款。

贷款对象：具有法人资格，经国家有关部门批准有权经营机电产品和成套设备出口的进出口企业或生产企业。

贷款范围：卖方信贷主要用于支持机电产品和成套设备的出口。因此，贷款范围包括：①符合贷款条件的船舶、飞机、通信卫星、电站等成套设备以及其他机电产品的出口项目，均可申请使用出口卖方信贷，其每项出口合同的金额原则在 50 万美元以上。②出口商品在中国制造部分所占的比例要符合我国出口原产地规则等有关规定。③进口商以现汇即期支付的比例，原则上在船舶贸易合同中应不低于合同总价的 20%，在其他机电产品和成套设备贸易合同中不低于合同总价的 15%。

贷款金额、期限和利率的规定：贷款金额最高不超过出口成本总值减去定金和企业自筹资金。贷款期限从签订借款合同之日起至还清贷款本息日止，最长一般不超过 10 年（含宽限期）。人民币贷款利率根据中国人民银行有关规定确定。外汇贷款利率由中国进出口银行根据在国际资本市场上筹措资金的成本加银行管理费确定。

由于受经济发展水平和出口企业融资能力的影响，目前我国出口信贷仍以卖方信贷为主。为了适应国际经济贸易形势的变化和外贸企业的融资需要，中国进出口银行在卖方信贷项目贷款的基础上，陆续开发出中短期额度贷款、对外承包工程贷款、境外带料加工贷款、海外投资项目贷款等业务品种。

（2）买方信贷。

买方信贷是指出口国银行为支持本国商品的出口，向国外进口商或进口方银行提供的一种贷款，具体分为两种情形：一是由出口国银行直接向外国进口商提供贷款；另一种是由出口方银行向进口方银行提供贷款，再由进口方银行进行转贷，然后进口商用该笔贷款向出口商进行现汇支付的行为。

贷款对象：经中国进出口银行认可的国外进口商或进口方银行。出口商应是在我国境内注册，有外贸经营权的企业。

贷款范围：贷款必须用于国外进口商购买中国境内的成套设备、船舶及其他机电产品。

贷款条件：①贸易合同金额不低于 100 万美元。②出口商品在中国境内制造部分，成套设备及普通机电产品一般应占 70% 以上，船舶应占 50% 以上。③进口商定金支付的比例，船舶合同一般不低于合同金额的 20%，成套设备和其他机电产品合同一般不低于合同金额的 15%。④使用出口买方信贷的贸易合同必须符合进出口双方国家的有关法律，获得双方国家有关部门批准，并取得进口国外汇管理部门同意按借款协议规定汇出全部借款本息及费用的文件。⑤出口商必须投保出口信用险。

贷款金额：船舶不超过贸易合同总价的 80%，成套设备及其他机电产品一般不超过贸易合同金额的 85%。

贷款期限：最长期限可达 10 年。

贷款利率：中国进出口银行的出口买方信贷利率是参照经济合作与发展组织（OECD）的利率水平由借贷双方商定的。中国进出口银行办理出口买方信贷收取管理费和承担费。

（3）福费廷。

福费廷是一种以无追索权形式为出口应收账款的汇票进行贴现的金融服务。它是出口信贷的一种发展形式。具体做法是：在延期付款的国际贸易中，出口商把经进口商承兑的，期限在半年以上到 5~6 年的远期汇票，无追索权地售予出口商所在地的银行或大金融公司，由此提前取得现款的一种资金融通方式。福费廷有助于出口商向进口商提供延期付款的时间信用，却又不增加出口商的风险。

业务对象：一般来说，凡是正常贸易出口的项目均可使用福费廷方式融资，但目前中国进出口银行所做的福费廷业务主要对象为机电产品和成套设备的出口项目。

申请办理福费廷业务应具备以下条件：①贸易合同的金额不低于 50 万美元。②贸易合同的延付期限应在 90 天以上。③贸易合同必须符合贸易双方国家的有关法律规定，取得进口国外汇管理部门的同意。

贴现率、期限及费用：贴现的计算方法是半年复利贴现法。福费廷业务的承诺期一般为 6 个月，宽限期一般为 7 天。承担费的收取按照贴现票据面值及承诺的实际天数乘以承担费率来计算，公式为：承担费 = 票据面值 × 承担费率 × 承诺天数/360。适用于福费廷业务的票据主要有银行本票、商业汇票、银行保函、信用证、备用信用证。

2. 其他业务。

（1）出口信贷担保业务。

出口信贷担保是出口信用保险机构在办理保险的同时，应出口商要求向银行开具无条件的，有时甚至是百分之百的还款保函。这种在出口信用保险基础上办理的，以融资银行为受益人的保函，通常称为出口信贷担保。中国进出口银行为了实现鼓励出口，特别是机电产品、成套设备等高附加值、高技术产品的出口，开展了以外汇担保为主的对外保函业务，具体可分为投标担保、履约担保、预付款担保、补偿贸易担保、融资租赁担保、借款担保、贸易项下的延期付款担保和其他外汇担保业务。

（2）援外优惠贷款

援外优惠贷款是指在中国政府与受援国政府签订的优惠贷款框架协议下，进出口银行对有经济效益的生产性项目、可带动中国机电产品和成套设备出口的项目，以及双方政府同意的社会福利项目提供的贷款。对外优惠贷款的受援国应是有偿还能力的国家。贷款金额不超过框架协议确定的限额，期限最长不超过 15 年，年利率为 2%~5%。援外优惠贷款的贷款方式一般采取以下两种形式：一是通过受援国政府或其指定的金融机构转贷，二是直接贷款给用款企业。

（3）外国政府贷款转贷业务。

外国政府贷款是有关国家政府或其相关金融机构向我国政府提供的优惠援助贷款，具有金额大、期限长、利率优惠、贷款条件限定等特点。目前，进出口银行负责转贷的外国政府贷款有外国政府优惠贷款、北欧投资银行贷款，以及外国政府提供的优惠贷款或赠款与外国银行或其他金融机构提供的出口信贷或商业贷款组成的混合贷款等。外国政府贷款的转贷对象为中国境内的企（事）业法人或政府部门，贷款通常用于贷款项目商务合同项下的资本性货物的采购和购买技术及服务，如果经中外双方协议约定，也可用于项目建设期内贷款利息及费用的支付。

（三）中国农业发展银行的资产业务

农发行资金运用的重点是农副产品收购资金贷款，保证以粮棉油为主的农副产品收购资金的封闭运行和良性循环。

1. 贷款业务。

（1）以粮棉油为主的农副产品收购资金贷款。

农发行发放的农副产品收购资金贷款，从用途上看，是指一种用于粮棉油流通环节的流动资金的政策性贷款。贷款的对象，是指在农发行开立账户的承担国家农副产品收购任务的企业，主要包括国有粮、油经营公司及基层粮、油收购企业，供销社系统各级棉花收购经营公司及基层收购企业以及其他企业。未承担国家农副产品收购任务的其他企业不属于政策性贷款支持的范围。农发行的信贷营运主要采取封闭式运行管理机制，实现粮棉油政策性信贷资金封闭运行。一是信贷资金的活动必须限定在粮棉油政策性经营活动范围之内；二是信贷资金必须在承担粮棉油政策性金融业务的农业发展银行体系内流动；三是信贷资金的投入必须有相应的政策性粮棉油库存量；四是粮棉油政策性商品的销售，其实现价值要流回农业发展银行。

农副产品收购贷款分为收购贷款、储备贷款和销售结算贷款。①收购贷款是为满足收购企业收购资金不足而发放的贷款，用于农副产品的收购，包括合同定购和市场收购两部分。收购贷款额度根据收购所需实际资金确定。收购贷款的期限一般根据收购的农副产品的库存期决定。收购贷款的利率实行优惠利率。②储备贷款分为一般储备和专项储备贷款。专项储备又可分为国家专项储备和地方专项储备贷款，以下着重叙述专项储备贷款的管理。专项储备贷款是为满足国家和地方农副产品专项储备合理资金需要而发放的贷款，它对实行"以丰补歉，储粮备荒"，保证农副产品的均衡供应有着重要的意义。为了保证完成国家的专项储备计划，又不积压资金，专项储备贷款必须与储备数量挂钩，随着储备数量的增加与减少，贷款也相应地增加和减少。专项储备贷款的期限与储备期相适应，一般不超过 12 个月。专项储备贷款的利率实行优惠利率。③销售结算贷款是为支持因调销在途粮、棉、油的合理资金的需要而发放的贷款。根据因运销而在途的粮、棉、油的数量和时间，确定贷款的额度和期限。商品销售后及时结算，归还贷款。

农发行以粮棉油为主的农副产品收购贷款业务呈现出如下特点：①投向严格限定。只能用于在农发行开户的企业对粮棉油收购、调销和储备的合理资金需要。②投量足额保证。农发行收购资金贷款的发放，必须遵循"收多少粮食，发放多少贷款"的原则，对于粮棉企业各种正常的商业赊销业务，在符合国家政策和银行信贷管理规定的前提下，必须及时、足额提供相应的贷款予以支持。尤其是在收购环节，农发行必须执行国家的粮棉购销政策，对列入保护价收购范围的粮食收购资金需要，必须及时、足额保证供应。对其他退出保护价收购范围的粮食品种以及实行优质优价的粮食，也要按照"以销定贷、以效定贷"的原则积极予以支持。③贷款条件优惠。按法定利率不上浮。贷款期限宽松，可多次办理展期。④财政补贴支持。财政补贴是农发行收购资金贷款利息收入的重要来源。从全国来看，全部粮食收购资金贷款 2/3 以上的利息来自财政补贴。

（2）其他贷款种类。

农发行还通过优化信贷结构，开展了其他多种形式的贷款业务。例如，为了解决借款人在农田水利基本建设和改造、农业生产基地开发与建设、农业生态环境建设、农业技术服务体系建设等方面的资金需求而发放的农村基础设施建设和农业综合开发贷款，为支持农业、林业、畜牧、渔业、水利等领域的新品种、新技术、新设备、新产品等科技成果的转化和产业化而发放的农业科技贷款，为农、林、牧、副、渔业从事种植、养殖、加工、流通的各类所有制和组织形式的小企业发放的农业小企业贷款，以及针对粮食加工企业、油脂加工企业的粮油加工企业贷款，等等。

2. 其他业务。

其他业务主要是开办一些银行类中间业务，包括支付结算类业务、代理保险业务、代收代付业务、委托贷款业务、银行承兑汇票业务、保函业务等。

（四）中国出口信用保险公司的保险产品业务

中国信保的出口信用保险业务，按出口合同对进口方的信用放账期不同，可分为短期出口信用保险和中长期出口信用保险。一般情况下，短期出口信用保险保障信用期限在一年以内的出口收汇风险，中长期出口信用保险保障信用期限在一年至十五年的出口收汇风险。短期出口信用保险的保险对象主要是出口商，中长期出口信用保险的承保对象则主要是银行或金融机构。为了分担我国出口企业从事对外贸易的风险，开拓国际市场，在贸易领域中更具竞争力，中国信保目前主要提供如下保险产品和服务业务：

1. 短期出口信用保险。

短期出口信用保险适用于出口企业从事以信用证（L/C）、付款交单（D/P）、承兑交单（D/A）、赊销（OA）结算方式自中国出口或转口的贸易，承保的风险包括商业风险和政治风险，损失赔偿比例：①由政治风险造成损失的最高赔偿比例为90%。②由破产、无力偿付债务、拖欠等其他商业风险造成损失的最高赔偿比例为90%。③由买方拒收货物所造成损失的最高赔偿比例为80%。

2. 中长期出口信用保险。

中长期出口信用保险通过承担保单列明的商业风险和政治风险，使被保险人得以有效规避以下风险：出口企业收回延期付款的风险，融资机构收回贷款本金和利息的风险。中长期出口信用保险具有以下特点：①以保本经营为原则，不以盈利为目的。②政策性业务，受国家财政支持。

3. 投资保险。

投资保险一般是由国家出资经营或由国家授权商业保险机构经营的政策性保险业务。投资保险通过向跨境投资者提供中长期政治风险保险及相关投资风险咨询服务，积极配合本国外交、外贸、产业、财政、金融等政策，为跨境投资活动提供风险保障，对保单项下规定的损失进行赔偿，支持和鼓励本国投资者积极开拓海外市场，更好地利用国外的资源优势，以达到促进本国经济发展的目的。

4. 国内贸易保险。

国内贸易信用保险服务的对象包括在中华人民共和国境内依法成立的企业法人和其

他组织。国内贸易信用保险可以弥补在国内贸易过程中，因买方破产或买方拖欠货款而遭受到的应收账款损失，可以有效化解国内贸易应收账款的风险，帮助合理选择贸易伙伴，减少坏账准备，拓宽融资渠道，提升信用风险管理水平。

5. 担保业务。

担保业务服务于国内出口企业和提供出口融资的银行，旨在为企业提升信用等级，帮助企业解决出口融资困难。在出口贸易、对外工程承包和海外投资项目中，出口商或工程承包商按照有关合同履行合同约定的义务，中国信保作为担保人向交易的另一方或银行出具保函/保证合同，承诺在出口商或工程承包商未能履行合同约定时，由中国信保按照保函/保证合同的约定履行责任。

6. 资信评估。

资信评估业务是面向国内外客户提供资信产品及信用与风险管理解决方案，为客户提供质量稳定可靠的各类专业资信调查报告、行业分析报告、信用评级与风险管理咨询服务，满足各类企业对投资、经营和管理中的风险进行防范的需要。

7. 信用保险贸易融资业务。

信用保险贸易融资业务是指销售商在中国信保投保信用保险并将赔款权益转让给银行后，银行向其提供贸易融资，在发生保险责任范围内的损失时，中国信保根据《赔款转让协议》的规定，将按照保险单规定理赔后应付给销售商的赔款直接全额支付给融资银行的业务。

第三节　政策性金融机构资产管理

政策性金融机构的资金运用和作用的发挥，正是政策性金融贯彻政府意图和实现政策性经营目标的本质所在。因此，如何合理地配置政策性资金资源，科学规划资金投向，优化信贷资产结构，防范政策性金融资金运用的风险，提高政策性金融资金的使用效率，就成为政策性金融机构资产管理的重要内容。

一、政策性金融机构资产管理的一般原则

政策性金融机构资产管理是指政策性金融机构对其资金运用的管理。政策性金融资产管理和政策性金融资金运用是一个问题的两个方面，目的都是要在政策性金融机构的性质、职能与经营方针的指导下，实现国家政策性金融的目标。政策性金融机构作为政府出资设立或控股的特殊的金融机构，一方面它的资金运用要贯彻政府的政策意图，决定它必须遵循政策性原则；另一方面它以金融企业形式存在，决定它必须贯彻安全性、流动性和效益性原则。因而政策性金融机构的政策性宗旨和金融企业属性，决定了政策性金融机构资产管理的一般原则应该是政策性、安全性、流动性和非主动竞争性盈利四个方面的有机统一。如果忽视或抛弃"四性"原则，政策性金融机构就不成为"特殊的金融企业"，也谈不到其经营发展目标。

（一）"四性"原则的内容

1. 政策性原则。这体现了政策性金融机构追求社会效益的本质要求，也是政策性金融机构经营管理的前提。所谓政策性原则，是指政策性金融机构在一切经营活动中，要以国家政策为导向，以强位弱势群体为服务对象，始终服从和贯彻国家的产业政策、区域发展政策、外经贸政策等，并为这些政策的实施服务。政策性原则主要表现为对强位弱势对象的金融倾斜和扶植上，重点是坚持为弱势产业、弱势地区、弱势领域、弱势群体服务的方向。否则，就不能称为政策性金融机构，也就和商业性金融机构没有什么区别了。当然，这并不意味着政策性金融机构只是被动地为政策项目提供资金，而是要积极地参与项目的决策，使国家的信贷政策与产业政策相互衔接。政策性金融机构通常是通过其贷款投向、贷款期限和贷款利率的安排来具体体现国家政策的要求的。

2. 安全性原则。安全性原则是指政策性金融机构的资产免遭损失的可靠性程度。安全性原则要求保证政策性金融机构的资产安全，顺利收回本息。政策性金融机构和商业性金融机构尽管在经营目标上大不相同，但二者在注重资产安全上是一致的。在业务经营中，都要首先确保信贷资产的安全性，确保信贷资金的完整回归。贯彻安全性原则的核心，就是要通过建立健全信贷风险监测、控制机制和补偿保障机制，尽可能地减少和防范风险。防范风险、稳健经营也是政策性金融机构经营的生命线。首先，由于政策性金融机构经营的一般是低盈利、高风险项目，因此，更要注重风险的防范和控制，确保资产的安全；其次，政策性金融机构的资金来源相当部分是负债，需要按期偿还，偿还的前提是这些资金在运用过程中要保持其完整的价值形态，能够安全无损、正常周转、到期如数收回。为此，政策性金融机构应设置必要的风险准备金，且比率应高于商业性金融机构。

3. 流动性原则。尽管政策性金融机构的贷款期限一般较长，流动性不强，但是资金的正常流动，资金循环正常，资金使用效率提高，才能使政策性金融机构及时发挥其应有的作用。因此，政策性金融机构在业务经营中，要考虑资产和负债的合理搭配，保证资金有一定的流动性。

4. 非主动竞争性盈利原则。非主动竞争性盈利原则是指政策性金融机构在业务经营活动中，既要追求社会效益，又要取得自身效益，实现非主动竞争性盈利。社会效益体现了政策性原则，是指政策性金融机构的融资活动对社会经济发展所作的贡献，它是政策性金融机构追求的目标；自身效益是指政策性金融机构通过融资活动自身获得的经济收益，即财务效益。政策性金融机构具有政策性和金融性双重属性。政策性要求政策性金融机构讲政策，不以盈利为经营目标，但不以盈利为经营目标并不意味着不能盈利、只许亏损。政策性金融机构的金融性或企业性要求它必须讲利润，讲效益（指自身的财务效益），这是政策性金融机构自我发展的需要，但这种盈利应该是坚持不主动与商业性金融机构争利的非竞争性盈利原则。只要商业性金融机构有能力而且有意投身于政策性投融资活动，尽管该融资项目有利润或利润很大，政策性金融机构也要"先人后己"，不主动参与竞争，否则就有悖于政策性金融制度创立的初衷，也有悖于市场经济公平竞争的法则，因为政策性金融机构享有国家信用和其他隐性、显性的政策支持和保障。依靠这些显性的或隐性的优惠待遇去主动同商业性金融机构竞争盈利，商业性金融机构一定是竞争不过政策性金融机构的，这种经营行为一定是不公平的，也明显是不合理的。所以，政策性金融机构既要讲政策，又要讲财务效益。执行政策是前提，是首要任务；实现财务效益是基础。没有执行政策的宏观前提，实现财务效益就脱离了方向；没有实现财务效益的微观基础，政策性金融机构的经营就难以为继，执行政策就得不到保障。

（二）政策性、安全性、流动性和非主动竞争性盈利的关系

政策性、安全性、流动性和非主动竞争性盈利的有机结合，构成了政策性金融资产管理的基本原则，四者相辅相成、缺一不可。它们之间的关系是：政策性是前提，是出发点，安全性是保障，非主动竞争性盈利和一定的流动性是基础，这些都是政策性金融机构可持续发展的必要条件。因为离开政策性就违背了政策性金融机构的性质、任务和宗旨，业务经营就失去了方向；而离开了安全性、非主动竞争性盈利和一定的流动性，政策性金融机构就失去了存在和发展的基础。所以，政策性金融机构应该在确保完成政策性目标和任务的前提下，力求最高的安全性，实现最大的非主动竞争性盈利。

二、政策性金融机构资产管理的基本内容

（一）建立科学的政策性金融资金投放导向机制

1. 确定政策性金融资金投放的领域

所谓确定政策性金融资金投放的领域，就是指对政策性金融机构资产业务范围的明确界定，避免政策性金融同商业性金融形成业务竞争，把握政策性金融的正确方向。为了实现政府宏观调控意图，政策性金融机构资产业务的主要领域包括以下方面：

（1）基础设施、基础产业和支柱产业大中型基本建设、重大技术改造、高新技术产业化项目及其配套项目，环保、轻工和纺织等行业的资金需求项目。这些产业、项目和部门都是国民经济发展的重要基础和支撑，但由于资金需求量大，周期长，见效慢，短期盈利不确定，商业性金融机构一般不愿涉足或不可能涉足，必须由政策性金融给予支持。

（2）农业部门和主营农副产品收购、储备的部门。由于农业部门的资金有机构成不高，劳动效率较低，其平均利润率大大低于制造业等部门，尤其是我国农业部门的生产技术条件较为落后，靠天吃饭的依赖性较强，来自自然的风险性较突出，因此，政策性金融补偿商业性金融的缺位显得十分必要。另外，由于农副产品的收购与储备资金占用量大，周转速度慢，所以，由政策性金融提供农副产品收购资金贷款，以缓解其资金压力，保证农民收入的兑现，具有极强的政策意义。

（3）大中型资本性、成套设备的出口项目。出口是拉动经济增长的"三驾马车"之一。增加本国产品的出口，增强本国产品在国际市场上的竞争力和销售份额，越来越受到各国政府的重视，成为国民经济和社会发展的重要内容。但是，大中型资本项目的出口，比如中国的机电设备这种大型机械设备成套项目的出口，具有资金周转期限长、融资额度巨大等特点，并且出口融资风险高，不仅涉及商业性风险、汇率风险，还涉及各国的社会政治经济风险。商业性金融机构从自身的利益出发，只能从事短期进出口信

贷，难以承受这种长期资本性项目贷款的高风险。因此，政府的政策性金融机构正是从国家利益出发，承担为本国企业出口大型成套设备提供出口信贷支持的任务。

2. 明确政策性金融资金投放的政策导向。

政策性金融机构的资金运用，在宏观方面的可行性分析应重视以下方面的内容：一是补位，即政策性信贷应填补由于商业性金融机构的逐利性而留下信贷支持空白，重点支持难以获得商业性信贷支持的产业、地区或部门。正是这一机制发挥作用，决定了政策性信贷业务与商业性信贷业务的互补性与非竞争性。二是引导投资。由于政策性信贷的投向表明了政府产业政策的基本导向和长远发展的基本目标，这将大大增强商业性金融部门对这些产业、行业和部门的信心，从而有利于引导商业性信贷流向这些部门。三是杠杆作用。政策性金融向流入高风险产业或地区的商业信贷提供担保或贴息，同样属于政策性金融机构资金运用的基本方式之一。在这种方式下，政策性金融仅以少量贴息即可驱动大额商业性信贷，可以收到"四两拨千斤"的效果，这种作用机制即为政策性信贷的杠杆作用。

（二）建立和完善政策性金融项目甄别和决策管理机制

政策性金融资产项目甄别和决策管理是政策性金融机构经营管理的核心，也是政策性金融资产管理的核心，它是政策性金融资金能否良性循环的关键。

项目甄别和决策管理是资产项目的"三查分离"和"审贷分离"的具体体现。"三查"是指调查管理、审查认定和检查监督。政策性金融资金投放后能否取得预期的经济效益和社会效益，投放是关键。"审贷分离"把好投放关，是核心。因此，建立"三查分离"和"审贷分离"的项目甄别和项目决策管理机制，即是择优放贷，提高信贷资产质量。例如，日本开发银行在政府支持的产业方向和范围内，自主选择项目，并建立了严格的贷款项目审查制度。政府也可以向日本开发银行推荐项目，但须经日本开发银行审查判断，如果项目不能偿还贷款，可以不予承贷。在建立项目甄别和决策管理机制的同时，建立信贷、投资管理分级责任制，按照资金投放额度的大小和风险质量的高低确定相应的责任等级，明确相应的责任机构和具体责任人，并与个人利益和职务任用直接挂钩，建立信贷员等级制，根据综合业绩直接与个人利益挂钩。

（三）建立健全政策性金融资产风险管理机制

风险管理是确保政策性金融资金良性循环的有效手段，必须建立系统的风险管理与防范机制。（1）建立风险预警机制，主要是对政策性资金投放企业和金融机构本身产生的可能对投放资金质量造成消极影响的因素进行及时监控，以便对政策性资金风险及早发现，尽早防范和补救。（2）建立风险监测机制。第一，监测政策性资金投放是否符合规定的投放领域；第二，监测投放程序是否符合规定的要求，企业是否按规定的用途使用贷款；第三，通过贷款方式、企业信誉等级、资产负债率的监测，科学地确定相应的风险大小，以便实行量化管理。例如，韩国产业银行建立了由资产负债管理部和信贷管理部组成的风险管理委员会，以检查所有与风险有关的业务，并衡量和管理所有的信贷风险、市场风险、利率风险和流动性风险。风险管理委员会每月召开一次例行会议，由行长主持。巴西开发银行实行了客户经理制，负责业务的受理和项目的风险管理。

（3）建立风险识别机制。运用系统、规范的方法对企业资金运用的风险进行识别、评估和处理，建立分线管理流程。（4）建立风险补偿机制。通过有效担保、净值抵押、资产保险等方式，保障信贷的风险最小化和有偿性。通过建立利息拨补制度，财政拨补资本金制度，呆账、坏账准备金制度等，增强抵御风险的能力。

（四）建立和健全政策性金融资产管理的约束机制和激励机制

约束机制是保障政策性金融资产管理符合管理原则和目标的动态制衡机制，可分为外在约束机制和内在约束机制。外在约束机制是指国家关于政策性金融资产管理的法律法规等监督管理机制。从这个意义上说，国家应制定政策性金融资产管理的法规和条例，各政策性金融机构严格执行。内在约束机制即自我约束机制，是指保障政策性金融机构资产管理合规性和防范风险的内在制衡机制，一般表现在建立健全规章制度和管理办法，建立健全指标考核体系，建立内部稽核监督保障体系等方面。激励机制就是用一系列行之有效的激励方法，去激发、引导、调动人们最大的积极性和潜能，更好地完成规定的任务和职责的动力机制。良好的动力机制就是责、权、利相结合的激励机制，包括建立综合目标、岗位目标和单项目标完成责任制的目标激励、榜样激励和评比竞赛激励的精神激励和物质奖励的利益激励等。

本章小结

1. 政策性金融机构的资产业务或资金运用业务，是政策性金融机构对商业性金融机构不愿或不能涉足的产业提供信贷、投资、担保等直接融资或间接融资的资金支持，以实现政府政策意图和矫正市场失灵的活动。有着特殊使命的政策性金融机构不同于商业性金融机构，并因此决定了它的资金运用有着和商业性金融机构资金运用不同的基本要求，也就是说，要遵循特殊的经营方针。政策性金融机构资金运用的方针可以概括为"让小利取大利"。

2. 政策性金融机构资金运用由政策性金融机构性质与职能以及资金运用的方针决定，表现出与商业性金融机构资金运用不同的特点，主要表现在资金运用的指令性、资金作用的补充性、贷款利率和期限的优惠性、贷款行业的专门性、贷款资金弱的流动性、资金投放面临较大的风险性等方面。

3. 政策性金融机构的资产业务主要包括贷款、投资和担保等。其中，政策性贷款业务包括普通贷款和特别贷款、直接贷款和间接贷款、独立贷款和联合贷款，政策性投资业务包括股权投资和证券投资、独资或合资参股，政策性担保业务包括筹资担保、出口信贷担保、租赁担保、预付款担保、付款保证、延期付款担保、透支担保、投标担保、承包工程担保和加工装配进口担保等。政策性金融的其他资产业务包括贴现与再贴现、利息补贴、信用保险等方式。

4. 我国政策性金融机构提供政策性资金支持的服务领域具有鲜明的专门性特点，在资金运用上有各自的特定要求。政策性金融机构除了贷款业务是主要的资产业务外，还各有侧重地开办有投资业务、担保业务和其他的保险、咨询、结算等业务。

5. 政策性金融机构资产管理的一般原则是政策性原则、安全性原则、流动性原则和非主动竞争性盈利原则，简称"四性"原则。在政策性金融机构资产管理一般原则的指导下，政策性金融机构资产管理的主要内容包括四个方面：建立科学的政策性金融资金投放导向机制，建立和完善政策性金融项目甄别和决策管理机制，建立健全政策性金融资产风险管理机制，建立和健全政策性金融资产管理的约束机制和激励机制。

思考题

1. 政策性金融机构资金运用的特点和基本要求是什么？
2. 试述政策性金融机构资金运用的主要形式。
3. 政策性金融机构资产管理的一般原则是什么？为什么？
4. 简述政策性金融机构资产管理的基本内容。

政策性金融风险结构

风险是一个十分常见的概念，金融风险是风险体系中最常见、最普通也是影响最大的一种风险。任何一种性质的金融机构都伴随着风险而经营，政策性金融机构也不例外，其经营的兴盛与否无不与风险程度的强弱与对风险防范的好坏直接相关。所以，建设全面的风险管理制度是建设现代政策性金融体系的重要内容和关键组成部分，在认清政策性金融风险的性质和它的客观存在性之后，我们不但要从理论上充分重视，而且在实践中也要管理好和控制好各种风险，有目的、有意识地通过计划、组织和控制活动，预防和降低政策性金融风险，保障政策性金融机构自身的生存与发展能力。

第一节 政策性金融机构风险管理的意义

一、政策性金融机构风险管理的含义和意义

（一）政策性金融机构风险管理的含义

政策性金融风险管理是金融风险管理体系中的一个重要内容。金融风险管理是指经济单位通过对潜在的意外损失进行识别、衡量和处理，有目的、有意识地通过计划、组织和控制等管理活动来阻止风险损失的发生，降低损失发生的影响程度，以获取最大利益的过程，即用最经济合理的方法综合处置风险，以实现最大安全保障的科学管理方法。

政策性金融风险是在金融活动中，由于各种经济变量，尤其是金融变量发生不确定变化，从而导致行为人蒙受损失的可能性。由于其具有客观性、不确定性、相关性、潜在性及可控性等性质，我们不能将其完全消除而只能是将风险缩减到最小的程度。这就要求我们要积极主动地认识风险，采取有效的措施对风险进行管理控制，以保证政策性金融机构的正常运行。

政策性金融机构风险管理是指政策性金融机构通过风险分析、风险识别和衡量、风险控制和处理等办法，预防、回避、排除或者转移风险，以减少或避免经济损失，保证政策性金融机构营运的安全。从上面的定义中可以看到，政策性金融机构风险管理含义

包含三个要点：第一是风险管理的主体为政策性金融机构和其他政策性金融制度的承载体；第二是政策性金融风险管理是通过对风险的认识与衡量，从而以选择最佳的风险管理技术为中心；第三是政策性金融风险管理的目标是实现最大的安全保障。

（二）政策性金融机构风险管理的意义

对政策性金融机构进行风险管理，对确保机构健康运营和社会资源的优化合理配置具有重要价值和现实意义。

1. 政策性金融风险管理能为各政策性金融机构提供一个安全稳定的资金筹集与经营环境。实施金融风险管理可以提高政策性金融机构的工作效率和经营效益。

2. 政策性金融风险管理能保障经济主体顺利实现经营目标。实施全面有效的风险管理能把政策性金融机构面临的金融风险降到最低限度，并能在金融风险损失发生后及时合理地提供预先准备的补偿基金，从而直接或间接地减少费用开支。这些都有助于政策性金融机构经营目标的实现。

3. 政策性金融风险管理可以促进各机构资金筹集和资金经营决策的合理化与科学化，有利于提高资金利用效率和经营主体的可持续发展。

4. 实施政策性金融风险管理，有利于社会资源的优化配置，减少金融风险损失，并促使货币资金向所需部门流动，从而引起其他社会资源合理地流向所需部门，最终避免或减少社会资源的浪费，提高其利用率。

5. 政策性金融风险管理有助于经济的健康稳定发展。它不但能在一定程度上减少风险发生的可能性，而且能在金融风险发生后减少它带来的经济损失，从而减少金融风险损失给社会再生产各个环节带来的波及效应和不良后果，最终促进经济的稳定发展和社会效益的提高。

二、政策性金融机构风险的成因和类型

（一）政策性金融机构风险的成因

政策性金融机构风险产生的因素是多方面的，主要有以下几个方面：

首先，风险意识和法律观念淡薄是造成政策性金融风险的普遍原因。随着金融体制改革的不断深入，以政策性银行为代表的政策性金融机构为了更合理地利用政策性金融资源，更好地发挥政策性金融的功能作用，以取得更大的社会效益和保障自身财务稳定及可持续发展的举措，也在推行市场化运作，金融风险日益突出。然而，人们陈旧的金融观念尚且难以根本转变，特别是金融风险意识远未树立，"只赚不赔、无本经营、无风险"这样的错误观念诱使一些企业向政策性金融机构转嫁经营风险；一些政策性金融机构的经营者和干部职工素质不高，认为政策性金融是政府的金融，以国家信用为保障，经营风险由政府承担，缺乏风险意识，不讲效益地使用资金，盲目决策，置政策性金融机构的风险于不顾。政策性金融立法的缺失导致对政策性金融的行为没有判断及约束标准，在一定程度上也将加大政策性金融的风险。

其次，外部环境条件较差是造成政策性金融风险的客观原因，主要指政府的行政干预严重以及政府信用支持的弱化。一方面，在某些情况下，为了地方的利益，地方政府

往往要影响政策性金融业务经营的自主权，导致政策性资金的不合理配置，不能按国家的政策意向有效地流向国家支持的强位弱势群体。这表现为，一方面一些地方政府和政策性金融机构过分追求经济效益而忽视社会效益，将获得的低息政策性贷款商业化运作，谋取利益，在加大金融风险的同时，影响政策性金融与商业性金融的和谐发展。另一方面，政府信用支持弱化，致使政策性金融为履行公共性职能而产生的财务缺口与资金补偿机制失衡。政策性金融机构履行国家产业政策和区域发展政策，不以营利为目的，经营范围多为商业性金融机构不愿触及的低利甚至是亏本业务，在履行其政策性职能的过程中，必然产生资金与财务缺口，而这种缺口还会随着国内外形势的发展、任务的加重或扩大、业务类别的增加与风险的变化而在绝对量上不断扩大。这就要求不断增加可靠且稳定的资金补偿，进而形成一种自动的资金补偿机制与其形成良性互动、匹配协调。但是，现实的情况并不尽如人意。从我国政策性金融的实际情况来看，补贴的范围和额度逐渐减少将加大政策性金融的风险。

再次，政策性金融风险还产生于经营对象和经营者两个方面。（1）政策性金融所扶植支持的企业或项目群体，多效益低下且亏损严重。这些企业一般都是商业性金融机构"避而远之"的群体，其资金使用额度大、使用期限长、流动性差、盈利率不高、风险明显偏大，这就造成了政策性信贷资产质量低下的结果。比如一部分企业无力偿还政策性金融机构贷款，但为了继续使用政策性金融机构的优惠贷款，便通过其他银行的贷款及其利息用于偿还政策性贷款，以获得良好信誉来继续争取贷款。这实际上是企业的一种短期行为，企业如不积极努力改善自身的经营管理方式，一味地蒙混过关，那么结果只能是使政策性金融机构贷款风险滞后发生，甚至带来大面积的金融风险。（2）政策性金融机构自身经营和管理中生成的风险。一是政策性银行组织体系不健全，经营机制不完善。如我国农业政策性金融机构目前只在中央和省级建有组织机构，在最需要政策性金融予以支持的乡村却没有广泛的分支机构，这种机构建设的缺失将严重阻碍农村政策性金融业务的有效开展，增大了经营风险。二是政策性金融机构未形成有效的、科学的内部控制机制，没有建立内部稽核、审计、检查等内控内审部门，更没有明确的制度和必要的权力手段。三是政策性金融机构经营者和管理干部的管理及决策失误也会加大政策性金融风险。

最后，其他原因。这些因素可能是自然原因，如地震、水灾、火灾这样的自然灾害；也有可能是经济原因，如经济波动、市场变化、国家政策和国际关系变化等。这些因素大多具有突发性、不确定性和不可控性，它们有的是可预测的，而有的则无法预测，只能通过一定的保护措施来避免和减少风险造成的损失。

（二）政策性金融机构风险的类型

根据不同的标准，政策性金融机构风险可以分为不同的类型，不同类型的金融风险有不同的特征。从不同的角度对政策性金融风险进行分类，可以使我们对政策性金融风险有更深刻、更全面的理解。

1. 根据金融风险产生的原因划分，政策性金融机构风险可以分为自然风险、社会风险和经营风险。（1）自然风险是指由于自然因素引起的风险。雷电、火灾、地震等自然灾害都可以使政策性金融机构蒙受经济损失。尽管这些损失对政策性金融机构来说不一定大，但这些损失常常是无法预料的。（2）社会风险包括宏观和微观两个方面。宏观上主要是政治动乱、体制变革、社会资金供求发生重大变化等，微观上主要是指盗窃、诈骗或其他事故。宏观和微观都可能使政策性金融企业在经济上受到不同程度的影响，这些影响也是不确定的。（3）经营风险则是指政策性金融机构在信用活动中，由于主观的努力程度和客观的条件变化而引起的风险。

2. 根据金融风险的表现形态划分，政策性金融机构风险可以分为有形风险和无形风险。（1）有形风险是指看得见、可计量、能预测的风险，如政策性金融机构房屋、车辆、电脑设备等固定资产的有形磨损造成的风险；又如贷款中部分逾期贷款、呆账贷款、应收未能收回的部分利息等，也属于有形风险。（2）无形风险则是指看不见、不可计量、难以预测和不确定的风险，如突发事故、自然灾害造成的风险；又如政治体制变革、国家利率大幅度调整等不以金融企业意志为转移的因素引起的金融风险。

3. 根据金融风险的性质划分，政策性金融机构风险可以具体分为以下几种：

（1）信用风险。信用风险是由于交易对象或者授信对象因各种原因而不能偿还政策性金融机构贷款本金和利息的风险，它是最普遍、最基本、最传统的金融风险形式。信用风险的产生有三种情况：一是借款人由于自然、社会或经济的原因导致经营失败而无力向政策性金融机构偿还贷款本息。这在农业政策性银行的贷款对象上表现得尤为明显，意想不到的自然灾害使农业企业无力回天。二是借款人采用欺骗手段骗取政策性金融机构的贷款，挪作他用而使政策性金融机构遭受损失。三是借款人有意不履行还款合同而给政策性银行造成损失。贷款是政策性金融机构的主要资产业务，因此，应密切注意贷款在使用过程中出现的风险征兆，并加强由于贷款业务而产生的信用风险管理。

（2）市场风险。市场风险是指由于市场的变化而给政策性金融机构的资产或金融交易带来的损失。以我国农发行为例，粮棉市场化改革导致相关企业经营风险明显加大，而间接地就会向农发行转嫁。粮棉市场化改革后，企业经营过程中将直接遭遇市场发展的打击，企业经营的好坏直接关系到农业政策性银行信贷资金的安全，农业政策性金融的收益风险突出。在此情况下，国有粮食购销企业和供销社棉花企业不得不走向市场寻求机会。但是由于长期以来形成的惰性以及与市场尚未接轨的经营管理方式，企业一时无法适应纷繁多变的经营环境，一旦遇到市场价格大起大落，就会出现生存危机，直接威胁到农发行信贷资金的安全。

（3）操作风险。操作风险是政策性金融机构的业务经办人员和管理人员由于有意或无意的操作上的错误而造成的一种难以完全排除掉的损失，这是对政策性金融机构的人员结构状况的一种风险界定，在一定时期内也是一种客观存在，是一种随时可能发生的风险，它存在于金融机构的业务经营者当中。

（4）政策风险。政策风险是金融企业由于有关政策的变化引起经营的不稳定性，从而导致无法实现经营目的的风险。就政策性金融机构而言，政策风险主要指由于地方政府的干预，致使政策性银行蒙受损失的可能性。地方政府是地方利益的代表，往往迫使政策性银行采取宽松的贷款政策，为本地的经济发展争取资金，这就使政策性信贷资金无法封闭运行，加大回收难度。

（5）利率风险。利率风险是在市场利率变化时对政策性金融机构资产和负债的利息变动不一致而带来损失的可能性。在利率市场化条件下，利率随市场资金的供求状况变化而变化，这可能使政策性金融机构应支付的利息超过其资产业务应收回的利息而受到损失。从政策性金融机构的资金来源来看，从中央银行借款或者发行金融债券，其利率都高过资金使用的利率，这本身已使政策性金融机构背上了沉重的包袱。

（6）流动性风险。流动性风险是政策性金融机构由于其流动性不足不能清偿到期债务或不能满足合理的贷款需求而产生的风险，其中主要是清偿风险。

（7）汇率风险。汇率风险是汇率变化可能给政策性金融机构造成的损失。假设政策性金融机构境外筹集的是日元资金，而其外汇收入主要是美元，如果美元相对于日元大幅度贬值，必将加重政策性金融机构的债务负担。

（8）通货膨胀风险。这是通货膨胀因素给政策性金融机构造成损失的可能性。政策性金融机构贷款一般期限较长，而期限越长，这种风险因素给政策性金融机构带来风险的可能性就越大。

就我国而言，政策性金融机构目前也存在着严重的风险，主要表现在：①不良贷款比例居高不下，贷款潜在损失威胁巨大。由于政策性金融机构的业务对象特殊性，不可避免地会产生较多不良贷款。②政策性信贷资金被挤占挪用现象严重。一些地方政府和企业在取得政策性低息贷款后，想方设法转做商业用途，谋取利益，有的甚至长期占用。③财务亏损严重且呈上升趋势。主要原因是，一方面，政策性金融机构通过发行金融债券这样筹资成本较高的方式筹集资金，但资金收益却很低，增加财政压力。这就需要政策性金融机构在自主经营方面下工夫，虽不以盈利为目的，但也应该力争保本微利，同时应配以与财务缺口相匹配的自动补偿机制，否则，政策性金融机构很容易陷入财务困境，加大经营风险。另一方面，开户企业拖欠贷款利息问题日益严重，财务政策不能落实，自有资金的补充与业务规模增长不相适应。

第二节　政策性金融机构风险管理的内容和方法

一、政策性金融机构风险管理的目标和原则

（一）树立政策性金融机构风险管理的目标

风险管理是一项目的性很强的工作。没有目标，风险管理无从开展；只有通过目标，才能确定风险管理的方向，并且对风险管理的结果作出评价。政策性金融机构风险管理的目标是实现最大化的安全保障，即通过认识、估计和分析风险，选择适当的方法处置风险，尽量避免和减少损失，以保障政策性银行各项活动的顺利进行，具体可以分为：

1. 损失发生前的目标。为了最大限度地控制与减少风险损失，政策性金融机构应首

先完善损失发生前的风险预防体系。这时的风险管理目标主要是在损失发生前，政策性金融机构应比较各种工具、各种安全计划、保险以及防损技术费用并进行较全面的财务分析，谋求最经济合理的社会资源配置方式，把可能发生的损失降到最低限度，进而取得风险控制的最佳效果，另外，还应树立充分的社会职责意识和良好的公共形象。

2. 损失发生后的目标。由于政策性金融风险的不确定性，在某些情况下，即使人们在事先采取了种种风险防范措施，仍然不可能完全避免及杜绝损失的发生。在损失发生后，政策性金融机构实施风险管理的目标主要有：

（1）维持生存的目标。实现这一目标，意味着通过风险管理的种种努力，能够使政策性金融机构乃至整个社会能够经受住突然而至的损失的打击，能够在财力、物力及心理上做好充分的准备，以便在损失发生后能渡过难关得以生存。只有首先确保政策性金融机构的存在，才能谋求将来恢复和发展的可能。

（2）保证政策性金融机构经营管理活动迅速恢复正常。风险事件的发生给政策性金融机构带来不同程度的损失与危害，进而影响到经营管理活动。实施有效的风险管理能够给政策性金融机构的经营活动提供便利条件，使其在损失发生后能够重整旗鼓，迅速恢复正常的经营管理活动。

（3）尽快恢复财务状况的相对稳定。政策性金融机构由于其政策性和准公共品的性质，在经营中往往存在财务缺口，在风险发生之前其经营业绩就一般表现为保本微利甚至是赔本，财务压力巨大，风险损失产生后对其的影响可想而知。通过财务补偿这样的风险管理措施可以促使资金回流以弥补风险损失带来的不利后果，尽快恢复政策性金融机构的稳定经营。

（4）实现持续发展，履行社会职责。政策性金融机构如遭受严重的风险损失，则必然会影响到债权人乃至整个社会的利益。实行有效的风险管理，目的在于减轻政策性金融机构的损失，进而减轻对他人和社会的不利影响。

这些目标之间并不是一一对应互相协调的，在实施过程中也可能存在一些矛盾，不能全部达到，那么政策性金融机构在制定风险管理的目标时，可以选取一些重要的目标，确定最佳组合，形成最大的风险安全保障。

（二）政策性金融机构风险管理应遵循的原则

1. 全面性原则。一方面要求政策性金融机构的风险管理组织结构的设计安排应充分满足现代全面风险管理的要求，即必须全面了解各种风险的存在和发生以及其将引起的损失后果的详细情况，以便及时、准确地提供比较完备的决策信息。另一方面则要求政策性金融机构不仅应将传统信贷业务纳入风险管理范围，而且对信用风险、市场风险、操作风险等各种风险，对表内外、境内外、本外币等各项业务，都要纳入风险管理范围。

2. 系统化、制度化、经常化与集中化的管理原则。要求政策性金融机构对风险有一个总体的综合认识，始终坚持系统化原则，确保管理者可以作出合理的控制和处置。同时，由于风险随时存在于金融机构的经营活动中，所以，风险控制也必须是一个连续不断的制度化的过程。而集中化管理原则，则要求设立风险管理委员会和具体的业务风险管理部门，由前者制定宏观风险政策，后者进行具体的风险管理。

3. 全程性与全员性原则。全程性，就是风险管理贯穿经营管理的全过程，它不只是个别部门和个别岗位的问题，而是在一个完整的流程中，流程中的每个环节、每个步骤都要明确职责。全员性，就是从决策层、高管层、监事会到每个员工，都是风险管理的参与者，都要履行各自风险管理的职责。

4. 垂直管理原则。要求政策性金融机构决策层应明确建立机构对风险的态度、偏好以及承担和控制风险的责任分配。

5. 独立管理原则。要求风险内控的检查、评价部门应当独立于风险内控的建立和执行部门，并有直接向决策层和高级管理层报告的渠道。

6. 合规性管理原则，即风险管理组织的设计要符合政策性金融机构监管当局的规定。

7. 程序管理原则。要求政策性金融风险管理应当严格遵循事前授权审批、事中执行和事后审计监督三道程序。

二、政策性金融机构风险管理的主要内容

政策性金融机构风险管理是一个十分复杂的过程，一般包括风险识别和分析、风险度量、风险管理决策与实施及风险控制等四个方面的内容。

（一）风险识别和分析

政策性金融机构风险的识别和分析，就是认识和鉴别金融活动中各种损失发生的可能性，估计损失的严重性。由于金融风险具有普遍性、易变性的特征，因此，政策性金融风险的识别和分析既相当困难又十分重要，是金融风险管理和决策的基础。具体而言，政策性金融风险的识别与分析包括以下三个方面的内容：首先，分析各种风险暴露。风险暴露包括两方面的内容：其一，哪些项目存在金融风险，受何种金融风险的影响。其二，各种资产或负债受到金融风险影响的程度。其次，分析金融风险的成因和特征。造成金融风险的因素错综复杂，有客观的，也有主观的；有系统的，也有非系统的。不同因素所造成的金融风险也具有不同的特征。通过对风险成因和特征的诊断，管理者就可以分清哪些金融风险是可以回避的，哪些金融风险是可以分散的，哪些金融风险是可以减少的。最后，进行金融风险的衡量和预测。衡量和预测金融风险的大小，确定各种金融风险的相对重要性，明确需要处理的缓急程度，并对未来可能发生的风险状态、影响各因素的变化趋势作出分析和推断，作为决策的基本依据。

1. 风险的识别。

政策性金融机构风险的识别是指风险管理人员在进行调查研究之后，运用各种方法对潜在的及存在的各种金融风险进行系统分类和全面识别。它是风险管理第一和最基本的程序，是全部风险管理活动中最艰难、最复杂的工作，同时也是一项连续性和制度性的工作。为了便于识别，有必要将可能的损失适当地归类，不同类型的损失具有不同的特点，就应采用不同的处理方法。识别政策性金融风险的方法通常有以下几种：

（1）风险分析问询法。即采用问卷的方式，直接获得金融专家的意见，借助社会力

量发现政策性金融风险。

（2）财务报表分析法。政策性金融机构有关风险发生的损失以及实施风险管理的费用都在其财务报表上表现出来，因此，通过分析资产负债表、损益表等报表，就能够基本识别出当前的主要风险。如果进一步与财务预测、预算联系起来，则还可能预测政策性金融机构未来的一些风险。

（3）流程图分析法，即建立一个流程图系列，以展示政策性金融机构的全部经营活动。通过对流程图的分析，能够有效地揭示政策性金融机构的整个经营过程中潜在损失的动态分布，找出影响全局的瓶颈，并识别可能存在的风险。

（4）外部环境分析法。外部环境因素及其变化是政策性金融机构内部风险产生的主要原因之一。在分析各种外部因素时，要重点考虑它们与内部风险相互联系的特点及程度，以便分清主次，加以处理。

2. 风险的分析。

政策性金融机构风险的分析，主要包括两个方面的内容：一是金融风险的影响，二是金融风险诱因。对金融风险的影响进行分析，是为了评估金融风险可能造成的损失大小、对经营管理的影响以及管理成本等，以决定是否进行风险管理；对金融风险的诱因进行分析，是为了探究金融风险的特征，以决定采用何种手段、何种方式进行风险管理。分析政策性金融风险的方法主要有：

（1）专门分析和交叉分析。在政策性金融风险管理中，国家、地区风险分析和重点行业风险分析应定期专门进行。其中，交叉频率最高的是市场和产品风险评价，往往是多部门、多个人在互不联系、彼此独立的情况下进行和完成的，一般根据特定的业务开展分析评价工作，因此，在进行判断时，有众多参照系数。其他层次的风险分析工作不可避免地在不同程度上存在交叉现象。

（2）多渠道资料采集。政策性金融风险管理的资料来源应包括国际和国家、地区性组织、各种资讯资信机构、财政税务及司法部门、保险和资财处理部门以及其他各种渠道。

（3）数据分析与实际情况分析相结合。在政策性金融风险管理中，要特别重视专家经验和判断，也要注重实际情况分析的重要性。

（4）历史情况、现状及未来预测。分析政策性金融风险不能仅仅是静态的分析，还应该有动态的分析。考察历史、现状，目的是为了判断未来。

（5）横向比较。政策性金融风险管理中的横向比较包括欧洲与亚洲的风险比较，我国同发达国家的比较，不发达地区与发达地区的比较，不同行业的风险比较，同行业内不同企业的风险比较，等等。

（二）风险度量

政策性金融机构风险度量是金融风险管理过程中的关键环节。政策性金融风险度量是在金融风险识别的基础上，进一步对金融风险进行度量与监测，对以后的风险决策和风险管理影响极大，必须选择正确可行的度量方法，作出科学的分析和判断。风险度量主要在于两个方面：其一是风险发生的概率，其二是损失的严重程度。一般以损失的严重程度作为评价的主要依据，比如政策性金融机构贷款风险的衡量，就要把贷款不能安全回收的可能性的大小测定出来，通常使用贷款风险度来测算。对政策性金融风险损失的严重性进行评估时应注意以下几点：

1. 风险损失的相对性。在衡量政策性金融风险损失时，除了正确测量损失的绝对量外，还应该充分估计到对可能发生的风险损失的承受能力。

2. 风险损失的综合性。在确定政策性银行风险损失严重性的过程中，必须注意考虑同一风险事件可能产生的所有类型的损失及其对政策性金融机构的最终综合影响。在估计风险所带来的直接损失、有形损失的同时，还要充分考虑风险所产生的间接损失和无形损失。

3. 风险损失的时间性。损失总是有一个发生、发展与终结的过程，有些风险所产生的损失是当场得以体现的，而有些则需一定时间后才能充分暴露，因此，政策性金融风险的衡量要考虑时间因素。

（三）风险管理决策与实施

在风险识别和度量的基础上，风险管理者需要采取措施以减少金融风险暴露、将政策性金融风险水平控制在可承受的范围内。首先，风险管理者应当确定风险管理策略。对于不同的金融风险，可以根据其各自的风险性质、特征和风险水平采取不同的管理策略。其次，风险管理者需要制订具体的行动方案，包括使用何种风险管理工具及如何运用这些工具。风险管理者需要从中选出最为合理的方案。最后，风险管理者组织该方案的实施，各部门配合执行。

也就是说，政策性金融机构在对各种风险管理对策进行系统考虑后，就要根据目前的风险损失状况以及既定的风险管理目标，采用一定的标准，选择最佳的风险管理对策或对策组合。一般来说，标准应包括两个方面的基本内容：一是从质的方面去衡量备选方案，肯定或否定一个方案的价值，指明它对实现政策性金融风险管理目标的意义和效果；二是从量的方面去衡量备选方案，确定每个方案对实现政策性金融风险管理目标的保证程度及所需成本。

在各种风险管理对策之间作出选择后，政策性金融机构的决策层应根据所选方案的要求，制订具体的风险管理计划，实行目标管理，并进行有效地指挥与协调。在政策性金融风险管理实施过程中，要充分发挥执行者的潜在积极性与专业能力，同时要求自上而下全体人员的配合支持，从而保证风险管理的顺利实施和风险管理目标的圆满实现。

（四）风险控制

政策性金融机构风险控制是指对风险管理措施实施后的检查、反馈和调整。风险管理者要督促相关各部门严格执行风险管理的有关规章制度、确保风险管理方案得以落实和实施。因此，管理者需要定期或不定期地对各个业务部门进行全面或专项检查，发现隐患后迅速加以纠正或补救。管理者应对风险管理方案的实施效果进行评估，确定实际效果与预期效果之间是否一致，并根据内部条件与外部环境的变化，对政策性金融风险管理方案进行必要的调整。

三、政策性金融机构风险管理的基本方法

在对风险进行识别分析后，我们还将进入风险的处理阶段，只有这样才能实现政策性金融风险管理的基本目标。我们通过一系列的政策和措施来控制金融风险以消除或减少其不利影响的行为就是我们所说的金融风险处理。由于政策性金融风险管理具有复杂化和技术性强等特点，我们主要通过定性和定量两种方式来进行风险管理。

（一）政策性金融机构风险管理的定性方法

1. 预防风险策略。

预防风险策略是指在金融风险发生导致损失之前，政策性金融机构通过一定的防范措施来防止风险的发生和损失的产生的策略。预防风险是一种较传统的风险管理方法，具有安全可靠、成本低廉、社会效果好的特点，可以防患于未然，对信用风险、操作风险等十分重要。预防风险的办法通常有：

（1）加强调查研究。不论是筹措资金还是运用资金，只要是政策性金融机构开展的业务，就需要进行调查研究。调查研究越深刻越全面，政策性金融机构出现风险的可能性就越小。

（2）及时捕捉和提供信息。及时了解并掌握最新的政策性金融信息是预防政策性金融风险的"先行官"和保护器。政策性金融机构应充分利用自己接触面广的优势大量捕捉信息，一方面减少自身经营决策的盲目性，另一方面则是通过将有关信息提供给客户，以保证客户交易顺利进行的方式，减少政策性金融风险发生。

（3）提出附加条件。主要是指政策性金融机构在经办有较大风险的业务之前，对债务人提出一些约束条件或要求，以保证政策性金融机构债权安全。如办理业务前，提出抵押和担保的要求，并要求企业随时报告财务情况等。

（4）随时检查和调整。在政策性银行业务经营过程中，各种情况在不断发生变化，这就需要随时进行检查，如资本是否充足、现金准备能否满足要求、资产与负债期限和结构是否合理等，根据变化了的情况，不失时机地进行调整，以预防风险。

也就是说，政策性金融机构应建立严格的贷款调查、审查、审批和贷后管理体系，发放贷款时对借款人的信誉、资本金、经营能力、财务状况、偿债能力等进行调查分析，并交风险管理部门复审。在发放贷款的过程中，机构还要跟踪监管贷款资金的运用情况，以便准确作出贷款决策。一旦发现问题，机构可及时进行调整，防止潜在的风险成真。

2. 规避风险策略。

规避风险策略是人们在一定的原则下采取一定的技巧，有意识地避开各种金融风险，从而减少或避免风险带来的损失的策略。这种策略与预防风险有一定的相似性，但预防风险较为主动，在避开风险的同时还力争获取可能的收益，而规避则放弃了获取其他利益的可能性。由于政策性金融机构的经营宗旨及其特殊性的要求，需要其资金支持的业务本身较商业银行来说，风险就大。但是为履行国家政策的导向职能，这些风险较大的项目，政策性金融机构也必须予以资金支持。所以，政策性金融机构的规避风险策

略是相对的。一般的风险规避对策主要有三种：

（1）趋利避害的资产选择方法，即对多种可供选择的资产项目进行权衡，择优选择风险小的。

（2）扬长避短的债务互换方法，即两个或多个债务人利用各自不同的相对优势，通过金融中介机构互相交换所需支付债务本息的币种或利率种类与水准，达到彼此取长补短，各得其所地避开风险的目的。

（3）以理服人的贷款拒绝方法。如果明知一项贷款业务的风险过大，可以考虑拒绝贷款以避免风险。政策性金融机构在采用这种方法时，一定要严格认真地分析贷款对象、贷款项目是不是可以拒绝的。它在政策性指导下讲求安全性，这与一般商业银行是有区别的。

（二）政策性金融机构风险管理的定量方法

1. 损失控制。

当政策性金融风险不能规避时，应当采取措施以减少其相关的损失，这种处理金融风险的方式是损失控制。控制风险与规避风险不同，风险承担者仍然进行引起金融风险的有关活动。损失控制不是放弃这些活动，而是在开展活动的过程中，通过采取一系列措施来减少和避免最后的风险损失，或是减低损失发生时产生的成本。有些人也提出补偿策略的概念，是指人们通过一定的途径，对业已发生或将要发生的金融风险损失，寻求部分或全部的补偿，以减少或避免实际损失的一种策略。

就政策性金融机构而言，其可以用资本、利润、抵押品拍卖收入等形式的资金来补偿由于某种风险而遭受的损失。风险补偿的主要方法有：

（1）抵押贷款。抵押贷款是以借款客户的全部或部分资产作为抵押品的放款，当借款人不能按照抵押贷款合同如期履约偿付政策性银行贷款本息时，放款政策性金融机构有权接管、占用抵押品，并且在进一步的延期、催收均无效时，有权拍卖抵押品，以此收益弥补政策性金融机构的呆账、坏账损失。

（2）金融产品定价。以贷款为代表的金融产品定价应贯彻风险与收益成正比的原则，使政策性金融机构的目标收益能够适当地反映和抵补它所承担的风险。贷款定价主要是确定贷款的利率水平，对于政策性金融机构认为其信誉卓著的客户在允许范围内给予更优惠的利率。相反，对于信用不甚可靠的客户，则可给予偏高的利率。

（3）建立贷款保险制度。贷款保险制度是政策性金融机构向保险机构缴纳保险费，保险机构向政策性金融机构提供贷款担保，当借款企业不能按期归还贷款时，依据保险合同规定的保险责任，保险机构给予政策性金融机构经济补偿的一种形式。

（4）建立贷款风险准备金。一方面，政策性金融机构按不同类别贷款的风险度的高低，计提贷款风险补偿准备金；另一方面，借款企业按行业设立贷款风险互保基金，按照销售收入的一定比例提取风险互助基金，集中管理，定向补偿，除部分用于贷款损失补偿外，其余由贷款的政策性金融机构代为有偿周转使用。

（5）完善呆账准备金制度。政策性金融机构从营业收入、利润、资本中提取一定数额的呆账准备金，用来弥补和冲销呆账、坏账。呆账准备金是信用风险的补偿手段，它对风险发生后带来的损失予以抵销或补偿。呆账准备金的过多提取会使政策性金融机构利润水平偏低，过少提取又不能满足风险损失的补偿需要，所以，政策性银行需要确定出合理的呆账准备金提取比例。

2. 转移风险。

所谓转移风险，是指人们通过各种合法的交易方式或业务手段，将自身承受的风险转移给其他人承担的一种风险管理策略。其转移的风险通常是通过别的风险管理方法无法减少或消除的系统风险，人们只能借助适当的途径将它转移出去。政策性金融机构的业务大多涉及国民经济的诸多部门和企事业单位，由于其贷款时长等不可控因素较多，面临风险相对商业性金融机构较大，所以，政策性金融机构更应该主动地、有意识地、自觉地运用风险转移策略，使自己免遭种种风险所带来的损失。当然，正所谓"己所不欲，勿施于人"，这种转移应当是合法正当的，而不应当通过非法的渠道，不择手段地将本该自己承担的风险强加于他人。

一般情况下，转移的风险程度保持不变，只是从转移者转移到被转移者，改变了风险的承担者，主要有两种形式，一种是通过金融保险的形式转移风险，即将标的和政策性金融机构面临的财务损失转移给保险人承担；另一种则是以非保险的形式转移风险，如将贷款采用第三方担保的方式贷给借款人。

3. 风险分散。

风险分散主要是指分散贷款的集中程度，将集中的、发生损失可能性较大的政策性项目通过各种分散隔开的途径转移出去。它主要有：

（1）份额分散。对贷款额度巨大的资金项目，由政策性金融机构牵头组织银团贷款的方式，使每家机构只承担有限份额，这对政策性金融机构来说，不仅风险大大降低，而且还充分发挥了政策性金融机构对商业性金融机构资金运用方向的诱导职能。

（2）对象分散。对某一客户的贷款不能超过该客户资本总额的一定比例，要有一个上限的规定，才能达到风险分散的目的。

（3）期限分散。将贷款按一定比例分散到几种期限不等的贷款中，可以分散由时间因素而产生的风险。因为短期、中期、长期贷款的风险各不相同，贷款期限越长，风险也越大，所以在贷款期限上要有所选择，互相搭配，协调运用。

（4）行业分散。政策性金融机构要根据经济发展不同时期的需要，适时地把贷款尽可能分散在政策范围内的不同行业，避免因个别行业的大起大落给其带来不必要的风险。

第三节　政策性金融机构的内部控制

一、政策性金融机构内部控制制度

（一）政策性金融机构内部控制的概念

政策性金融机构内部控制是为实现政策性金融机构内部资源的合理配置，强调采取一套措施加强内部组织机构、人员和业务处理上的联系和制约。所谓联系是指在组织机构和业务处理上相互配合、相互协调、各司其职、各负其责；所谓制约则要求在组织机构和业务处理上要相互牵制、相互监督，以实现规范化经营。因而，内部控制从本质上说是一个贯穿于经营管理全过程的制约平衡机制。

（二）政策性金融机构内部控制系统的内容

1. 内部组织结构的控制。组织结构的控制就是政策性金融机构按照决策系统、执行系统、监督系统，设计组织机构，规定各职能机构的权力和义务以及各组织机构的权力制衡，实现各部门之间的相互协调、相互制约。

2. 人员素质控制。国家的方针、政策，银行的规章制度都要由政策性金融机构的员工贯彻执行，人员素质的高低关系到机构经营目标的实现以及信贷工作的效率和质量。因此，在完善内部控制机制中，要采取措施，加强对员工的业务培训，大力提高全体员工的业务素质。

3. 授权批准控制。政策性金融机构应按照各部门的职能、管理水平和业务人员的素质分别授权或转授权。在授权范围内，可自行办理业务，未经授权的业务不得擅自越权处理。政策性金融机构的授权包括一般授权和特殊授权两种形式。一般授权如授权会计人员记账、信贷人员办理贷款、稽核人员进行稽核检查等；特殊授权是指在处理某些特殊业务前，报经有关部门批准，经过特别准许后，方可进行业务处理的授权。

4. 岗位责任控制。岗位责任制是指将统一的业务操作过程细分为很多工作岗位，按岗位确定职责和权限，实行定岗、定人、定责，各岗位在责、权范围内各司其职。为了加强内部控制的力度，在明确划分责、权的基础上，还要建立相互配合、相互督促、相互制约的工作关系，同时对重要工作岗位的工作人员要定期轮换，保证继任者对上一任工作进行监督、检查，一旦发现问题，及时采取补救措施。

5. 建立规章制度的控制。规章制度是根据业务运作过程的要求和程序而制定的，它是业务运作的准则，也是加强内部控制的依据。因此，政策性金融机构应根据有关法规和自身业务的特点，健全规章制度，使业务工作做到有法可依、有章可循，严防违章操作，防范和减少风险损失。

6. 风险预警预报控制。政策性金融机构应当围绕经营行为、业务管理、资产安全，建立定期的业务分析、资产质量评价、风险评估等制度，对带有苗头性、倾向性的问题进行预警预报，以便防患于未然，防范风险的发生，尽量减少失误和损失，把业务风险降到最低。

7. 业务处理程序控制。金融信贷工作都有一定的规律，业务处理程序控制就是要遵循这些规律制定相应的业务处理程序，经办人员必须按照业务处理程序办理业务，不允许逆程序或超越某些程序运作，这样可以保证信贷工作职责分明、有序进行。同时，也可防止差错、遗漏以及加强相互监督。

8. 内部稽核。即在政策性金融机构内部，设置相对独立的内部稽核机构，配备稽核人员，对各项经营管理活动和经济责任的履行情况进行检查和评价，从中发现问题，采取措施，减少风险损失。

（三）政策性金融机构内部控制的类型

1. 按照内部控制的过程，内部控制可分为预防性控制、查处性控制和补救性控制。预防性控制，也称事前控制，即在贷款前采取措施，控制和防范风险的发生；查处性控制，也称事中控制，就是在业务运作过程中进行现场检查，发现漏洞和失控点及时采取措施，及时堵塞漏洞，防止差错，或者因情况临时变化，可能出现风险，及时采取措施，防止风险的发生或扩大；补救性控制，也称事后控制，即对政策性金融机构在经营活动中已经发生的问题，采取补救性措施，以减少风险损失。

2. 按照采取控制检查的时间，内部控制可分为突击性检查控制和常规性检查控制。突击性检查控制一般是根据某种需要而临时进行的检查，如临时检查现金库存、贷款的回收情况等。这种检查控制有较强的针对性、及时性，可以及时发现问题，解决问题，同时也可提高业务人员的风险意识，促使其随时遵守规章制度和操作规程，但显然不利于全面防范风险的发生。常规性检查控制也称全面检查控制，是对政策性金融机构的经营情况定期进行检查。它的特点是检查内容全面、范围广、能全面了解风险损失的防范和化解的情况，有利于全面改进工作，但往往对一些临时出现的问题不能及时采取措施加以纠正。

二、政策性金融机构内部稽核

政策性金融机构的内部稽核是政策性金融机构内部设立的独立于各业务部门的稽核机构，依据国家的经济法令法规、金融方针政策和内部各项规章制度，按照一定的程序和方法，对本系统的各项业务、财务活动和经营效益等的真实性、合法性、合规性和有效性进行的监督检查和评价活动，由此也可看出内部稽核具有独立性、公正性、客观性、权威性和政策性的特点。内部稽核是内部控制的重要组成部分。为了加强内部控制，确保政策性金融机构经营目标的实现和尽量减少风险损失，必须充分发挥内部稽核的监督检查职能。

政策性金融机构内部稽核一般可分为准备阶段、实施阶段、报告阶段、处理阶段和建立稽核档案阶段等五个阶段，每个阶段又包括若干具体工作内容。

1. 准备阶段。稽核前的各项准备工作是做好稽核工作的必要条件和基础，要着重做好以下几项工作：首先，制订稽核方案，包括确定稽核项目、确定稽核的方式和方法、选定稽核人员并组成稽核组、收集稽核资料、完成稽核方案等。其次，熟悉有关情况，包括学习与本次稽核相关的基础资料、了解被稽核单位的基本情况等。最后，向被稽核单位发出稽核通知书。

2. 实施阶段。实施阶段是执行稽核方案、完成稽核任务的关键阶段，在进入稽核现场后，要听取汇报、调阅资料、稽核检查、调查取证，然后填写稽核工作底稿。

3. 报告阶段。在起草稽核报告之前，应对前面两个阶段中形成的各种资料进一步审查核实，然后如实写出稽核报告初稿，并征求被稽核单位等的意见，最后将修改完善后的稽核报告提交派出机构稽核部门领导审阅。

4. 处理阶段。首先，稽核部门应依据稽核报告拟定并发出稽核结论和处理决定书。

其次，监督稽核单位对决定的执行情况。如果被稽核单位对决定有异议，可向稽核行的上一级行提出书面复查申请。再次，复查行受理稽核复查并作出复查处理决定，通知被稽核单位和原稽核行执行。最后，被稽核单位要按照稽核结论和处理决定或复查处理决定的要求，将执行情况书面报告稽核行或复查行。

5. 建立稽核档案阶段。每一个稽核项目结束后，应将在稽核过程中形成、积累起来的一系列文书及原始资料、证明材料等整理建档，妥善保管。

三、完善政策性金融机构内控机制的措施

1. 政策性金融机构组织结构的控制。首先，应遵循"独立性、权威性以及相互制衡的原则"设置组织机构。其次，政策性金融机构内部机构应按决策系统、操作系统和稽核监督系统设置。最后，要建立内部授权制度。

2. 完善规章制度，规范岗位操作规程。需要做到完善岗位责任制，建立防御和化解信贷风险，提高信贷资产质量，优化信贷结构的内部控制制度，建立财务会计控制制度以及规范操作规程。

3. 加强人事控制，大力提高各类人员的业务素质。要按照思想品德好、业务道德好、专业技能高、敬业精神强的标准选拔和录用人才，同时要加强对干部的业务培训，不断提高业务人员的素质。另外，也要实行干部交流制，防止因在一地任职时间过长，而产生个人专断和滥用权力；要加强对各类人员的业绩考核，特别是对各级领导人员在任期内的绩效要全面考察，作出科学的评价，促进人才选拔良性机制的建立和员工升迁调整的公正、公平、公开制度的建立，积极营造全体员工积极向上、尽职尽责的气氛，从而增强员工的自我约束意识。

4. 引进先进技术设备，发挥高科技在政策性金融机构内部控制中的作用。首先，要严格划分软件设计、业务操作和技术维护人员的责任，并要求严格遵守规定的工作范围、操作规程和权限，如软件设计和计算机维修人员不得参与业务操作。数据的录入和输出应依照合法、完整的业务凭证，对已录入数据的修改要经审批后方可进行。其次，电子计算机系统的开发应符合国家金融行业软件工程标准的要求，而且还应设置保密系统和相应控制机制，并保证计算机系统的可稽核性。

5. 建立内部稽核制度。首先，建立一级法人直接领导下有较大独立性的内部稽核体系，确保稽核组织具有超脱性和权威性。其次，改进稽核监管方式。内部稽核的方式有现场稽核与非现场稽核、常规稽核与专项稽核、全面稽核与重点抽查等，应根据情况，选择适当的稽核方式。最后，拓宽稽核监管领域，扩大监管范围。应从单一的事后合规性稽核向事前风险性稽核过渡，从被动的检查转变到主动提出防范措施。

6. 建立有效预警预报系统。首先，政策性金融机构应当围绕经营行为、业务管理、风险防范、资产安全，建立定期业务分析、信贷资产质量评价、资产运用的风险评估制度。其次，应建立定期实物盘点，各种账证账表的核对制度以及业务活动的事前、事中和事后监督制度，以健全内部控制系统的评审和反馈。最后，对带有苗头性、倾向性问题的风险应建立风险的预测预报系统，从而防范风险的发生。

　　7. 实行控制机制与激励机制相结合的内部管理制度。要保证政策性金融内部控制制度的有效实施，就应建立责任明确的内部激励机制，严格考核和奖惩，对执行制度好的给予鼓励，对于违规给银行造成损失的要给予处分，做到既有权力又有压力，使内部控制充满活力。

　　为了加强政策性金融机构的经营管理，除了要充分发挥内部控制的作用外，还必须把内部控制与外部监管结合起来，实现内部控制与监管部门的监管、外部审计和社会监督的机密结合，确保政策性金融机构经营活动的正常运行。

本章小结

　　1. 政策性金融机构风险是金融业务经营和管理中客观存在的、不确定的可能导致某种形式损失的不利因素的总称。政策性金融机构风险产生的因素是多方面的，风险意识和法律观念淡薄是造成政策性金融风险的普遍原因，外部环境条件较差是造成政策性金融风险的客观原因，政策性金融风险还产生于经营对象和经营者两个方面，一些自然原因和经济原因也能引起政策性金融风险的产生。

　　2. 根据不同的标准，政策性金融机构风险可以分为不同的类型。根据金融风险产生的原因划分，政策性金融机构风险可以分为自然风险、社会风险和经营风险；根据金融风险的表现形态划分，政策性金融机构风险可以分为有形风险和无形风险；根据金融风险的性质划分，政策性金融机构风险可以具体分为信用风险、市场风险、操作风险、政策风险、利率风险、流动性风险、汇率风险和通货膨胀风险等。

　　3. 政策性金融机构风险管理是指政策性金融机构通过风险分析、风险识别和衡量、风险控制和处理等办法，预防、回避、排除或者转移风险，以减少或避免经济损失，保证政策性金融机构营运的安全。其对政策性金融机构进行风险管理、对确保机构健康运营和社会资源的优化合理配置具有重要价值和现实意义。

　　4. 政策性金融机构风险管理的目标是实现最大化的安全保障，即通过认识、估计和分析风险，选择适当方法处置风险，尽量避免和减少损失，以保障政策性金融机构各项活动的顺利进行，具体可以分为损失发生前的目标和损失发生后的目标。政策性金融机构风险管理应遵循全面性原则，系统化、制度化、经常化与集中化的管理原则，全程性与全员性原则，垂直管理原则，独立管理原则，合规性管理原则，程序管理原则。

　　5. 政策性金融机构风险管理是一个十分复杂的过程，一般分为风险识别和分析、风险度量、风险管理决策与实施及风险控制等四个阶段。政策性金融机构风险管理具有复杂化和技术性强等特点，我们主要通过定性和定量两种方式来进行风险管理。政策性金融机构风险管理的定性方法包括预防风险和规避风险，政策性金融机构风险管理的定量方法包括损失控制、转移风险和风险分散。

　　6. 政策性金融机构内部控制是为实现政策性金融机构内部资源的合理配置，采取一套措施加强内部组织机构、人员和业务处理上的联系和制约。政策性金融内部控制系统，包括内部组织结构的控制、人员素质控制、授权批准控制、岗位责任控制、建立规章制度的控制、风险预警预报控制、业务处理程序控制和内部稽核等内容。政策性金融机构内部控制按照内部控制的过程，可以分为预防性控制、查处性控制和补救性控制；按照采取控制检查的时间，可以分为突击性检查控制和常规性检查控制。可以采取多种措施，不断完善政策性金融内控机制。

7. 政策性金融机构内部稽核是内部控制的重要组成部分，为了加强内部控制，确保政策性金融机构经营目标的实现和尽量减小风险损失，必须充分发挥内部稽核的监督检查职能。政策性金融机构内部稽核一般可分为准备阶段、实施阶段、报告阶段、处理阶段和建立稽核档案阶段等五个阶段，每个阶段又包括若干具体工作内容。

思考题

1. 结合实际认识加强政策性金融机构风险管理有哪些重要意义？
2. 简述政策性金融机构风险的成因和类型。
3. 政策性金融机构风险管理的目标和应遵循的原则是什么？
4. 试述政策性金融机构风险管理的主要内容和基本方法。
5. 什么是政策性金融机构的内部控制？如何完善政策性金融机构内控机制？
6. 什么是政策性金融机构内部稽核？其工作程序一般包括哪几个阶段？

政策性金融立法结构

对政策性金融的专门立法，是规范政策性金融机构内部运行机制和处理外部关系的基石，是保障政策性金融机构有效运行的基础环境与前提条件，也决定了政策性金融是否可持续发展。从国外的实践来看，对政策性金融机构一般都有独立完善的法律法规体系，不仅使机构在成立伊始就有法可依，而且还与时俱进地及时调整修改有关法律。我国应借鉴国外相关成功经验，同时充分考虑中国国情及政策性金融机构的特有属性，加快我国政策性金融的法制建设。

第一节　政策性金融的法律制度

政策性金融的法律制度，是指关于政策性金融机构的创设目的、法律地位、资金运用和业务范围、资金来源、融资原则、政府信用支持和优惠政策、组织体制、监督检查机制、法律责任等方面的法律规范的总称。政策性金融立法体系所调整的金融关系主要是政策性金融机构的业务关系和监督关系，前者是政策性金融机构与其他金融主体（如商业性金融机构）之间在法律许可的范围内从事业务活动而产生的经济关系，如融资关系、交易关系和中介服务关系等；后者是指金融宏观调控部门和监督部门在组织和监督政策性金融机构的过程中所形成的一种特殊监督关系，包括主体资格监督关系、业务监督关系以及由此而产生的金融处罚关系等。

一、政策性金融法与商业性金融法

在社会实际生活中，国家立法机关制定和施行金融法时，往往是在金融法理论指导下根据金融实践的需要，制定金融机构及金融工具的有关规范性文件，调整不同领域的金融关系，从而形成金融法的立法体系。所谓金融立法体系，是指一国调整不同领域金融关系的法律规范所组成的有机联系的统一整体，其本身又是有部门和层次划分的。然而，由于传统上忽视政策性金融进而忽视政策性金融立法建设，在许多经济法和金融法教科书中，忽略了政策性金融立法的独立性和特殊性，一般是把金融法概括为由银行法、货币法、证券法、信托法、投资基金法、期货交易法、保险法等组成的若干法律部门。为此，基于金融一般是由商业性金融与政策性金融这两大金融族类所组成的基本原理，以及世界各国金融立法体系中一般也是由商业性金融法与政策性金融法相互并存的客观性和现实普遍性，一国完整的金融立法体系，除了中央银行法和金融监管法等最高层次的金融法外，还应包括相互并存的商业性金融法与政策性金融法。其中，商业性金融法包括商业银行法、保险法、证券法等，政策性金融法包括开发性政策性金融法、农业政策性金融法（如农业发展银行法、农业保险法等）、进出口政策性金融法（如进出口银行法、出口信用保险法）等。因此，承认金融立法体系由商业性金融法律法规和政策性金融法律法规两大基本部类所构成，是从立法角度协调政策性金融与商业性金融关系的理论前提和根本依据。

由于商业性金融与政策性金融这两大相互对称的金融族类各自具有一定的特殊性，在机构性质、业务运作机制等诸多方面存在着不同质的规定性，必须制定和实施针对二者不同特性要求的不同的法律法规，以分别规范商业性金融与政策性金融的业务行为和业务范围。所以，政策性金融立法和商业性金融立法的协调，就是要求在一国的金融立法体系总体建设中，不仅要注重商业性金融立法建设，而且同时还要注重政策性金融立法建设，也就是说，应该统筹规划、协调安排金融整体立法工作，尤其是在当前中国政策性金融法律法规相对缺失、缺位且长期普遍受到冷遇的情况下，应该对政策性金融立法建设予以特别的关注和强调。否则，一国的金融立法与法制建设将是不协调、不健全、不健康、不可持续的，而扭曲的金融立法对金融实践也是有害的，必将诱发一系列矛盾，如政策性金融与商业性金融之间的负向互动等，最终会造成总体金融的不可持续性发展。所以，政策性金融的专门立法，是规范政策性金融机构依法运营和处理外部关系的准绳，是保障政策性金融监督主体有法可依和依法监督的根本条件，这也在很大程度上决定着政策性金融是否可持续发展。

二、政策性金融法的特殊性和必要性

（一）特殊性

与商业性金融机构相比，政策性金融机构具有一定的特殊性。与此相对应的是，政策性金融法也不同于商业性金融法而独具特色。

1. 立法体现了较强的国家干预。政策性金融机构大都是由政府设立、参股或保证的，它们与政府之间的关系十分密切，因此，政策性金融机构在设立和运作中都要受到政府的干预和影响，体现出国家的意志。为了实现国家对政策性金融机构的控制和影响，各国的政策性金融法大都规定了国家对政策性金融机构进行控制、管理和监督的内容，如政府出资、人事任免、经营宗旨、业务范围和活动领域等等。

2. 政策性金融立法变化较大。政策性金融机构是各国政府为贯彻执行本国的社会经济政策、发展经济、促进社会进步，作为国家进行宏观调控的工具而设立的，而国家需要干预和宏观调控的经济范围并不是固定不变的，而是动态调整的；在经济发展不同时期，侧重点也各不相同；作为政策性金融机构设立、运作依据的政策也因经济形势需要而经常发生变化，经济体制也非一成不变，这使得政策性金融机构的业务范围与对象、业务的侧重点等方面也随之发生较大的变化。政策性金融法源于国家对经济的自觉调控和参与，需要对复杂的社会经济生活及时应对，以求兴利避害，实现国家的政策意图。因此，政策性金融法的变化也较大，必须经常地进行立、改、废，以适应不断变化的需要。政策性金融法的这种易变性也正是其具有政策性特征的重要表现。

3. 政策性金融立法的专业性很强，即在政策性金融立法过程中针对不同类型的政策性金融机构用不同的专门法律法规来进行限定。这是由于政策性金融机构大都属于专业性金融机构，而且任何政策性金融机构都是根据国家特定的政策意图和战略目标在某一特定领域或行业内从事融资与担保等金融活动的。不同领域或行业所处的自然条件、发展水平、外部环境等各方面都存在巨大的差异，很难用相同的政策性金融业务方式进行扶持，因而不同的政策性金融机构需要采取不同的业务方式，或者至少是侧重于不同的业务方式，以实现对不同领域或行业的某一特殊扶持目标。综观世界各国，政策性金融机构种类繁多，但各机构都依据特定的法律法规开展活动，不受适用于商业性金融的普通银行法的制约，这一点在美国、日本等国表现得极为明显。如作为日本政策性金融体系的"二行九库"，对其每一个机构都有一部专门的法律法规。

（二）必要性

1. 完善金融体系立法的需要。一国的金融体系由银行（中央银行、商业性银行和政策性银行）、保险、证券、期货等子体系组成，而金融体系立法也包括银行法、保险法、证券法、期货法等。由此可见，政策性银行立法是一国金融体系立法的重要组成部分。我国已经制定了《中国人民银行法》、《银行业监督管理法》、《商业银行法》、《证券法》、《保险法》及其他相关法律，唯独政策性银行立法还是空白，因此，对政策性银行的立法将有助于完善我国的金融体系立法。

2. 巩固金融体制改革成果的需要。我国政策性金融机构是应金融体制改革的需要而成立的。根据 1993 年国务院《关于金融体制改革的决定》，将改革的目标确定为：建立在国务院领导下，独立执行货币政策的中央银行宏观调控体系；建立政策性金融与商业性金融分离，以国有商业银行为主、多种金融机构并存的金融组织体系；建立统一开放、有序竞争、严格管理的市场金融体系。同时，提出用法律引导、推进和保护改革顺利进行。《中国人民银行法》、《银行业监督管理法》、《商业银行法》等金融法律的实施，即是在深化金融体制改革的过程中，以法律形式确定改革内容、巩固改革成果、保障改革依法顺利进行的体现。政策性银行的建立和发展，作为金融体制改革的成果促进了我国金融体制的市场化进程，亟须以法律的形式对其进行规范，以进一步巩固我国金融体制改革的成果。

3. 保证政策性金融机构依法运营和稳健发展的需要。目前，我国政策性金融机构由于法律的缺位已引起了许多问题，如定位不清、资本金缺位、公司治理结构不完善、内部控制机制不健全等。而要改变这一切，最为关键的就是通过立法，明确政策性金融机构的法律地位和责任，确定其业务范围，规定其组织机构和形式。

三、政策性金融法律体系的构成

政策性金融内在统一、协调和完善的立法体系构成,不仅表现在具有不同的政策性金融机构专门法律及其相应配套的机构章程上,而且还包括政策性金融立法体系的基本内容构成。

(一)明确创设目的

在每一部政策性金融法中,首先要阐明本法约束对象的创设目的,明确其设立的政府意图,并把它作为正式条款列于法律之首。《日本开发银行法》第一条就明确指出,"日本开发银行的目的在于通过提供长期资金,促进产业的开发和社会经济的发展,补充并奖励一般金融机构";《住宅金融公库法》第一条规定:"本公库的目的是,对为国民大众的健康和满足文化生活的住宅建设……所需资金,在向银行和其他金融机构难以筹措时给予融通。"从整个立法来看,日本的政策性金融机构与世界多数国家一样,设立的目的是为了弥补商业性金融机构融资的不足,充当政府发展经济促进社会进步的工具。

(二)指明政策性金融的法律地位

一般而言,政策性金融机构首先是法人,在从事金融活动参与金融法律关系时与商业性金融机构一样具有独立的法律主体资格和平等的法律地位。

(三)确定资金运用和业务范围

对政策性金融机构的业务领域、服务对象及行为原则的规定,是各类政策性金融法的重要内容。只有这样明确规定,才能解决那种朝令夕改、随决策者的个人喜好随意调整的反科学现象的出现,从而实现政策性金融的可持续发展。同时,通过立法要求政策性金融机构也要努力搞好符合现代金融特点及自身特点的金融产品开发和创新,大力发展符合自身业务需要的中间业务。

(四)确定资金来源

政策性金融机构的资金包括资本金和运营资金两部分。资本金是开业前的铺底资金,主要用于购买营业所需的固定资产和抵御风险损失的准备金。资本金的多少决定了机构规模的大小和实力厚薄。政府对政策性金融机构资本金的足额拨付与稳定的资本增补补偿机制是不可或缺的重要方面。针对政策性金融机构资本运作的特殊性,各国政府一般都全额拨付资本金并随时追加。政策性金融机构的资本充足率高于商业银行,许多在两位数以上,因而是与赋予机构的任务相匹配的,为机构的正常运营与发展奠定了坚实的财务基础。应该强调的是,作为执行国家宏观经济杠杆职能的政策性银行,其职能发挥的大小在一定程度上也取决于国家对其资本金规模的安排。这就需要国家财政根据政府对政策性银行的政策性要求而适时调增资本金规模,以此不断满足政策性银行对资本金的刚性要求。

(五)规定融资原则

政策性金融机构是基于特殊目的而设立的,因此,它与商业性金融机构讲求盈利性、安全性、流动性的经营原则不同,它有特殊的经营原则。(1)充当"最后借款人"

原则，即在融资条件或资格上要求融资对象必须是从其他金融机构不易得到所需融通资金的条件下才给予最后支持。如《日本国民金融公库法》第十八条明确日本国民金融公库"对有意独立从事事业并有切实的计划，而从银行或其他金融机构融资有困难者提供小额事业资金贷款"。（2）非营利性原则，即主要或全部提供中长期的廉价（低息）资金，有的甚至低于筹资成本，以避开利润的诱惑或干扰，专注于政策性业务。如《日本农林渔业金融公库法》规定贷款利率仅为 3.5% ~ 8.2%，偿还期为 10 ~ 45 年。（3）倡导性原则，即对其他金融机构自愿从事的符合国家政策目标的贷款给予偿付保证、利息补贴或者再融资，以支持、鼓励、吸引和推动更多的金融机构开展政策性融资活动。

（六）明确政府信用支持和优惠政策

政策性银行作为政府的银行，理所当然应得到政府的有力支持，在市场上和公众面前树立以国家信用为背景的形象。（1）政府对政策性银行经营中由于执行政策出现的亏损或由于意外事件导致的亏损给予补贴。（2）对政策性银行经营中发生的债务给予担保。（3）政府给予政策性银行诸如免税等方面的优惠政策。

（七）明确法人治理机构

在政策性金融立法中应明确机构的法人治理结构，并就机构的管理层构成予以明确，在产权关系明晰的情况下减少行政色彩。如根据日本政策性金融法，政策性金融机构的领导体系一般由总裁、副总裁、理事、监事组成。总裁代表银行（或公库）总理其业务，副总裁辅佐总裁；理事协助总裁、副总裁工作；监事负责对业务进行监督检查；参事接受总裁的咨询并有重大事项建议权。

（八）明确监管机制

从世界各国的法律制度看，对政策性金融机构进行监管的规定不尽相同，监管机构也不尽相同，各具特点。如《日本国际协力银行法》规定，日本国际协力银行由主管大臣依据本法进行监管；《韩国输出入银行法》规定，财政经济部长将按本法的规定对输出入银行的运营进行监管，并在必要时颁布监管指令；《泰国进出口银行法》规定，财政部长有权统管银行事务，可以要求银行提供事实、发表意见、提交报告或根据政府政策或内阁决议延缓银行的行为，有权根据政策或内阁决议下达命令，有权下令对经营行为进行事实调查；《德国复兴信贷银行法》规定，德国复兴信贷银行作为依照专门法设立的政府银行，依法由联邦政府指定财政部门进行监管。

（九）明确法律责任

政策性金融法要专设罚则一章规定法律责任。从内容上看，其法律责任主体一般是政策性金融机构的负责人及职员，法律责任形式有经济责任、行政责任等，以此约束政策性金融机构及其从业人员的行为，使之更好地履行法律赋予的职能，在贯彻政府产业意图、弥补"市场缺陷"的同时，真正实现金融整体和政策性金融自身的可持续发展。

第二节　国外政策性金融立法体系

世界各国的政策性金融不仅有单独的立法，而且一般是先立法后建立机构，或机构建立与法制建设同步进行，并且是与时俱进，适时适度地修改和补充这些专门法律。这反映了"二战"后普遍建立的政策性金融机构，汲取了战前政策性金融机构的经验教训而采取的积极行动。同时，这也与一个国家的经济发展水平、法律环境、社会制度背景、最高决策者和立法机构对政策性金融的认识程度等有着密切的关系。

一、国外政策性金融立法的一般特征

世界各国特别是西方发达国家的政策性金融专门立法，起步较早，发展的历史较长，在不断完善和调整中已逐步形成了比较成熟、完备、系统而又各具特点的政策性金融立法体系。其一般特征主要体现在以下几个方面：

（一）把政策性金融立法与商业性金融立法放在同等重要的地位

各国立法当局，尤其是市场经济高度发达的国家，都很注重和落实政策性金融的专门立法，并严格地将金融类法规区分为针对商业性金融的一般银行法、证券法、保险法及期货法同针对政策性金融的单一的特殊的开发银行法、农业发展银行法、进出口银行法、住房银行法和中小企业银行法以及社会保障保险法和出口信用担保保险法等两大类。如在日本的金融法律体系中，不仅有适用于普通商业银行的《银行法》，而且还包括分别适用于各种类型政策性金融机构的专门法律。德国复兴信贷银行之所以被称为"健康的政策性银行"，一个根本原因是有《德国复兴信贷银行法》的有力保障与规范约束，业务开展有法可依、有据可查，既有充分的自主权，又接受政府部门的监督，与商业性金融也建立了融洽的业务合作与互补关系，始终运作在健康的轨道上，贷款质量很高，坏账率为零。

（二）先立法，而后成立政策性金融机构

从各国的情况来看，政策性金融的立法与机构的组建，在时间上具有一定的同步关联性，而且这种同步性主要体现于"二战"之后。也就是说，通常是先由国家最高立法机关制定并颁布政策性金融法律，然后再依据该专项法律建立政策性金融机构；或者机构建立与法律出台同时进行，并在法律的保障下依法运作。20世纪初期，由于进出口等政策性金融机构立法史无前例，也可能是在当时出于"保密"考虑的一种"故意"行为，因而法规建设与机构建设未同步进行，尽管如此，事后还是"补"颁了专门法律，如《英国出口信贷担保法案》、《美国进出口银行法》。汲取了前车之鉴，在"二战"之后普遍成立的各种政策性金融机构，如日本开发银行、韩国产业银行、印度进出口银行、泰国工业金融公司、克罗地亚重建和开发银行等，大都做到了先立法后建机构或立法与组建机构同步进行，此可谓"兵马未动，粮草先行"。根据1951年（昭和26年）3月31日以法律第108号颁布的《日本开发银行法》，日本开发银行于同年4月20日设立，5月15日开始正式营业。韩国产业银行也是依据1953年12月30日颁布的《韩国产业银行法》，于1954年4月1日建立的。《德国复兴信贷银行法》颁布于1948年11月5日，当时的西德政府依据该法在法兰克福成立了公法性质的德国复兴信贷银行。泰国工业金融公司于1959年根据《泰国工业金融公司法》于同年11月成立。印度工业开发银行依据《印度工业开发银行法》于1964年7月1日成立，原为印度储备银行的附属机构。意大利工业复兴公司成立于1933年，1937

年改组为国家持股公司，1948 年 2 月 18 日用法令确定了工业复兴公司的章程，规定公司为独立的法人，业务方针由意大利内阁命令规定。

（三）对政策性金融机构进行单独立法，而且大都采取法律的形式

从世界各国的政策性金融机构体系来看，因融资专业领域的细分而形成种类繁多的政策性金融机构。由于不同的机构具有不同的业务范围及其运作规则要求，因而各国就分别对不同的政策性金融机构进行单独立法，并且以一般法律而非条例等行政法规或部门规章的形式予以确立，对每家政策性金融机构都制定有专门的政策性金融机构法律，也有的国家则是一个类型（如开发银行）由一部法律（如开发银行法）来规范，作为其设立和运作的法律依据。这些政策性金融机构法律大都以其所调整的政策性金融机构的名称来命名，如调整美国农产品信贷公司法律关系的是《农产品信贷公司特许法》，调整日本政策投资银行法律行为与关系的是《日本政策投资银行法》，调整日本国际协力银行法律关系的立法是《日本国际协力银行法》，调整日本农林渔业金融公库法律行为与关系的是《农林渔业金融公库法》，等等。这与不同的商业性金融机构都适用同一部普通银行法或保险法、证券法的现象截然不同。

（四）一国所有的政策性金融机构法形成政策性金融机构法律体系

一国有几家政策性金融机构，就分别制定有几部政策性金融机构法；而且在各国政策性金融机构法中还尤其明确除了专门法律外，还必须另外单独具体制定机构章程，从而这些政策性金融机构法与其他相关的法律法规制度，构成了该国具有内在统一、协调特性的政策性金融机构法律体系。比较典型的是日本，其政策性金融机构法律体系主要包括《日本开发银行法》、《北海道东北开发金融公库法》（二者现统一重组为《日本政策投资银行法》）、《日本输出入银行法》（现改为《日本国际协力银行法》）、《农林渔业金融公库法》、《中小企业金融公库法》、《国民金融公库法》、《中小企业信用保险公库法》等。在《日本开发银行法》第一章第五条中，规定了银行章程必须包括以下事项：目的、名称、事务所的所在地、资本金、有关负责人事项、有关业务及其执行事项、公告的方式，而且日本开发银行变更章程时，须及时向主管大臣报其主旨。

（五）各国政策性金融机构法从内容上看，主要是机构组织与业务运作两方面的有机结合与统一

国外政策性金融机构法律不仅对机构的组织结构，如法律地位、法律性质、职责权限、组织形式、内部机构设置、人事安排、机构变更、终止的条件与程序、权利与义务、法律责任与处罚、监督机制等作出规定，而且在法律条款中还对政策性金融机构的业务范围、资产与负债业务、经营原则、财务与会计、外部关系等问题作出规范与限定，是政策性金融机构组建与开展业务活动，实现其既定目的与宗旨，发挥其职能作用的法律依据，是处理政策性金融机构与商业性金融机构业务关系的法律依据，也是国家对政策性金融机构进行监督、管理的法律依据。

（六）关于政策性金融机构的法律性质或者法律地位、法人资格

各国政策性金融机构法中特别明确了该机构属于特殊公法法人，即不是一般以追求利润最大化为唯一目标的一般公司企业法人，也不是不讲究财务效益的政府机关，而是

代表国家利益、公众利益的特殊公法法人。例如，《日本开发银行法》第一章第二条规定，"日本开发银行为公法人"；《德国复兴信贷银行法》第一章规定，"德国复兴信贷银行是依公法设立的法人团体"。有些国家虽然只是将政策性金融机构简括为法人，但也并非指一般的法人。而是一种特殊的法人。如在韩国，《韩国产业银行法》、《韩国进出口银行法》分别在其第二条中规定，这些政策性银行的法律性质都为法人；《韩国中小企业银行法》第三条也规定，韩国中小企业银行为法人。

（七）在法律中确立了政策性金融机构特殊的融资原则

1. 充当"最后出借人"原则。即在融资条件或资格上要求融资对象必须是从其他金融机构不易得到所需融通资金的条件下才给予最后支持。如《德国复兴信贷银行法》第二章规定，该银行是对那些重建和促进德国经济发展的项目发放贷款，并且这些项目所需的资金，其他信贷机构无能力筹措到。

2. 非竞争性原则，以规范政策性金融机构与商业性金融机构的关系，维护市场经济秩序。如《日本开发银行法》在第三章第二十二条"禁止同金融机构竞争"中规定，日本开发银行鉴于其目的，"不得通过业务经营，与银行及其他金融机构竞争"。

3. 倡导性原则。即对其他金融机构自愿从事的符合国家政策目标的放款给予偿付保证或者再融资，以支持、鼓励、吸引和推动更多的金融机构开展政策性融资活动，如《日本开发银行法》中就有"对与开发资金有关的债务提供保证"的规定。

（八）与时俱进，在适当的时候进行修订、补充和完善，使本国的政策性金融法具有一定的动态调整性

政策性金融法并非一开始即完美无缺并一劳永逸的，应根据国家的形势、政策和经济金融环境的变化，与时俱进，在一定的发展阶段，适时地调整并加以完善。"二战"后许多国家，尤其是经济转型国家政策性金融体制的建立都具有典型的人为构造特征，由于时间仓促和缺乏经验，不完善之处在所难免，所以在政策性金融机构运作一定时间后，对相关法律一般都进行了局部的调整与修改补充，并据此调整机构的业务活动和范围，改革和完善机构的经营机制。政策性金融机构法根源于国家对经济的自觉调控和参与。随着不同时期政府政策目标的不断变化，许多国家也相应适时地对政策性金融机构法律进行修改、补充乃至重大调整，以适应变化了的新形势。与之对应，政策性金融机构的业务也根据修改后的法律要求而有所调整，以及时应对复杂变化的社会经济生活，实现国家的政策意图、目标。

例如，《日本进出口银行法》自进出口银行建立至1992年，随经济情况变动而修订了27次。日本开发银行从成立到1999年10月1日与北海道东北开发金融公库合并再构造为日本政策投资银行，其间《日本开发银行法》先后进行了十多次修改与完善，在日本政策投资银行成立的同时又修订颁布了《日本政策投资银行法》。1997年亚洲金融危机爆发后，日本企业效益下降，偿还贷款困难，商业银行贷款大幅度削减，并产生"惜贷"现象，企业流动资金吃紧和极度匮乏。此时，为配合政府刺激经济走出萧条的经济政策，1998年对《日本开发银行法》及时进行了修订，规定开发银行可临时增加流动资金贷款业务。《韩国产业银行法》在1953年12月颁布以后，随着形势和任务的变化，

先后于1961年12月27日、1963年12月16日、1968年9月14日、1969年7月28日、1974年12月26日、1977年12月19日、1981年12月31日等，对该法进行了多次修订。德国复兴信贷银行按照《德国复兴信贷银行法》组建。该法颁布50多年来，已历经多次修改，最近的一次修订是在1994年，为复兴信贷银行的正常运行提供了法律依据。另外，克罗地亚重建和开发银行是根据1992年的《克罗地亚重建信贷银行法》成立的，这部法律其后也经历了几次修改和调整，其间于1995年12月由原来的克罗地亚重建信贷银行改为现在的名字。

二、国外政策性金融立法层次与内容比较

（一）立法层次比较

在政策性金融机构的立法层次（法律、条例、章程）方面，大多数国家是采取由国家立法机构制定和颁布单独的专门法律的形式，尤其是在市场经济比较发达和法律制度健全的发达国家，以及第二次世界大战后许多国家广泛建立的政策性金融机构，一般都是单独制定和颁行专门的法律。另外，也有少数国家（主要是发展中国家）和国际上的政策性金融机构是以条例、章程之类的规章制度作为其立法依据的。

1. 发达国家政策性金融立法层次比较。发达国家的经验表明，任何一个国家的政策性金融机构都有其具体而明确的法律依据。政策性金融机构作为一种金融机构类型，它具有一般金融机构脆弱性的特征。各国政策性金融机构虽然承担着某些政策性任务，是政府的一种政策性工具，但是政府也都尊重金融机构一般的运行规律，而不是对政策性金融工具或机构随心所欲地使用或干预。正是基于这种考虑，各国政府在使用这种工具时都遵循一定的规范，这种规范的一个重要方面就是法律依据。日本政策性金融法律体系比较健全和完善，每个政策性金融机构都有一部相应的法律。讲究秩序的德国，任何机构都是依法而建、循规蹈矩而运行的，德国复兴信贷银行也概莫能外，《德国复兴信贷银行法》对其机构组成、资本金数量和来源、资金来源、功能与任务、业务的具体操作、利润分配等项内容给予了具体而明确的界定和阐述。《韩国产业银行法》从韩国产业银行的设立目的、性质、资本、各种业务及其监督，到机构设置、人员的任免和管理，规定的非常具体，为韩国产业银行的依法运营提供了可靠的保障。澳大利亚的政策性银行又称专业银行，包括澳大利亚联邦发展银行、澳大利亚资源开发银行、澳大利亚初级产业银行等。这些银行以贷款对象的专门性为特征，国家通过《专业银行法》对其进行管理，以利于产业政策的贯彻实施。意大利工业复兴公司用法令确定了工业复兴公司的章程，规定公司为独立的法人，业务方针由意大利内阁命令规定。加拿大联邦政府根据1945年颁布的《国民住宅法案》，成立了加拿大抵押贷款和住房公司。这家政府机构专门负责住宅建筑行业的发展，管理和发放住宅建筑的长期抵押贷款。

2. 发展中国家政策性金融立法层次比较。一些发展中国家由于市场经济发展不完善，法律制度尤其是金融立法环境不健全，加之其他主观认识和客观条件的原因，在政策性金融法制建设上也比较滞后，表现为往往以条例、章程等行政法规或部门规章的形式规范机构的运作。但是，"二战"后也有不少发展中国家的政策性金融机构汲取了历

史教训和国外经验，制定有专门的法律。例如，印度工业开发银行在 1964 年 7 月 1 日依据《印度工业开发银行法》而成立，原为印度储备银行的附属机构，后来又经议会通过立法，于 1976 年 2 月 16 日成为政府独立机构，业务活动也有所扩大。泰国工业金融公司是 1959 年泰国政府按照《泰国工业金融公司法》成立和运营的专业开发融资机构。菲律宾开发银行在重组中根据《菲律宾开发银行法》及其银行章程和有关规定，改变了经营方针和方式，调整了任务、业务范围和重点。巴西社会经济开发银行根据议会立法授权成立和运作，提供长期发展基金用于基础设施建设。

（二）法律内容比较

政策性金融法是其组织法与业务法的有机结合与统一。它不仅对政策性金融机构的组织结构问题，如组织形式、法律地位、法律性质、职责权限、内部机构设置、设立、变更、终止的条件与程序、权利与义务、法律责任等作出规定，而且对政策性金融机构的业务范围、资产与负债业务、财务与会计、监督等问题作出规范，是政策性金融机构建立和开展业务活动，实现其既定目的与宗旨，发挥其职能作用的法律依据，也是国家对政策性金融机构进行监督、管理的法律依据。

1. 各国政策性金融机构法的组织内容比较。

（1）创设目的和职能，一般都作为正式条款列于法律之首。如《日本开发银行法》第一章第一条规定："日本开发银行的目的是，通过提供长期资金等办法，促进产业的开发和社会经济的发展，补充并奖励一般金融机构的金融等。"《韩国产业银行法》第一章第一条规定："韩国产业银行以顺应国策，提供和管理旨在促进产业之开发和国民经济之发展的重要产业资金为主要目的。"《德国复兴信贷银行法》第二章规定，该银行有以下职能：一是对那些重建和促进德国经济发展的项目发放贷款，并且这些项目所需的资金，其他信贷机构无能力筹措到；二是对那些从事出口贸易的国内企业发放贷款；三是对以上两类交易提供担保。

（2）各国政策性金融机构法中特别明确了该机构属于特殊公法人。例如，《日本开发银行法》第一章第二条规定："日本开发银行为公法人"；《德国复兴信贷银行法》第一章规定，"德国复兴信贷银行是依公法设立的法人团体"。

（3）各国政策性金融机构法中明确了机构的资本金一般为政府出资。例如，《日本开发银行法》第一章第四条规定："日本开发银行的资本金，为政府从产业投资特别会计中的出资 2 339.71 亿日元。"《韩国产业银行法》第一章第四条规定，该银行的 1 兆元资本全部由政府出资。《德国复兴信贷银行法》第一章规定，银行 10 亿马克的资本中，联邦政府投入 8 亿马克，各州政府投入 2 亿马克。

（4）各国政策性金融机构法都特别规定了本国的商业性金融法和其他有关法律一般不适用于政策性金融机构。例如，《韩国产业银行法》第一章第二条规定："如无对本法的特别规定，韩国银行法和银行法之规定不适用于韩国产业银行。"《日本开发银行法》第一章第七条和《德国复兴信贷银行法》第十一章也都规定了银行法、商法典等不适用于该银行。

（5）各国政策性金融机构法中明确了机构设置原则和人事安排与管理规定，包括对职员行为的限制和处罚细则。例如，《韩国产业银行法》第一章第三条规定了韩国产业银行"可在必要之处设分行、办事处和代办处"；在第二章第十一条中明确了由银行总裁、副总裁和理事组成的理事会，议决银行的重要业务事项，是韩国产业银行的最高权力机构；在第十四条"对任员和职员的兼职限制"中规定，"任员和职员不得从事其职务以外的以营利为目的的业务；任员无财务部长官的许可，职员无总裁的许可，不得兼事其他职务"。《德国复兴信贷银行法》明确了复兴信贷银行的机构组成有管理委员会和董事会。董事会是复兴信贷银行的最高权力决策机构和代表，可以撤销授予给各委员会的权力；董事会的人员组成非常广泛，既有来自政府部门的领导，也有金融机构、工业界、社团组织、工会等各行各业的代表。管理委员会的成员由董事会任免，"负责复兴信贷银行的业务，并管理复兴信贷银行的资产"。《日本开发银行法》第七章"罚则"中规定，对有违反本法有关规定行为的日本开发银行的负责人及职员，可以处以3万日元以下或1万日元以下的罚款。

（6）各国政策性金融机构法中还尤其明确了除了专门立法外，还必须另外单独具体制定机构章程，从而构成完整的政策性金融法律法规体系。《德国复兴信贷银行法》第八章规定，德国复兴信贷银行的章程由管理委员会起草，董事会决定，并经监察机构批准。《日本开发银行法》第一章第五条规定日本开发银行章程必须包括以下事项：目的、名称、事务所的所在地、资本金、有关负责人事项、有关业务及其执行事项、公告的方式。日本开发银行变更章程时，须及时向主管大臣报其主旨。《韩国产业银行法》第一章第五条也规定韩国产业银行须以章程规定如下各款事项：目的，名称，总行、分行、办事处和代办处的所在地，资本，有关任员和职员事项，有关业务及其执行事项，有关产业金融债券事项，有关会计事项，公告的方法。同时，要求韩国产业银行欲改变章程，须经理事会议决，并获得财务部长官的许可。

2. 各国政策性金融机构法的业务内容比较。

（1）各国政策性金融机构法对机构的一般业务范围都予以明确界定。《日本开发银行法》在第三章第十八条中十分详细地划分了日本开发银行的业务范围，如"对从事有助于产业开发及社会经济发展的设备（包括航空器、船舶及车辆）的取得、改进和修补（限于增加设备价值的修补）……对于依政令规定进行有助于高新技术的研究开发、城市的健康发展与有秩序的整备、能源的合理利用的事业以及有助于产业开发与社会经济发展的事业，而该事业所需资金在日本开发银行以外难以获得者"，等等，可以提供开发资金贷款、投资、担保、应募公司债等。《韩国产业银行法》第三章规定韩国产业银行在按本法规定执行业务时，不得超出年度业务计划所指定的范围。

（2）各国政策性金融机构法中规定了资金来源渠道和业务操作办法。例如，《德国复兴信贷银行法》规定，复兴信贷银行可以发行债券筹措资金，但不得吸收存款，不得从事流动资金业务或为其他客户进行证券交易。复兴信贷银行贷款的发放，一般委托其他信贷机构进行。只有在例外的情况下，而且只有在董事会同意时，才可以直接放贷。发放的贷款应是中长期贷款，这是基本的原则。只有在特殊的情况下，并经董事会批准，才可能发放短期贷款。《韩国产业银行法》在第三章中专列一节，对利用产业金融债券融资作了具体规定，如产业金融债券发行额不得超过银行资本金和法定准备金之和的 10 倍。《日本开发银行法》第三章第十八条之二也对银行借款及债券发行的限额等作了规定，在第十九条中还规定了放款利率的标准等。

（3）各国政策性金融机构法对机构的财务会计、税负减免等予以明确规定。《韩国产业银行法》第四章规定，韩国产业银行的预算及决算依据政府投资机关预算会计法的规定，在完成决算后须公布损益计算书、财产目录等。关于盈利的处理和损失的填补，该法规定，"韩国产业银行在每一会计年度补充资产的折旧之后，须将决算纯利全部作为积金"，积金在填补损失后可转为资本金，如果积金不足以填补损失金，可由政府补偿。该法第六章第五十一条规定，"有关韩国产业银行的财产和业务，免除政府和地方公共团体的税和捐"。《日本开发银行法》在第四章"会计"中规定，"日本开发银行必须编制每事业年度的收入及支出预算呈报大藏大臣"，国会依国家批准预算的惯例批准该预算；同时规定在"预算编制后所发生的事由至关重要时"，可以编制"有关追加预算的补充修正预算"；"日本开发银行对于预算确定的经费款额，非经大藏大臣同意不得挪用"；规定要求，日本开发银行必须在完成决算后编制决算报告书，连同财务诸表及时呈报大藏大臣，然后送交内阁，在经会计检查院审查后，呈报国会。该法在第三十六条中规定，日本开发银行在每一事业年度损益计算发生盈利时，须将一定款额（如该盈利 20% 的金额）作为准备金加以积累。

（4）各国政策性金融机构法中明确了特殊的融资原则，主要有充当"最后出借人"、非竞争性、倡导性等原则。

（5）关于政策性金融机构的监督机制，如监督主体、权力行使、业务监察及其内容等，在各国政策性金融机构法中也都是专列一章，予以明确界定。

第三节　中国政策性金融立法现状与对策

我国目前对政策性金融机构尚无专门立法，只是在有关法律中有一些散见的零星规定。如 2003 年 12 月修订实施的《中国人民银行法》在其第五十二条中规定："本法所称银行业金融机构，是指在中华人民共和国境内设立的商业银行、城市信用合作社、农村信用合作社等吸收公众存款的金融机构以及政策性银行。"同期颁布实施的《银行业监督管理法》也在第二条对银行业金融机构作了解释，其中也包括政策性银行。

一、中国政策性金融立法的滞后性及迫切性

与国外政策性金融专门而系统的立法相比，我国的政策性金融机构立法建设显得比较滞后，尤其是连一般性的政策性金融法规都没有，使得政策性金融机构的经营活动缺乏法律规制、对其监管缺乏法律依据。

造成我国政策性金融这种立法现状和问题的根本原因，在于一系列内外因素的相互作用和制约。从影响政策性金融立法规范性的环境因素来看，中国的金融法制建设总体

进程缓慢而滞后。中华人民共和国成立以后，时至 1995 年 3 月 18 日（即三大政策性银行成立近一年后），第八届全国人民代表大会第三次会议才通过了中国第一部金融大法即《中国人民银行法》。由此不难推断出我国政策性金融专门立法的艰难性。其中原因固然很多，但最主要的是金融改革中关于法律适度超前、诱导、规范、限制、调整与长期滞后、各行其是的两种不同方法论选择问题。另一方面，从影响中国政策性金融立法规范性的认识因素来看，一些学者始终对政策性金融抱有偏见和抑制的态度，无视中国发展中市场经济的国情和传统内涵，对市场经济缺陷的弥补路径，仍然片面过分强调市场机制的作用，排斥政府必要的宏观调控手段，过于推崇西方市场经济理论和金融深化理论，没有看到发达国家仍然离不开政府调控的现实，没有看到世界各国，包括发达国家和广大发展中国家、转轨型国家，不仅在历史上通过政策性金融促进了经济增长，而且迄今仍在运用政策性金融手段完善金融市场机制的这一现状和趋势，当然也没有看到国外政策性金融机构单独立法从而依法运作的一般惯例。同时，相关实际部门的一些官员重商业性金融、偏政策性金融，建立政策性银行的目的也主要是站在非政策性金融的角度，以"解决国有专业银行身兼二任的问题"和"确保人民银行调控基础货币的主动权"。认识上的这种偏差导致了对我国政策性金融立法缺乏紧迫感。尽管有关立法的呼声始终不绝于耳，但专门的政策性金融法规仍然难以"呱呱落地"。此外，从我国政策性金融机构自身因素来看，在经营宗旨上三家政策性银行都有利润动机和向商业银行转化的倾向，因而不愿意在法规上体现不以盈利为目的、不与商业银行竞争的宗旨，不愿在业务范围上受太多限制。

中国政策性金融专门法律法规的严重缺位，直接影响到政策性金融的生态环境与可持续发展。一是造成三大政策性银行的定位不准，盲目经营，其合法权益得不到有效保障，经营行为缺乏法律规制，经营自主权受到干预。二是导致并进一步加剧了金融市场上政策性金融机构与商业性金融机构之间的无序竞争。究竟是越位还是缺位，仍然是"公说公有理，婆说婆有理"，是非难断，无法可依，无"法"明断。三是与当今世界各国政策性金融机构普遍有法可依、依法运行的惯例和要求格格不入，更有悖于市场经济就是法制经济的定理。四是如果对政策性金融的立法存有空白，将使得我国金融立法体系不完善，也势必影响整个金融活动的正常开展。

同时，目前对政策性金融机构进行单独立法的条件已经相对成熟。首先，国家对金融法制建设的重视为政策性金融机构立法提供了有利条件，尤其是《中国人民银行法》和《商业银行法》的出台和重新修订颁布，奠定了我国金融业基本的法制格局，并成为构建金融立法体系的基础和平台，也为政策性金融法的出台预留了立法空间，便于其更好地准确定位。其次，各家政策性金融机构的多年实践为立法提供了较为丰富而珍贵的实践经验，这为通过金融立法转化为具有强制力的可操作的行为规范和金融法律关系准则提供了现实依据。最后，从立法的水平来看，我国的立法理念、立法制度和立法技术已经日趋成熟。特别是随着 2000 年《立法法》的出台，立法的规范化程度、可操作性都有了明显的提高，对国外现行法律的移植和部分借鉴，从观念到技术层面的解决都已成为可能，这些都为我国政策性金融立法提供了良好的基础条件。此外，学术界对政策性金融机构改革和立法已经作了比较充分的理论准备，各政策性金融机构以及中国人民银行、银监会、财政部等改革的参与者和决策者虽然对改革还有一定的争议，但就改革的一些基本问题已形成初步的共识，改革的基本走向也已比较明确，立法的基本前提已经具备。

二、完善我国政策性金融立法体系的途径

政策性金融的专门立法，是规范政策性金融机构内部运行机制和处理外部关系的基石，是保障政策性金融机构有效运行的基础环境与前提条件，也决定了政策性金融是否可持续发展。为此，我国最高决策机构和立法机关应该高度重视并加快政策性金融的立法步伐，借鉴国外的有关成功经验，结合中国的国情实际，循序渐进，制定颁行并不断完善有中国特色的政策性金融立法体系和制度。

（一）高度重视政策性金融立法工作

为了保障和落实政策性金融机构本应享有的优惠待遇，如国家信用保证、稳定的利益补偿、税负的减免等，同时又能有效规范约束政策性金融机构的经营行为，使其既不缺位又不越位更不错位，需要有政策性金融的专门立法予以保障和制约，而且这种立法并不单纯是对政策性银行的一种优惠和特权，相反更多的是对它的限制。另一方面，政策性金融机构在资源配置目标、业务宗旨、资产负债结构、运行机制等方面与商业性金融机构具有本质的不同，与一般的政府机构或社会公益机构也有着根本的区别，因而既不能套用商业性金融法，也不适用于规范政府行政行为的法律，必须把政策性金融立法提到重要的议事日程上来。

（二）充分借鉴各国的成功经验

学习和借鉴世界各国在政策性金融立法方面的成功经验，并考虑到我国经济金融运行的环境因素和政策性金融机构运作十年来的实际情况，统筹规划，分别立法，在法律内容上体现出普遍性原则、基本规则与不同机构业务特殊性、规范性要求的有机统一，切实走出一条有中国特色的政策性金融立法的可持续发展之路。一国政策性金融的立法体系采取何种模式构建，主要取决于立法者依据本国客观经济状况、政策性金融机构的实践及其他相关因素所作出的决断。从我国政策性金融机构的发展状况来看，目前可以采取单一、分散的立法模式，以现有的政策性金融机构作为基本构造单元，由其单行法律组成我国独具特色的、初步的政策性金融法律体系。

（三）从政策性金融与商业性金融是相互对称、具有不同质的规定性的两大金融族类的战略高度，确立政策性金融机构特殊的法律地位

在市场经济发展中，尽管我们不能过分夸大和提升政策性金融的地位和作用，而是尽可能地充分发挥商业性金融的基础性和主体性作用，但是，政策性金融与商业性金融犹如一个人的两条腿而缺一不可，并伴随市场经济发展的始终。这不仅是一个经济金融规律，也是一个自然历史规律。所以，无论是从理论上还是实践上，无论我们承认与否，金融事实上一直存在着和划分为商业性金融和政策性金融两大族类；与此相对应，各国立法当局也是严格地将金融类法规分为针对商业性金融的一般法律同针对政策性金

融的分门别类的特殊法律两大类，而且后者也不受普通银行法的制约。政策性金融机构在从事金融活动和参与金融法律关系时，与商业性金融机构一样具有独立的法律主体资格和平等的法律地位。我们不应该削弱甚至摒弃政策性金融，正确的态度是努力探寻和确立政策性金融与商业性金融的最佳结合点，实现二者合作博弈下的正向合作均衡，并以法的形式确立合作的规则，使其各自的功能发挥达到帕累托最优。

（四）明确我国的政策性金融机构是一种特殊的公法法人的法律属性或性质

学术界对法人有不同的分类标准，依法人设立的目的及法律依据不同，可将法人分为公法人与私法人。这是大陆法系国家对法人进行分类的一种方式，我国法律体系在传统上也属于大陆法。加入世贸组织后强调公私法的区分和公法人与私法人的划分，具有重大的理论意义和实践意义，这在我国学者中也基本上达成了共识。根据我国《民法通则》第三章对法人概念、条件和分类的界定和规定，笔者认为，我国政策性金融机构属于独立法人性质，但既不是以营利性为唯一目的的企业法人，也不是依法行使国家权力的机关法人，更不是只为了社会公益事业目的、一般不从事生产经营活动的事业单位法人，或非营利性的社会团体法人，同时也并非创设法人的国家不对法人的债务承担责任的一般法人。所以，对我国政策性金融机构法律性质的完整描述应该是：以服务于公共利益和社会整体效益为目的，以维持自身财务稳健和可持续发展为条件，以国家信用为基础的特殊公法人。

（五）各种政策性金融机构要分别单独立法

不仅政策性金融机构与商业性金融机构是两种不同质的金融族类，各种政策性金融机构也有不同的业务性质和经营特点及要求，政策性金融单独立法有充分的理论依据。而且国外的实践经验也表明，绝大多数国家（特别是发达国家和政策性金融发展比较成熟的国家）的政策性金融机构都分别有其具体而明确的立法依据，这一点是值得深思的。因为市场经济就是法制经济，系统完善的立法体系是市场经济体制的一个基本运行特征和要求。我国的政策性金融机构，包括三大政策性银行、出口信用保险公司、资产管理公司等，也应该分门别类地予以立法。

（六）在立法步骤上，可以采取先制定颁行行政法规，再逐步过渡到一般法律的形式

尽管条例、规定之类的行政法规不具有法律那样的严肃性、权威性、规范性、公正性和约束力，其法律效力也抵不上一般法律，也有悖于市场经济就是法制经济的定理，然而，鉴于中国金融法制建设的总体实际情况和环境因素，当务之急是尽快由国务院召集有关部门和金融机构，抓紧制定和颁布国家开发银行条例、中国农业发展银行条例、中国进出口银行条例、中国出口信用保险公司条例等，并据此批准制定国家开发银行章程、中国农业发展银行章程、中国进出口银行章程、中国出口信用保险公司章程等。在条例运行一定时间和立法机会成熟后，再适时修改并逐步上升至由全国人大常委会制定和批准颁行的一般法律，这也符合政策性金融法律的动态调整性的一般特征和要求。一部政策性金融法并非一开始即完美无缺并一劳永逸，根据国家的形势、政策和经济金融环境的变化，与时俱进，在一定的发展阶段，适时地调整并加以完善，才是合理和正确的选择。

本章小结

1. 由于商业性金融与政策性金融这两大相互对称的金融族群各自具有一定的特殊性，在机构性质、业务运作机制等诸多方面存在着不同的质的规定性，因此，一国完善的金融立法体系，除了中央银行法、金融监管法等最高层次的金融法外，还应包括相互并存的商业性金融法和政策性金融法。

2. 政策性金融的法律制度，是指关于政策性金融机构的创设目的、法律地位、资金运用和业务范围、资金来源、融资原则、政府信用支持和优惠政策、组织体制、监督检查机制、法律责任等方面的法律规范的总称。政策性金融立法体系所调整的金融关系，主要是政策性金融机构的业务关系和监督关系。

3. 与商业性金融法相比，政策性金融法具有体现较强国家干预、立法内容变化较大、专业性很强等特征。无论是从完善金融立法体系的立场出发，还是从巩固金融体制改革成果、促进政策性金融机构健康可持续发展的角度考虑，都应尽快建立健全政策性金融立法体系。

4. 政策性金融内在统一、协调和完善的立法体系构成，不仅表现在具有不同的政策性金融机构专门法律及其相应配套的机构章程，而且还包括政策性金融立法体系的基本内容构成，其内容至少应包括创设目的、法律地位、资金运用和业务范围、资金来源、融资原则、政府信用支持和优惠政策、法人治理结构、监管机制、法律责任等方面。

5. 世界各国特别是西方发达国家已经形成了比较成熟的政策性金融立法体系，并呈现出以下一般特征：把政策性金融立法与商业性金融立法放在金融法制建设同等重要的地位，先立法而后成立政策性金融机构，对政策性金融机构进行单独立法且大都采取法律的形式，一国所有的政策性金融机构法形成政策性金融机构法律体系，从内容上看主要是对机构组织与业务运作两方面的有机结合与统一，明确政策性金融机构属于特殊公法法人，确立了政策性金融机构特殊的融资原则，并对政策性金融法进行动态调整等。

6. 与国外政策性金融专门而系统的立法相比，我国的政策性金融立法建设在内因外因的相互作用下显得比较滞后。我们应高度重视政策性金融立法工作，充分借鉴各国的成功经验，从政策性金融与商业性金融是相互对称、具有不同质的规定性的两大金融族类的战略高度，确立政策性金融机构特殊的法律地位；明确我国的政策性金融机构是一种特殊的公法法人的法律属性或性质；各种政策性金融机构要分别单独立法；在立法步骤上，可以采取先制定颁行行政法规，再逐步过渡到一般法律的形式，进而不断完善有中国特色的政策性金融立法体系和制度。

思考题

1. 什么是政策性金融的法律制度？其特殊性主要表现在哪些方面？
2. 政策性金融立法体系的构成及基本内容是什么？
3. 国外政策性金融立法具有哪些一般特征？
4. 结合我国政策性金融立法的现状，谈谈我国政策性金融立法的意义及对策。

第十章

政策性金融监督结构

政策性金融监督是一国完整统一的金融监管体制中不可或缺的组成部分。在科学合理的政策性金融监督体系中，也需要有别于商业性金融的政策性金融绩效评价指标体系。本章在比较分析一般金融监管和政策性金融监督的基础上，介绍了政策性金融监督的内涵、目标、基本内容及其必要性，政策性金融监督机制和权力结构的特征，以及政策性金融机构绩效评价的含义和原则，政策性金融机构绩效评价指标体系等内容。

第一节　政策性金融监督的内涵和目标

一、金融监管和政策性金融监督

在一国完整的金融监管体制中，只有同时存在着对政策性金融机构和对商业性金融机构不同的监督、管理机制，该国的金融监管体制才是协调的、合理的和完善的。"监督"与"管理"两个词，尽管相互联系，有时也可并列使用，但严格而言，它们是两个不同的概念，也体现了对政策性金融监督与对商业性金融监管的不同规范性要求。管理，是对金融机构及其经营活动居高临下的指挥和领导，具有行政命令和直接干预的特点；监督，是指对金融机构及其经营活动的监察和督导。其中，监察就是检查金融机构经营活动是否符合既定的目标，找出偏差的程度与原因；督导就是督促检查，纠正偏差，引导金融机构经营活动有效地实现目标。所以，监督是一种具有指导、协调、约束和制衡特点的控制手段，监督者与被监督者之间是一种级位平等、平行的指导与被指导的关系，而非上下隶属关系或居高临下的直接管理关系。

因此，一般意义上的对商业性金融的金融监管与特殊意义上的对政策性金融的金融监督也具有不同的内涵、目标和规范性要求。传统上所说的金融监管，一般是指国家的外部强制性金融监管，是有关政府当局（主要是中央银行或其他金融监管当局）对以追求利润最大化为目标的各种类型的商业性金融企业或金融市场的居高临下的行政管理和经济监督，包含着既监督又管理的双重含义。一般金融监管的主体是中央银行或其他专门的金融监管当局。一般金融监管的目标是针对商业性金融的特殊性，通过保护金融消费者即投资者和存款人的利益，创造和维护金融业公平竞争的环境，保证货币政策的顺利实施，达到维护一国金融体系安全与稳定的最终目的。

政策性金融监督体现的是一种特殊的监督关系与独特的监督机制和权力结构，是国家以政策性金融专门立法的形式，由政府直接控制政策性金融机构的主要人事任免权，政府相关部门参与协调与制约，国家审计机构定期或不定期作专门审计监督，以及由政府相关部门和权威专家或其他行业人员代表国家和公众的利益组合而成的董事会（理事会）的组织形式，对政策性金融机构及其政策性金融业务活动具体行使最高的决策、监督、协调职能。包括政策性银行、政策性保险公司在内的各种类型的政策性金融机构是官方或半官方或准官方机构，是特殊公法法人，本身就是"官"或政府的一部分或有机组成元素，因而不存在一个政府机构居高临下地对另一个政府机构（"官对官"）的全面监管，故而政策性金融监督不同于传统的一般金融监管。政策性金融机构由于一般不吸收活期存款因而不能创造派生存款，投融资业务的计划性和政策性也较强，所以一般不在中央银行或金融监管当局的监管之列，监督主体结构也呈现出多元化的特点并形成一种独特的监督机制。政策性金融监督的一般目标是实现政府的政策意图，提高金融资源的总体配置效率和促进经济发展。

政策性金融监督的特点主要表现为：一是从法律上授权监督和制约以保障政策性金融机构的有效运行，并适时进行修订、补充和完善，实现动态调整；二是国家元首或者政府首脑对政策性金融机构主要官员的选择和任免机制；三是政府相关部门对政策性金融机构进行协调、决策和制约；四是国家审计机构的定期或不定期审计（稽核）机制。

二、政策性金融监督目标及必要性

（一）政策性金融监督的基本目标

政策性金融监督的一般目标是实现政府的政策意图，提高金融资源的总体配置效率和促进经济发展。同时，由于政策性金融机构作为连接政策性融资与市场融资活动的一种中介机构，在对其监督过程中必须防止在经营管理过程中出现道德风险，因此，可以将政策性金融监督的目标具体概括为以下三类：

一是政策性目标的实现程度。政策性监督首先要确定各政策性金融机构的总体及业务目标，并对政策性金融机构是否按照相应的政策性目标和要求为政府的政策性发展目标提供资金支持，及对政策性金融机构开展相关业务过程中是否取得了相应的审批与授权进行检查。

二是经营性目标实现程度。要依法监督和监察政策性金融机构是否按照金融机构的原则进行市场化运作，财务状况是否稳定和可持续发展，是否健全和完善了科学合理的内部分工制度、项目审批集体决策机制及业务的风险控制机制，并检查其资金运作是否符合法律法规的要求等。

三是避免道德风险。政策性目标作为规范政策性金融机构行为的主要原则，其实现程度很容易受到各种设租寻租行为因素的干扰。而且由于政策性金融机构具有低利率融资或财政补助金形成的特权，围绕政策性金融机构的资金供给，有可能出现各种道德风险，所以，要通过强化政策性金融监督手段，达到防范和避免道德风险的目标。

（二）政策性金融监督的必要性

在我国现行的金融监督、管理体制中，存在着一定的外部功能性结构失衡，即不可或缺的政策性金融监督体制和手段的缺失，及其与相对完善的商业性金融监管体制和手段的不协调、不配套，主要表现为：一是由主要负责监管商业银行的中国银监会，按照监管普通银行的标准和方法来监管政策性银行的业务活动；二是中国保监会只监管商业性保险公司，使得对政策性出口信用保险公司的监管主体缺位。这样，迄今为止尚未建立健全或者缺位的中国政策性金融监督机制与结构，不仅是国家金融监督、管理体制整体性、统一性和系统性不完善的一个主要表现，而且由于监督无法可依及其考评指标缺位，直接导致政策性金融机构与商业性金融机构之间一系列的业务冲突或无序竞争和不协调发展。

有的政策性银行主动地越位竞争，时时讲利润、处处争客户，在业务领域只进不退，忘记了政策性金融制度的本质要求。因此，当务之急是从监督的法律依据、监督的主体结构和监督考评指标体系等方面尽快建立健全中国政策性金融监督机制和结构。其中，特别是要加强对政策性银行的政策导向作用的引导，尽量减少其片面追求盈利的动机，限制其兼营商业性业务的规模和范围。

为尽可能地防止"政府失灵"、"内部人控制"和寻租现象发生，完善政策性金融监督也是相当必要的。

政府失灵是公共选择理论分析的一个主要结论。按照布坎南等人的分析，政府失灵是指政府在力图弥补市场缺陷的过程中，不可避免地产生了另一种缺陷，即政府活动的非市场缺陷。也就是说，政府为克服市场功能缺陷所采取的立法、行政管理以及各种经济政策手段，在实施过程中往往会出现各种事与愿违的结果和问题，最终导致政府干预经济的效率低下和社会福利损失。一般来说，政府失灵主要包括以下几种情况：（1）政府干预往往导致不可预测的变化。（2）对政府政策作出明确的描述，往往是非常困难的。（3）政府对于各机构及政策执行过程中常常缺乏足够的控制。（4）政府干预并非免费产品，其产生的交易成本必须与市场交易成本放在一起权衡比较。（5）产生寻租行为，即人们试图寻求影响国家的方法以便使福利转移到个人手中。

政府出资建立政策性金融机构，正是为了填补政府公共物品提供空隙和弥补契约失灵所导致的市场公共物品缺乏，试图用一种间接的、强调发挥市场机制作用的方式来贯彻政府的政策意图。政策性金融机构的运营往往要依赖政府的财政资金，这种依赖关系决定了政府意志对其的影响，即政府意志在很大程度上决定了其运作方向和方式，进而导致其经营决策的行政化，导致政策性金融成了变相的"财政融资"，往往会出现效率低下甚至是经营失败。同时，政策性金融机构的全资国有形式，往往会造成产权主体虚置，难以建立起对管理者的有效激励和约束机制，从而出现"内部人控制"问题。而且，一个人格化产权主体的缺乏，又使得管理者必然获得对其拥有资源的实际支配权，作为缺乏内资约束的财政资源是零成本的资源，因此容易产生"寻租"行为，使政策性金融的作用大大削弱，效率受到影响。因此，建立健全政策性金融监督体制和运作机制势在必行且迫在眉睫。

第二节　政策性金融监督内容及体系构建

一、政策性金融的监督机制和权力结构

政策性金融监督机制，是一国通过政策性金融特别立法的形式，由国家（最高立法当局、元首与首脑）直接控制政策性金融机构的主要人事任免权，政府相关部门参与协调与制约，国家审计机构定期或不定期地专门审计监督，从而从机构外部对政策性金融机构进行控制、组织、约束、协调、保障的过程和方式。政策性金融监督的权力结构，主要表现为由政府相关部门和权威专家或其他行业人员代表国家和公众的利益组合而成的董事会（理事会）的组织形式和机构构造方式，并由董事会（理事会）对政策性金融机构具体行使最高的决策、监督、协调职能，包括机构内部的人事安排、业务运营与限定、资本和税负减免的获得等，同时，由法律对此予以明确定位、保护与制约。这样，就从政策性金融机构的外部和内部两个层面上，构成了政策性金融独特的监督机制和权力结构。各国在这方面也表现出了一些明显的共性特征。

（一）政策性金融监督机制的特征

1. 最高立法当局的法律授权与制约机制。由于政策性金融机构一般是专业性的，各类机构在业务上、经营方式上的差别较大，所以，为了从法律上授权监督和制约以保障政策性金融机构的有效运行，各国立法当局一般是对各种政策性金融机构分门别类地单独立法，并与时俱进，在适当的时候进行修订、补充和完善，使本国的法律具有一定的动态调整性。日本政策性金融一个机构一部法律的管理体制和完善的立法体系比较典型，以《日本进出口银行法》为例，该法于 1950 年 12 月 15 日施行，其后经过多次修改，并随着新银行法的施行于 1985 年 6 月 7 日再次进行了修改。随着 1999 年 4 月 23 日《日本国际协力银行法》的颁布，同年 10 月 1 日成立的日本国际协力银行取代了日本进出口银行及其海外经济协力基金。

2. 国家元首与政府首脑对主要官员的选择与任免机制。为了保证政策性金融机构更好地贯彻和配合国家的社会经济政策或意图，真正地充当政府发展经济、促进社会进步、进行宏观经济管理的特殊工具，政策性金融机构除了多由政府创立、参股或保证外，机构的主要官员都由国家元首或政府首脑任免。美国进出口银行董事会成员和银行总裁，联邦住房贷款银行委员会的 3 名负责人，以及美国联邦土地银行、联邦中期信贷银行和合作银行三个农业信贷机构的理事会成员等主要官员也都由总统任命。意大利工业复兴公司理事会主席和副主席由国家元首任命。泰国小企业金融局贷款委员会的 9 名成员均由政府内阁任命。瑞典出口信贷担保局理事会的全部成员、瑞典出口信贷公司董事长等主要官员也都由政府首脑直接任命。

3. 相关部门的协调、决策与制约机制。政策性金融机构的政策"天性"，注定了其

与政府相关职能部门（如财政、政府主管部门、央行等）有密切的业务方面的天然联系。其中，财政在政府的直接授权下发挥着重要的作用，主要是资本金拨付与增补、财力约束和财务监督等。政策性金融机构既有一定的相对独立性也有较强的专业性，并有特定的支持对象和领域。而政府有关部门作为相关行业领域经济与社会发展规划的制定者和组织管理者，可以为政策性金融机构融资规模的确定、融资项目的选择、项目支持的方式（如专项贷款等）、贷款利率的确定、资金往来协调等业务活动提供指导、协调、制约和支持。如英国出口信贷担保局要向贸工部汇报工作，在扩大业务时必须征得财政部的同意，此外，还要接受政府出口担保咨询委员会的咨询建议。

4. 国家审计机构的定期或不定期审计（稽核）机制。西方微观经济理论一般都认为，公有企业相比于私人企业是低效率的，充满了官僚气息，其根本原因在于受到制度安排方面的严重约束。政策性金融作为一种政府行为和公有企业形式，也不可避免地会产生一些负面影响，如日本政策性金融在战后日本经济的恢复、复兴与高速增长中的启动作用功不可没，但在其具体运作中也曾为权钱交易提供过温床，1954 年的造船业行贿受贿丑闻即是一例。因此，使政策性金融机构能够守法高效运营并在不发生重大亏损的基础上稳健经营是各国政府面临的一大难题，而接受国家审计管理部门的财务监督则至关重要。韩国审计监察委员会负责监察政策性金融机构的会计清算以及任何业务计划中的违法行为。

（二）政策性金融监督的权力结构

各国在政策性金融监督的权力结构方面也表现了一些明显的共性特征。

1. 法律的定位保护与制约。为了使政策性金融机构能够在专门的法律框架内合法运行，保护并制约其最高权力机构董事会或理事会能够正确有效地行使其最高的决策、监督、管理和协调的职能权力，各国也都在法律上予以明确的定位和规定。例如，美国将农业政策性金融机构在法律上定位为"永久性法人机构"。《德国复兴信贷银行法》、《日本政策投资银行法》和《韩国产业银行法》分别对政策性银行的法律地位作了表述，而且本国的央行法和银行法均不适用于这些银行。如《德国复兴信贷银行法》第一章规定，该银行是依据公共法设立的法人团体，《德国银行法》和德国有关的商法典不适用于它。

2. 理事会或董事会的组成。政策性金融机构的董事会或理事会，一般是由政府相关部门的领导和权威专家或其他行业人员以及政策性金融机构的高层主要官员，代表国家和公众的利益组合而成的最高决策、监督、协调机构。在这方面，印度进出口银行董事会的组成是很有特色的，在 14 名成员中，既包括政府部门、金融机构和商业界的代表，又有两名是来自学术机构的教授。其组成人员如此综合复杂，在世界上也是很典型的，这种人员构成对提高该行的服务水平和开拓业务种类起着至关重要的作用。瑞典出口信贷担保局的理事会成员 13 人，来自政府有关部门（贸易部、财政部、工业部和外交部）、商业银行和工商业界。理事会负责制定政策和原则，董事会负责日常经营决策和政策执行。

3. 资本授予。在政策性金融监督的权力构成中，政府对政策性金融机构资本金的足额拨付与稳定的资本增补补偿机制是一个不可或缺的重要方面。针对政策性金融机构资本运作的特殊性，各国政府一般都全额拨付资本金并随时追加，使其资本充足率高于商业银行，许多在两位数以上，因而是与赋予机构的任务相匹配的，为机构的正常运营与发展奠定了坚实的财务基础。德国复兴信贷银行的注册资本金为 10 亿马克，德国政府还给予其将利润转入特殊准备金的政策，这实际上是政府除资本金之外的再投入。

4. 业务限定。国外比较成熟的政策性金融机构，其业务行为都是要求不与商业性金融机构竞争，并在严格限定的"政策性"项目领域的基础上力求合理的盈利水平，力求"政策性、盈利性、安全性和流动性"的有机组合和协同，这也是政策性金融可持续发展质的规定性。因而，在限定的政策性业务领域内，政策性金融机构的非主动竞争性盈利及其多少也都是合理的。德国复兴信贷银行法规定，银行的业务范围及其活动必须奉行补充性原则和中立原则。韩国进出口银行在追求每一笔业务的"银行业务标准"（Banking Standards）（讲求业务的效益）的同时，主要对商业性金融机构起补充作用，不与商业银行竞争。

5. 人事任免。在政策性金融机构特殊的权力结构中，国家元首或政府首脑通过对董事会或理事会主要官员的任命，从外部控制和引导政策性金融机构的发展方向和目标。而在政策性金融机构权力结构内部，董事会或理事会则通过人事参与和机构内部人员（主要官员）的具体安排，保证政策性金融业务稳健运营和经营目标的实现。日本开发银行的领导决策机构理事会，除了总裁、副总裁和监事均由内阁首相任命外，所有理事和参事都由总裁任命。菲律宾开发银行董事会任免除董事长、副董事长以外的高级官员。美国总统任命联邦住房贷款银行委员会的负责人，而每个联邦住房贷款银行董事会的 1/3 的成员则由联邦住房贷款银行委员会任命，任期 4 年。

6. 税负减免。对政策性金融机构依法减税或免税，以不断扩充其自有资本，形成资本实力与时俱进的机制，这也是各国政策性金融特殊权力结构的重要内容与特征。如德国复兴信贷银行享受全部免税政策，即免交所得税和营业税。为了推动高新技术的迅速发展，加拿大政府不仅在信贷上而且在财政和税收上，都给予政策性非银行金融机构加拿大风险资本公司优惠待遇；加拿大出口发展公司的营业收入不缴纳所得税，国家所得税法对该公司不适用。

二、政策性金融监督的基本内容

政策性金融体系主要是由多种政策性金融机构组成的，包括政策性银行、政策性担保公司、政策性保险机构等，在经营范围上有地区性政策性金融机构、全国性政策性金融机构、跨国政策性金融机构。根据机构层面分类，将政策性金融监督内容分为三个层次：微观层次、中观层次和宏观层次。

1. 微观层次的政策性金融监督。

微观政策性金融监督是针对单个政策性金融机构的监督。对该机构来说，经营活动会因政策性金融市场信息不对称、金融市场失灵造成的不确定性，使得政策性金融机构可能遭受损失。因此，对单个政策性金融机构进行监督既是微观监督的任务，也是整个政策性金融监督的切入点，与商业性金融监管在某些方面有相同或相似之处。

政策性金融机构面临的金融风险贯穿经营始终，表现形式多种多样，对金融机构开展风险监管，就要对该机构面临的风险有准确的把握。微观政策性金融监督，是对单个机构的监管，主要内容包括对该机构的市场准入、市场经营和市场退出的风险控制，这种监督通过一系列法规和必要的检查实现。（1）金融市场准入。金融市场准入监督的内容通常包括：最低注册资本、高级管理人员资格审查、经营场所和安全措施的要求、股东成分以及股东持有股份比例等。市场准入的监督（与商业性金融监管相同）的目的，是控制政策性金融业规模和调节政策性金融相关率（PFIR）①，既不能垄断，又不能影响与商业性金融机构的协调发展。（2）金融产品价格。由于政策性金融自身的贷款政策性较强以及不以营利为目的本质特点，政策性金融机构的金融产品价格是央行规定的金融产品的最低价格，而其微观监管主要体现在合规性操作方面。（3）金融主体风险。监测金融机构的风险程度，是微观政策性金融监管的核心。因此，选择关键因素以及指定风险指标体系，是决定微观金融监管的前提。

在我国，对政策性金融机构的监督主要表现为对金融市场准入、金融业务准入和金融高级管理人员准入三个环节的微观监督。（1）政策性银行机构市场准入环节体现在如下几个方面：一是机构审批原则。中国银监会审批设立政策性银行，必须遵循《金融机构管理规定》（银发〔1994〕198号）规定的原则；二是机构准入程序。我国建立政策性银行，由筹备组向中国银监会提出法人机构设置的申请，中国银监会审核同意后上报国务院，经国务院批准后，批复申请人。（2）政策性银行业务的市场准入环节，审批的基本原则是：支持国家产业政策的实施和地区经济的协调发展；完善政策性银行功能，促进政策性银行的健康发展；属于政策性金融范围，不与商业银行竞争。同时，政策性银行基本业务经营范围，在国务院批准政策性银行成立时一并审批。（3）政策性银行高级管理人员的市场准入环节，中国银监会依据《金融机构高级管理人员任职资格管理办法》，审核政策性银行高级管理人员任职资格，采用核准制和备案制。中国银监会对政策性银行高级管理人员施行"属地化管理"原则。国务院直接任免政策性银行的董事长、副董事长、行长、副行长等高级管理人员，由中国银监会审核或备案。

2. 中观层次的政策性金融监督。

中观层次的政策性金融监督是对区域政策性金融的监督。当在一个区域内有多个相关机构时，就形成了金融产业群，它是一个中观金融的概念。中观金融不完全是一个行政区划，更多是一个经济区域，即区域金融。

中观政策性金融是指一个国家内，不同形态、不同层次和不同业务的金融机构相对集中形成的区域政策性金融。其内涵表现在：一是实施中观政策性金融监督的主体，主要是一国政策性金融主管当局的分支机构，其金融监督权的行使是国家行政权力在金融

---

① 政策性金融相关率（PFIR）是指一国某一时点上政策性金融机构资产规模与全部金融中介机构总资产的比率。通过揭示PFIR一般值的大小及其变化趋势，能够从一般定量的角度分析和控制政策性金融资产规模，协调政策性金融与商业性金融业务量的一般比例关系（王伟：《中国政策性金融与商业性金融协调发展研究》，85~89页，北京，中国金融出版社，2006）

领域的具体实施，具有强制性。在我国，承担区域政策性金融监督的机构是中国银监会的分支机构，即各省、自治区、直辖市的银监局，也包括中央银行分支行。二是中观政策性金融监督的客体，是区域内具有独立法人资格的政策性金融机构及其分支机构。三是中观政策性金融监督的依据，是按照国家（或地区）相关金融法规条例，对区域内政策性金融机构施行检查监督，对有问题的政策性金融机构进行处罚，或对发生意外风险的政策性金融机构实施一定的救助等。

中观政策性金融监督的目标，是维护区域政策性金融与商业性金融的协调发展，控制区域政策性金融风险，保证区域政策性金融稳健运行，促进区域经济金融的健康发展。

3. 宏观层次的政策性金融监督。

无论是集中式金融监督体制，还是分工式金融监督体制，执行宏观金融监督的主体都是一个国家金融监督机构的权力中心，是由政策性金融监督机构的最高层统一制定标准和统一部署协调，对全国的政策性金融运行进行监督。金融法规是宏观政策性金融监督的法律依据，健全的法律体系是对政策性金融机构进行有效监督的基础。

在我国，按照1994年出台的《中国农业发展银行章程》、《中国进出口银行章程》、《国家开发银行章程》的各自表述：三家银行都是直属国务院领导的政策性金融机构，农业发展银行在业务上接受中国人民银行的指导和监督；中国进出口银行在业务上受财政部、对外贸易经济合作部、中国人民银行的指导和监督；国家开发银行在金融业务上接受中国人民银行的指导和监督。在我国三家政策性银行成立之后，财政部和中国人民银行联合颁布了《关于加强政策性银行监管工作的通知》，对政策性银行的监督与管理工作进行了粗线条的描述，主要内容可以概括为：第一，政策性银行的经营原则是政策性银行在财政给予一定的利差补贴或财政贴息之后实现保本经营。第二，政策性银行设立分支机构、债券融资、资本金管理以及财务收支等事宜都需要中国人民银行和中国财政部审查同意，并且要定期向财政部和中国人民银行报送业务报表。1997年，财政部出台了《国家政策性银行财务管理规定》，以加强对国家政策性银行的财务监督。此后，在实践中，对政策性银行的监督逐步形成了业务上接受中国人民银行和银监会的监管、财务与资本金事项由财政部监督，呈现多头监督的特点。

三、我国政策性金融监督体系的构建

1. 我国政策性金融监督制度存在的问题。

政策性金融监督的方式或方法大致可以分为两类，一类是调控管理，另一类是检查监督。调控管理是指金融当局通过金融调控杠杆、调整法规、干预市场等手段对政策性金融机构的经营活动进行调节的行为。检查监督是指金融监督当局运用检查手段对政策性金融机构的法规执行情况、业务经营状况进行监督控制的行为。下面，主要从调控管理和检查监督这两个方面，分析我国政策性金融监督制度存在的一些主要问题。

（1）调控管理方面的问题。

一是缺乏政策性金融监督的法律依据。国外对政策性银行都是先立法、后建行，不

管是成立政策性银行时间较早的美国、加拿大和德国，还是成立时间较晚的日本、韩国，都制定了自己的政策性银行法。我国到目前为止还没有形成有关政策性金融的法律法规体系，这导致很多本应该由相应法律法规加以明确的内容，诸如政策性金融机构的业务范围、业务运作方式、政策性金融的监管机构等都没有明确，从而政策性金融的监管工作也很难有效地开展起来。

二是缺乏对政策性目标的监管。我国政策性金融监督存在的最大问题，就是缺乏对政策性目标的监管，而政策性目标的实现程度才应该是政策性金融机构监管的核心内容。目前，银监会承担着政策性银行日常业务运作的监管，保监会承担着出口信用保险公司的日常业务监管，它们所做的基本上就是对政策性金融机构市场性目标的监管工作。但到目前为止，还没有哪个部门来承担政策性金融机构政策性目标的监督与管理工作。这导致政策性金融机构所开展的业务是否属于政策性业务全凭自己说了算，缺乏部门考核其是否符合政策性目标，其业务范围是否符合该政策性金融机构设立的初衷，其业务规模是否需要满足所从事政策性业务的资金需求。

三是未能有效地将道德风险放入政策性金融的监督之中。对于政策性金融监督来讲，一个重要的方面是对政策性金融机构进行有效的监督，防止其在经营管理过程中产生道德风险。对于政策性金融机构来讲，其道德风险一方面表现为政策性金融机构的管理层迎合政府的喜好，没有建立完善的信贷项目专家审批制度，盲目扩大政策性贷款规模，或者是发放不合格的贷款；另一方面表现为政策性金融机构的管理层有可能采取的设租寻租行为，将政策性资金的发放作为谋取自身私利的工具。这两种道德风险的存在都会给政策性金融机构的运营带来严重影响，降低其资产质量。

（2）检查监督方面的问题。

一是将政策性金融监督与商业性金融监管混同起来。由商业性金融机构的监管者同时监管政策性金融机构，会导致对政策性金融的监管在指导思想、方式方法、监管重点和评价指标等诸多方面都与商业性金融监管混为一谈。没有突出两类金融机构的差别，没有体现政策性金融监督的特色。比如目前政策性银行报送的监管报表内容与商业银行的报表基本类似，并且政策性银行的绩效评价也要遵循2009年1月财政部印发的《金融类国有及国有控股企业绩效评价暂行办法》的规定，也要通过盈利能力指标、经营增长指标、资产质量指标和偿付能力指标等绩效考核。这种情况的存在大大影响了对政策性金融机构监督的有效性和针对性，降低了彼此的认同度，甚至可能会对政策性金融机构经营管理的主要目标及激励体系产生误导，影响政策性金融机构的发展趋势，进一步加剧政策性银行业务取向商业化甚至体制模式商业化的倾向。

二是缺乏有效的监督手段。由于政策性金融机构的业务种类繁多，涉及范围广泛，专业特性强，机构特点突出，而且不同政策性金融机构的政策性目标也不一致，因此，对政策性金融机构的监督涉及的内容更广，要求的监督手段更多，但目前我国对政策性金融机构的监管手段落后，监管质量和效率不高。近年来，金融监管机构先后开发了具有不同特点、覆盖不同业务功能的多个版本的金融监管信息系统。但并没有针对政策性银行的业务特点而开发专门的监管程序和系统，造成政策性金融机构要按照商业性金融机构的监管系统报送各种监管数据，这导致一方面政策性金融机构报送的指标内容并不全面，缺乏对政策性目标的监管指标设计；另一方面监管部门还要从大量无关数据中寻找适合政策性金融机构的指标，导致监管的效率低下。

2. 完善我国政策性金融监督体系的设想。

对于我国政策性金融监督的未来发展，我们需要结合国情，借鉴国际经验，区分对政策性金融机构的监督与管理工作，从监督的制度安排及协调机制、监督的重点、相应指标体系的设计等方面进行分析。

（1）政策性金融监督的制度安排及协调机制设计。

一是建立政策性金融的法律框架。设计我国政策性金融监督的制度安排，一项重要的工作是构建政策性金融的法律框架，明确政策性金融机构的监督管理相关事宜，赋予监管部门相应的职责与权限。虽然我国政策性金融监管条例从2003年就开始草拟，但直到现在国家开发银行都已经处于商业化进程之中时还是没有出台。为了规范政策性金融业务的发展，加强对政策性金融机构的监管，建立和完善全面的政策性金融监督法律法规框架是当务之急。

二是建立和完善专业政策性金融监督机构。政策性金融的监督涉及的业务内容较为繁杂，涉及的职能部门也较多，但从目前看，所涉及的这些部门中，没有任何一个部门能够独立承担起政策性金融监督的职责。商业性金融监管机构监管政策性金融机构的历史，事实已经证明并不符合政策性金融发展方向，并且对政策性金融机构的发展已经形成了明显的误导，甚至危及了政策性金融存在的根基；财政部门侧重于政策性金融监管的资本金拨付和财务监督，这是符合其在政策性金融发展中的功能定位的，但要其承担起全面评价政策性金融机构政策性和市场性目标实现程度的职责，不仅缺乏相应的手段和工具，而且缺乏相应的人员与经验；宏观经济计划部门从产业政策的角度可以评价政策性金融政策性目标的实现程度，但其并不接触政策性金融机构的管理运作过程，并没有对政策性金融机构市场性目标的全面认识。正因为如此，组建专门的政策性金融监督机构是一个较好的选择。

政策性金融监督机构的人员构成可以包括如下几个方面：一是政府部门的代表，比如财政部门、人民银行、银监会、宏观经济管理部门、相应产业部委的代表；二是政策性金融机构的代表；三是商业性金融机构的代表；四是外部专家。在组建专业化的政策性金融监督机构之时，该机构的工作人员构成要以财政部门和宏观经济计划部门的相关人员为主，而不是简单地将商业性监管机构中对政策性金融机构的原监管职能剥离，人员划入新的专业化监督管理机构，否则只是"换汤不换药"的监管制度改革。

（2）政策性金融监督的内容设计。

未来我国政策性金融监督的主要内容应该主要包括以下几个部分：

一是强调政策性目标的设计及监督，构建与完善相应指标体系。科学合理的政策性金融监督体系，最重要的着眼点是看政策性目标的实现程度，考察政策性金融机构在理顺社会资金配置中发挥作用的大小，而不是与商业性金融机构类似，简单地以业务经营的亏损与盈利为出发点。由于政策性金融机构的作用各不相同，因此，一定要在相应的法律法规中明确其职能、业务范围、业务实现手段等内容。对政策性金融机构的政策性目标设定也要以此为基础，进而设定相应的政策性目标考核指标体系。政策性目标的考核主要是考核政策性金融机构经营管理的合规情况、政策性目标的完成情况和完成成本，对财政部门投入的预算资金应实施绩效管理。

二是强化政策性金融机构的市场化风险管理能力。政策性金融机构既然称为金融机构，就不能违背金融机构运行的基本规律，因此，就要建立和完善对经营风险的管理能力。专业化监管机构要对政策性金融机构实施风险监管，参照全面风险管理的要求，根据不同政策性金融机构的风险特点，构建相应的风险管理指标体系。例如，对于政策性银行，需要建立健全政策性贷款业务评审机制、建立健全信贷资产的风险分级和管理能力、建立风险资产拨备覆盖率制度。同时，要结合我国政策性银行的资本金补充机制，正确认识和考核政策性银行的资本充足率指标。

三是强化对政策性金融机构道德风险的监督检查。政策性金融监管机构要重视相应机构道德风险的监督工作，政策性金融监管机构可能强化对政策性业务的监管规则和相应的指标体系，加强对政策性金融机构业务开展过程的监督检查，促使政策性金融机构特别是政策性银行明确政策性信贷资金投放的规则，强化信贷审批制度，通过完善的制度防止道德风险的产生。

四是加强政策性金融机构的内部控制体系建设。加强监管是政策性金融机构健康运行的外在影响因素，更为重要的是政策性金融机构内在经营管理机制和内部风险控制体系的建立与完善。政策性金融监管机构要通过发布指引规则、加强监督与检查工作，倡导政策性金融机构不断建立和完善合理的内部控制体系，并且做到行之有效。

五是加强政策性金融业务分账经营的监督。近年来，政策性金融机构在发展过程中逐步出现了政策性业务与商业性业务兼营的模式。对于这种业务兼营模式下的监管，要明确不同监管部门的责任，建立监管协调机制和信息沟通渠道，能够对业务兼营的机构进行科学合理和有效的监管。目前来看，如果是两类业务混合经营或者是分账经营的方式，只能是政策性金融监督机构发挥作用，但要通过指标设置，避免商业性业务过度扩张，防止对政策性金融业务的发展造成不利影响；如果是两类业务通过子公司的形式进行，则可以实现政策性金融监督机构与商业性金融监管机构的分业管理，并且要建立两类机构之间的信息沟通与交流机制。

第三节　政策性金融机构的绩效评价

一、政策性金融机构绩效评价的含义和原则

绩效评价是指考评主体对照绩效标准和工作目标，采取科学的考评方法，对其组成单位和员工在某一时期的工作产出及工作表现作出系统的评价。所谓政策性金融机构的绩效评价，是指以政策性金融制度宗旨和业务性质为依据，按照一定的标准或指标，采

用定量和定性相结合的方法，对政策性金融机构经营目标的实现程度进行综合的评价管理，从而正确引导政策性金融机构的经营行为活动、提高经营效率、最大化实现资源配置的社会合理性并确保国家政策意图的有效落实。

在进行政策性金融机构绩效评价时，应主要遵循以下基本原则：

1. 针对性、全面性原则。要从实际情况出发，以实现政策性职能为基础，以业务发展为中心，把各项工作引导到提高业务发展的质量和社会效益上来，充分体现出政策性金融的性质和特点，既要有针对性，又要考虑到其他因素。

2. 客观、公正、合理性原则。政策性金融的绩效评价必须合理、合规，不能违反有关规定，评价过程应公开透明，考核数据应真实可靠，最大限度地使评价结果与实际工作相吻合。

3. SMART 原则。评价指标必须是具体描述的（Specific）；考核的数据或信息是可以获得并衡量的（Measurable）；避免目标过低使员工没有成就感，目标过高使员工产生挫折感的情况，即指标是可以通过努力实现的（Achievable）；绩效评价指标必须是与具体工作密切相关的，具有结果导向性（Result Oriented）；绩效是在规定时间内完成的目标绩效，具有时间性（Timed）。

4. 动态性原则，即政策性金融机构的绩效评价可以进行纵向和横向的比较。纵向主要指对与本机构评价背景、发展状况、发展速度的历史性数据进行比较，横向则侧重于本机构与其他机构的差异比较。

5. 以社会效益为主、财务效益为辅的原则。这是由政策性金融的特殊性决定的，同时也是建立政策性金融绩效评价指标体系时最重要的原则。

二、政策性金融机构绩效评价指标体系

这里，我们遵循政策性金融绩效评价的基本原则，主要是借鉴平衡计分卡（BSC）原理，并在传统的 BSC 的设计维度基础上引入政策实现度维度来设计政策性金融机构绩效评价的一系列具体指标。

平衡计分卡（Balanced Score Card，BSC）是 20 世纪 90 年代初，由哈佛商学院的罗伯特·卡普兰（Robert S. Kaplan）和诺朗诺顿研究所所长戴维·诺顿（David P. Norton）提出的一种全新的绩效管理方法，其核心思想是通过财务、客户、内部流程、学习和成长四个不同维度及指标之间相互驱动的因果关系，实现从绩效评估到绩效改进以及战略修正的目标。BSC 能反映企业的综合经营状况，使绩效评估趋于平衡和完整，具体体现在外部衡量和内部衡量之间的平衡，定量衡量和定性衡量之间的平衡，所要求成果和这些成果的执行动因之间的平衡，短期目标和长期目标之间的平衡。

传统的 BSC 的设计维度主要为四个方面，但为了力求最大限度地突出政策性金融的特殊性，特将政策实现度维度单列出来作为政策性金融机构绩效评价指标体系五大维度之首，将追求资源配置社会合理性最大化作为此维度的战略目标。因此，政策性金融机构绩效评价指标设计的重点，是根据平衡计分卡的设计流程，针对五个不同维度（政策实现度、财务、客户、内部流程、学习与成长）进行战略目标的分解与展开，并确定其

关键成功要素，随后就分解的关键成功要素逐一设计绩效评价指标并予以解释，最后对指标权重的设置方法进行简单介绍，进而构建一套财务与非财务、定性与定量相结合的政策性金融机构绩效评价指标体系，如表 10 - 1 所示。

表 10 - 1　　　　　　　政策性金融机构绩效评价指标体系的构成

指标维度	关键成功要素	绩效评价指标
政策实现度	社会效益的实现	贷款产值率、贷款销售率、贷款利税率、融资总量偏离度、融资结构偏离度
	发展能力	产业发展目标实现度、地区发展目标实现度
财务	增加收入	资产收益率、财务收支偏离度
客户	客户拓展	新客户获得率
	客户满意	客户满意度
	客户获利能力	客户获利率
内部流程	风险控制	不良资产率、贷款履约率
	成本管理	成本预算比率
	创新能力	创新服务项目数量
学习与成长	员工能力	培训时间、培训覆盖率
	员工满意	员工满意度
	信息能力	信息覆盖率

（一）政策性金融机构各项绩效评价指标的确定及解释

1. 社会效益的实现。

为实现这一关键要素，我们需要选取可以反映政策性金融社会效益的两组指标，从微观和宏观两个方面对政策性金融机构进行综合评价。

第一组指标由三个指标组成，即贷款产值率、贷款销售率和贷款利税率。政策性金融机构可以通过对融资企业或项目的跟进来获取相应数据。

贷款产值率，是反映企业或是项目贷款利用情况的指标，它说明的是每单位贷款在计算期内（如一年）创造多少产值。贷款产值率越高，说明利用贷款实现的产值越多，效果越好。用公式表示为

$$贷款产值率 = \frac{企业或项目年度总产值}{某贷款企业或项目年平均资金余额} \times 贷款在企业或项目资金中的占有$$
率 $\times 100\%$

贷款销售率，是指在一定计算期内（如一年）企业销售额与银行贷款之间的比值，反映的是每单位贷款实现多少销售额，或是企业贷款经营中的周转速度。每单位贷款所实现的销售额越多，即贷款销售率越高，说明资金周转得越快，企业可以用较少的资金从事更大的生产经营活动，反映贷款所实现的社会经济效益越好；反之，则社会经济效益越差，用公式表示为

$$贷款销售率 = \frac{企业或项目年度销售总额}{某贷款企业或项目年平均资金余额} \times 贷款在企业或项目资金中的占有$$

率×100%

贷款利税率，是指企业贷款占用所反映的那部分利税与贷款额之间的比例关系，反映的是每单位贷款促进企业实现的利税额，与前两个指标一样，通过贷款占企业资金来源总额的比重计算出利税总额，才是银行贷款真正发挥作用的结果。贷款利税率越高，说明每单位贷款所创造的税收和利润越多，贷款投放所获得的社会经济效益就越好，用公式表示为

$$贷款利税率 = \frac{企业或项目年度利税总额}{某贷款企业或项目年平均资金余额} \times 贷款在企业或项目资金中的占有$$

率×100%

以上三个指标是从不同的角度对政策性金融机构通过融资活动创造出的社会效益进行评价，在综合分析时，可以按不同的部门或分类标准分别反映上述指标，然后再以加权平均的方法进行指标的综合。

第二组指标从宏观角度出发，由两个指标组成，即融资总量偏离度和融资结构偏离度。首先，融资总量偏离度用公式表示为

$$融资总量偏离度 = \frac{实际融资总量 - 计划融资总量}{计划融资总量} \times 100\%$$

这一指标反映的是政策性金融机构实际融资总量偏离计划融资总量的幅度。由于政策性金融机构的业务都存在一定的政策导向性，反映国家的宏观经济意图，其所计划的融资总量在一定程度上反映的是国家未来会加大力度扶持的领域。一般来说，按计划完成融资总量是基本要求，但也不是说实际融资总量的数值越大越好。超出计划融资的部分有可能是现阶段非重要的领域，过多的信贷支持会模糊经济发展的焦点；也有可能是为谋取较大获利机会而开展的业务，这会加剧政策性银行和商业性银行之间的竞争，危害银行业的整体有效运行。所以说，融资总量偏离度这一指标以趋于零为好。

其次，由于政策性金融机构具有较强的专业性，按照其融资扶持对象的性质不同，可以将企业或是项目以不同的结构进行划分，得出融资结构的偏离度，且有些时候这些被细化了的融资结构的偏离度会发生正负相抵的情况，所以，为了较为真实地反映这一指标，我们可以计算这些分项的偏离度的绝对值之和，其结果越小越好。

2. 发展能力。

在通常情况下，为评价一个企业的成长状况和发展能力，我们往往采用营业增长率这一财务指标。营业增长率是指企业本年营业收入增长额同上年营业收入总额的比率，其衡量的是企业的经营状况和市场占有率。指标越大，表明企业的增长速度越快，企业的市场前景越好。但是，由于政策性金融机构存在特殊性，其经营目标以政策性为先而非像商业银行那样以盈利性为主，且政策性银行往往是补充和辅助商业性银行而存在的，经营的业务也常常是商业性银行认为利小或是无利可图的领域，其并不追求市场占有率。所以，营业增长率这一指标并不适用于政策性金融机构。为了更好地评价政策性金融机构的发展能力，我们可以选取以下两个指标：

第一个指标为产业发展目标实现度，公式表示为

$$产业发展目标实现度 = \frac{实际发展速度 - 计划发展速度}{计划发展速度} \times 100\%$$

第二个指标为地区发展目标实现度，公式表示为

$$地区发展目标实现度 = \frac{实际发展速度 - 计划发展速度}{计划发展速度} \times 100\%$$

从公式中可以看出，这两个目标是从产业和地区两个角度衡量政策性金融机构的发展速度的，一般来说，以实际的发展速度超过计划发展速度为佳，即指标计算结果为正。

3. 增加收入。

在增加政策性金融机构收入这一成功要素的实现上，选取以下两个指标对机构的盈利能力进行描述：

第一个指标为资产收益率。资产收益率是应用最为广泛的衡量金融机构盈利能力的指标之一，该指标越高，表明政策性金融机构资产的利用效果越好，说明政策性金融机构在增加收入和节约资金使用等方面都取得了良好的效果，否则相反。选取这一指标的好处在于可以将该指标与同组金融机构进行横向比较，或是与该金融机构的历史状况进行纵向比较。其计算公式为

$$资产收益率 = \frac{净利润}{平均资产总额} \times 100\%$$

其中，净利润 = 利润总额 × （1 - 所得税税率）

平均资产总额 = （年初资产总额 + 年末资产总额）/2

政策性金融机构的利润由营业利润、投资净收益和营业外收支净额三部分构成，其计算公式为

利润总额 = 营业利润 + 投资净收益 + 营业外收入 - 营业外支出

营业利润，是指政策性金融机构在一定经营周期内获得的营业收入扣除营业成本、营业税及附加后的余额。这是政策性金融机构利润总额的主要组成部分，也是其主要的经营成果，反映了政策性金融与财政的分配关系。其中，政策性金融机构的营业收入主要由贷款利息收入、金融机构往来利息收入和其他业务收入（主要包括咨询收入、担保收入、手续费收入、外汇和证券买卖收入、无形资产转让收入等）组成；营业成本在后面的成本管理方面进行论述；营业税及附加则包括营业税、城市建设维护税、教育附加费、房产税、车船使用税、土地使用税、印花税和企业所得税这几种。

投资净收益，是指政策性金融机构对外投资所获得的利润、股利和利息等，是投资收益减去投资损失超过投资损失准备金部分的净额。其中，投资收益由股票投资收益、债券投资收益和其他投资收益构成。营业外收支净额，是指营业外收入减去营业外支出的净额。

第二个指标我们选取财务收支偏离度。在某种程度上可以说，这个指标是作为辅助指标存在的，通过对这一指标的掌握可以考察政策性金融机构是否超出了财政的补贴额度以及是否至少做到了保本微利，用公式表示为

$$财务收支计划偏离度 = \frac{实际盈利（亏损）额 - 计划盈利（亏损）额}{计划盈利（亏损）额} \times 100\%$$

4. 客户拓展。

为实现这一关键要素，我们选取客户获得率这一指标。一般来说，追求业务成长的企业，都会制定一个目标去增加在目标市场的客户总数，政策性金融机构也不例外。新客户获得率可以通过目标市场中新增客户的数量或新客户的总销售额来衡量，其反映了企业挖掘潜在市场、扩展客户的能力，同时也从侧面反映了企业在公众心目中的声誉。该指标可以通过客户数量增长率进行描述。

$$客户数量增长率 = \frac{本期客户数量 - 上期客户数量}{上期客户数量}$$

5. 客户满意度。

客户满意度是驱动客户获得率的指标，客户满意度还可以对金融机构（企业）开展业务的优劣作出反馈，所以，无论我们怎样重视客户满意度都不为过。在日常经营中，金融机构可能会拥有主动为其作出评价的客户，但是，金融机构不能指望并寄托于所有的目标客户都能为金融机构绩效主动提出反馈。针对这一情况，政策性金融机构应根据客户需求结构及产品或服务的特点，选择那些既能全面反映顾客满意状况又有代表性的项目，作为顾客满意度的评价指标，为客户提供一份调查问卷进行满意度的调查。但是如果要使大部分客户作出的回答都是有效的，就需要一些专门的技能。通常采用的调查方法可以有信函调查、电话访问或是当面访问，这三种调查方式的费用是以由低到高的方式排列的，其反应率和信息价值也是由低到高的。

为了能定量地对客户满意度进行评价，可针对客户不同层次的满意级度，给出每个满意级度的得分值，并根据每项指标对客户满意度影响的重要程度确定不同的加权值，这样即可对客户满意度进行综合的评价。

6. 客户获利能力。

在前面，我们已经讨论过，政策性金融机构在自主选择客户的时候，在一定程度上也要适当考虑客户的获利能力，至少做到"保本微利"。政策性金融机构在客户获得率和客户满意度这两个主要指标上取得成功，并不保证银行也能从客户的身上获取利润。所以，政策性金融机构不仅要衡量完成的业务量，也要衡量个体客户和整体客户的获利率。政策性金融机构不仅希望得到对其感到满意的客户，它们还希望这些客户能成为获利的客户，进行客户获利性分析，把有限的资源投入到有利可图的客户，确定哪些是企业应保持的客户，对于有效保持客户、增强企业的盈利能力有着重要意义。客户盈利率评价可用单一客户获利率和整体顾客获利指数来描述。

$$单一客户获利率 = \frac{单一客户净利润}{单一客户总成本}$$

$$整体客户获利指数 = \frac{所有顾客净利润／所有顾客成本}{单一客户获利率最大值}$$

其中，整体客户获利指数描述企业现有客户获利率的平均水平和最大的单一客户获利率的比率。如果整体客户获利指数与单一客户最大获利率差别不大，说明政策性金融机构的营销努力集中于那些最能获利的客户；相反，说明企业营销过于分散。

7. 风险控制。

在对政策性金融机构进行内部流程评价时，关注其风险状况是非常重要及必要的。健全的风险管理和内部控制制度是政策性金融机构健康发展的基础，是实现其特殊贷款目的和风险最小化的重要保障。政策性金融机构通过进行风险性和内部控制的检查，可以在获得信息后，对已确认存在问题的领域采取处置措施，维持政策性金融机构的安全有效运行。政策性金融机构在发挥国家宏观调控职能的同时，也要自主经营，合理运用资金以实现信贷资金的安全性、流动性、效益性和政策性或社会性的协调配合。资产安全性即资产质量直接影响着政策性银行的流动性和盈利能力，也影响着其可持续发展和生存能力。我们可以用不良资产率这一量化指标对资产的安全性进行描述。

政策性银行的不良资产主要是指不良贷款。也就是说，政策性银行发放的贷款不能按预先约定的期限、利率收回本金和利息。银行的不良贷款，主要包括逾期贷款（贷款到期限未还的贷款）、呆滞贷款（逾期两年以上的贷款）和呆账贷款（需要核销的收不回的贷款）三种情况，也就是俗称的"一逾两呆"。在 1998 年以后，我国将资产按五级进行分类，分为正常、关注、次级、可疑、损失。所以，

$$不良资产率 = \frac{不良贷款期末余额}{各项贷款期末余额} \times 100\%$$

其中，不良贷款 = 次级类贷款 + 可疑类贷款 + 损失类贷款

这一指标可以揭示政策性金融机构在资产管理和使用上存在的问题，有利于政策性银行发现自身的不足，改善管理，提高资产利用效率。一般情况下，该指标越小越好。另外，也可以将贷款履约率这一指标引入体系，与不良资产率配合使用。

$$还贷履约率 = \frac{本期新到期贷款本金收回额}{本期新到期贷款本金额} \times 100\%$$

8. 成本管理。

政策性金融机构成本管理是其对在经营活动过程中发生的成本费用进行预测、计划、核算、控制、考核、分析和检查等各项管理内容的总称。政策性金融机构不能因为不追求利润最大化，就放弃或放任对成本的控制，成本管理这一方面仍然是必要的、不能忽视的并可以提高经济效益的环节。科学的成本预测，有助于把经营管理中的未知因素变成已知因素，为正确决策提供可靠依据，同时还能帮助银行提高自觉性，减少盲目性。而按照成本计划和费用开支标准在成本形成的过程中，对实际发生的成本费用进行严格的审核和监督，可以及时发现问题，防止和克服浪费现象，以便采取有效措施，降低成本，达成经营目标，可以采用成本预算比率这一指标进行描述。

$$成本预算比率 = \frac{经营过程中实际成本发生额}{成本预算额} \times 100\%$$

其中，政策性金融机构的成本是指政策性金融机构在业务经营过程中发生的与业务经营有关的各种利息支出和费用支出，主要包括金融机构往来利息支出、业务管理费用支出和其他营业支出。另外，需要指出的是，我们要将目光关注在超乎常情的情况，这是因为实际成本的发生额往往与预算会有出入。如差异不大，也就没有必要一一查明原

因，也就是说，我们只需要把注意力集中在非正常的例外事项上，并及时进行信息反馈即可。另外，提高经济效益，不只是依靠降低成本的绝对数，更为重要的是实现成本的相对节约，以较少的消耗取得更多的成果即最佳的经济效益。

9. 创新能力。

当我们提起企业创新的时候，往往在第一时间会将其反应为技术创新或是产品创新。其实，创新的形态是多种多样的，远远不止这些。企业创新的形态主要有发展战略创新、产品或服务创新、技术创新、组织与制度创新、管理创新等。

发展战略上的创新主要是指对原有的发展战略进行变革，从而制定出更高水平的发展战略。以政策性金融机构的实际情况来看，我们针对其成长发展期所制定的远景战略需要一个长时间的实现过程，不宜马上或是频繁的改动；再者，如果企业的发展战略变动了，意味着针对这一发展战略所设计的平衡计分卡也要作相应的调整。所以，如在每个评价期都针对发展战略创新予以评价，意义不大，在这一创新领域，政策性金融机构可以在评价指标体系之外灵活地、适时地、系统性地予以微调或是变动。另外，政策性金融机构进行客户或是员工的满意度调查，像技术、组织制度和管理等方面出现的问题都会在调查过程或是结果中有不同程度的暴露，政策性金融机构可以根据调查的结果作出反应并予以改进和完善，修正的过程本身就是一种创新的过程，而且如果在此要素中单列未免重复。所以，在实现创新能力这一成功要素的评价中，我们主要注重考察产品或服务方面的创新，且选用创新服务项目数量这一可以简单获取的量化指标予以描述。

10. 员工能力。

现如今，随着电子技术和管理技术理念的不断发展，所有的理性工作几乎都已实现了自动化，越来越多的服务业务都开始通过先进的信息系统，与客户进行直接的交流与交易。另外，重复同样的工作，维持同样的效率已经不足以帮助金融机构取得进一步的成功。政策性金融机构要想维持现有的绩效并谋取进一步的提高，必须进行持续的改进，墨守陈旧的标准作业程序已远远不够。为不断满足客户需要并提高金融机构绩效，员工的能力占有绝对的比重。所以，我们要更新员工技能，以便能更好地调动员工的思维和创造力来达到政策性金融机构的目的。在政策性金融机构员工能够有效利用客户的资料之前，他们必须接受培训，熟悉金融机构的一切产品和服务，培养把客户需求与金融机构服务结合起来的能力。所以，我们可以通过培训时间和培训覆盖率这两个简单且易获得的指标进行员工能力的描述。

11. 员工满意度。

员工满意是政策性金融机构最终获得客户满意的保证，定期了解员工的需要和其对公司环境的满意程度，从而建立有助于员工为机构目标尽心尽力的氛围，是决策者在制定用户满意目标时必须要考虑的问题。另外，员工满意度调查是内部流程管理改善的过程，每年举行一次的员工意见调查，或是每月随机抽样一定比例员工进行的调查都可以使银行的管理层倾听员工的心声，实现上下级沟通，真实了解员工需求，检查政策性金融机构远景战略目标的实现情况，找出管理过程中存在的问题并加以改进。政策性金融机构应该向员工公布满意度的调查结果，并针对员工不满意或是有抱怨的地方，一起探讨分析，制订修改计划，提高员工对金融机构的信任度和归属感。

员工感到满意是提高工作效率、反应速度、客户服务质量的必要前提。因此，如果企业希望达到非常高的客户满意度，他们就需要用对政策性金融机构非常满意的员工来为其客户服务。员工满意度调查中可以包括下列各项：参与决策，工作表现优良时是否得到肯定，是否能得到胜任工作所必需的充足信息，企业是否积极鼓励员工的创造性和主动性，行政职能部门是否给予足够支持，对企业的整体满意程度等。以上各项可以采用评分尺度，员工根据他们对政策性金融机构的感觉对各项打分，最低分表示"不满意"，最高分表示"非常满意"，对结果进行统计分析，用员工满意度指数这一反映员工满意状况的量化指标对员工满意度进行描述，同时作出员工满意度报告，使管理者获得判断各级员工满意度的能力。

12. 信息能力。

我们可以选取信息覆盖率这一指标来实现信息能力这一关键成功要素。信息覆盖率往往可以暴露金融机构目前的战略信息、技术、知识和态度，距离未来需要的差距，这个差距的存在则会激励政策性金融机构采取必要的战略行动来予以缩小，即良好的信息系统是机构改进经营、员工改进流程的必要条件。

$$信息覆盖率 = \frac{目前可用信息}{银行预期需求} \times 100\%$$

其中，信息的可用性可以通过计算直接面对客户的员工拥有在线取得客户信息的比例来进行衡量。

（二）指标权重设置方法

在绩效评价指标体系中，各项指标的权重代表了各项指标在绩效评价体系中的相对重要性。设置一个指标的权重是指赋予该指标一个系数，这个系数体现了该指标在整个绩效评价指标体系中的相对重要程度和对整体绩效的相对贡献大小。指标的权重越大，说明该指标对企业和员工的意义越大。因此，绩效指标权重的设定和调整对政策性金融机构绩效评价的过程和结果具有重要的引导意义。确定指标的权重也要根据评价对象、考核时期和考核目的的不同，按照以战略目标和经营重点为导向、整体优化、现实平衡与未来发展相结合、主观判断和客观事实相结合的原则，基于企业战略和工作流程的特征而制定。指标权重设置方法主要有：

1. 直接判断法，即决策者根据自己的经验和对各项考核指标重要程度的认识，对各项考核指标的权重进行直接分配。这是一种非常简单的定性分析方法，但要求决策者对各个指标非常了解。直接判断法的最大优点是省时省力，简便易行，决策效率高，但这一方法带有非常强的主观色彩。

2. 按照重要性排序法，即对考核指标按着重要性依次排序，最终根据每个考核指标的重要程度，得分在绩效指标体系整体得分之和中所占比重来确定指标的权重。例如，有 A、B、C 三个指标，B 最重要，赋予分值 4；A 次重要，赋予分值 2；C 最不重要，赋予分值 1，则 B 的权重为 4/（4 + 2 + 1）= 0.57。

3. 三维确定法。这种方法认为决定一个指标权重的主要因素有三个：在现有资源配置和条件下该指标的可实现程度、该指标的重要程度、该指标的紧急程度。只有三者综合考虑才能得出合理的权重系数，操作步骤为：第一，用1～5的分值，给上述三个维度打分；第二，把指标在三个维度上得到的分数相乘，得出该指标的综合分数；第三，指标的综合分数相加，再计算每个指标综合分数在总综合分数中所占比例；第四，得到每个指标的权重。

4. 因子分析法。它是运用权值因子判断表对设计的各个指标进行两两比较，并评估分值来确定权重的方法。这一方法的操作步骤如下：第一，组成考核小组；第二，考核小组成员对所有绩效指标进行两两比较确定相对重要程度；第三，统计考核小组结果，并将考核小组结果折算成权重。

本章小结

1. 在一国完整的金融监管体制中，只有同时存在着对政策性金融机构和对商业性金融机构不同的监督、管理机制，该国的金融监管体制才是协调的、合理的和完善的。针对现行的金融监管体制中存在的政策性金融监督缺失的外部功能性结构失衡问题，以及为了尽可能地防止政府失灵、内部人控制和寻租现象，完善政策性金融监督也是相当必要的。

2. 政策性金融监督体现的是一种特殊的监督关系与独特的监督机制和权力结构，是国家以政策性金融专门立法的形式，由政府直接控制政策性金融机构的主要人事任免权，政府相关部门参与协调与制约，国家审计机构定期或不定期作专门审计监督，以及由政府相关部门和权威专家或其他行业人员代表国家和公众的利益组合而成的董事会（理事会）的组织形式，对政策性金融机构及其政策性金融业务活动具体行使最高的决策、监督、协调职能。政策性金融监督的一般目标是实现政府的政策意图，提高金融资源的总体配置效率并促进经济发展。政策性金融监督目标具体可概括为三个：一是政策性目标的实现程度，二是经营性目标实现程度，三是避免道德风险。

3. 政策性金融监督机制，是一国通过政策性金融特别立法的形式，由国家（最高立法当局、元首与首脑）直接控制政策性金融机构的主要人事任免权，政府相关部门参与协调与制约，国家审计机构定期或不定期地专门审计监督，从而从机构外部对政策性金融机构进行控制、组织、约束、协调、保障的过程和方式。政策性金融监督的权力结构，主要表现为由政府相关部门和权威专家或其他行业人员代表国家和公众的利益组合而成的董事会（理事会）的组织形式和机构构造方式，并由董事会（理事会）对政策性金融机构具体行使最高的决策、监督、协调职能，包括机构内部的人事安排、业务运营与限定、资本和税负减免的获得等，同时由法律对此予以明确定位、保护与制约。这样，就从政策性金融机构的外部和内部两个层面上，构成了政策性金融独特的监督机制和权力结构。各国在这方面也表现出了一些明显的共性特征。

4. 根据机构层面分类，可以将政策性金融监督的内容分为三个层次：微观层次、中观层次和宏观层次。微观政策性金融监督是针对单个政策性金融机构的监督，中观政策性金融监督是对区域政策性金融的监督，宏观政策性金融监督是对全国的政策性金融运行进行管理监督。

5. 政策性金融监督的方式可以分为两类，一类是调控管理，另一类是检查监督。调控管理是指金融当局通过金融调控杠杆、调整法规、干预市场等手段对政策性金融机构的经营活动进行调节的行为。检查监督是指金融监督当局运用检查手段对政策性金融机构的法规执行情况、业务经营状况进行监督控制的行为。针对我国政策性金融监督制度存在的一些主要问题，我国政策性金融监督的未来发展，需要结合国情，借鉴国际经验，区分对政策性金融机构的监督与管理工作，从监督的制度安排及协调机制、监督的重点、相应指标体系的设计等方面进行分析。

6. 政策性金融机构的绩效评价，是以政策性金融制度宗旨和业务性质为依据，按照一定的标准或指标，采用定量和定性相结合的方法，对政策性金融机构经营目标的实现程度进行综合的评价管理，从而正确引导政策性金融机构的经营行为、提高经营效率、最大化实现资源配置的社会合理性并确保国家政策意图的有效落实。在进行政策性金融机构绩效评价时，应主要遵循以下基本原则：针对性、全面性原则，客观、公正、合理性原则，SMART 原则，动态性原则，以社会效益为主、财务效益为辅的原则。

7. 按照政策性金融绩效评价的基本原则，借鉴平衡计分卡（BSC）原理，并在传统的 BSC 的设计维度基础上引入政策实现度维度来设计政策性金融机构绩效评价的一系列具体指标。重点是根据平衡计分卡的设计流程，针对五个不同维度（政策实现度、财务、客户、内部流程、学习与成长）进行战略目标的分解与展开，并确定其关键成功要素，随后就分解的关键成功要素逐一设计绩效评价指标并予以解释，最后对指标权重的设置方法进行简单介绍，进而构建一套财务与非财务、定性与定量相结合的政策性金融机构绩效评价指标体系。

思考题

1. 政策性金融监督与一般金融监管有何不同？
2. 政策性金融监督的内涵及目标是什么？
3. 政策性金融独特的监督机制和权力结构的特征是什么？
4. 政策性金融监督的基本内容有哪些？
5. 针对我国政策性金融监督制度存在的问题，如何完善我国的政策性金融监督体系？
6. 政策性金融机构绩效评价的含义和原则是什么？
7. 如何设计和构建有别于商业性金融的政策性金融机构绩效评价指标体系？

第十一章

政策性金融外部关系结构

政策性金融机构在行使其职能、开展业务活动时不可避免地会与其他机构和部门发生各种各样的业务往来，这主要包括政策性金融机构与政府部门（主要是财政部）、中央银行、商业性金融机构、其他的政策性金融机构及业务往来对象（企业和个人）之间的联系。政策性金融机构与上述各机构与部门及客户之间的关系，则构成了政策性金融机构外部关系的总和。

第一节 政策性金融机构与政府的关系

一、政策性金融机构与政府的关系模式

政策性金融机构与政府有着千丝万缕的联系。政策性金融机构从创立到资本金划拨，从制定经营方针到确定业务领域，基本是按照政府的意图进行的。一方面，政府是政策性金融机构的坚强后盾，且对其实行领导权、管理权和监督权；另一方面，政策性金融机构负责贯彻政府的社会经济政策，是政府扶持、调控各产业和促进经济发展的有力工具。

（一）政策性金融机构与政府的关系

政策性金融机构是政府的金融机构，它与政府之间的关系主要表现在四个方面：

1. 政策性金融机构由政府创立。尽管创立不同的政策性金融机构有着不同的经济背景和需要，且不同国家所设立的政策性金融机构的类型也有所不同，但最终各个政策性金融机构的设立都是由本国政府所决定的。也就是说，政府的决策决定着政策性金融机构的创建和发展，而各国政府设立政策性金融机构往往是为了实现政府不同的社会经济目标。例如，美国的农场信贷系统、日本的农林金库与菲律宾土地银行都是由各国政府直接发起设立的。

2. 政策性金融机构以实现政府的宏观调控目标为主要职能。政府设立政策性金融机构旨在实现其社会经济目标，即实现政府的宏观调控目标。首先，政府以自身的政策意愿为基础，制定政策性金融机构的职能、任务与融资范围。其次，政策性金融机构经营

过程中的经营方针、原则、目标也都是按政府的要求而确定的，这与商业银行依据市场法则所制定的经营方针完全不同。此外，在政策性金融机构贯彻政府的政策意愿时，在其各个业务程序上也要接受政府的监督和管理。如政策性金融机构的经营计划要经过政府的批准，资金运用情况要定期向政府汇报，重要决议和事项都要向政府呈报，政府负责任免政策性金融机构的主要行政官员等。

3. 政策性金融机构的部分或全部资本金由政府所提供。政府所提供的资金在政策性金融机构的运营中起到决定性的作用，可以说，政府所提供的资金是政策性金融机构顺利开展经营活动的坚强后盾。同时，各国政府还普遍为政策性金融机构提供一系列的优惠政策，以增强其资金实力。如减免政策性金融机构的税务负担，或是通过财政支持、由政策性金融机构发行政府债券及由中央银行再贷款等方式对其给予融资支持。

4. 政策性金融机构的业绩由政府组织考核。政府需要对政策性金融机构的业绩进行考核，但这并不是按照市场的法则，考察政策性金融机构的资产保值增值状况、盈利水平。政策性金融机构的考核标准与商业银行的考核标准区别很大。政策性金融机构业绩考核的标准主要是看其在加强管理、降低营业成本的前提下，实现政府政策目标的完成情况。

（二）政策性金融机构与政府关系的几种模式

由于政治、经济、文化与金融制度的区别，不同国家的政策性金融机构与政府的关系模式也有所不同，大致分为三种：

1. 依附型，是指政策性金融机构对政府的依赖程度非常高，政策性金融机构基本上没有太多自主权、行政色彩浓厚。依附型政策性金融机构的资本金由政府全额提供，一部分营业资金也由政府解决，盈余全额缴存国库，且政府在行政管理、组织机构、人员任免及业务经营等方面均对政策性金融机构进行严格的控制。因此，在市场经济较不发达、金融体系不健全、金融意识相对薄弱、资金比较紧缺的国家中，政策性金融机构与政府的关系多为依附型。发展中国家的政策性金融机构多属于这一类型。依附型的优点在于，政府确保了对政策性金融机构的绝对控制。这便于政策性金融机构彻底地贯彻执行政府的经济政策意愿，能保证资金准确地投向政府预期的扶持目标，最终达到比较理想的效果。但由于政府对政策性金融机构的干涉过宽、过细，使政策性金融机构对政府过分依赖，其自身的积极性和能动性不能得以施展，其应有的作用也不能得到充分的发挥。

2. 相对独立型，是指政策性金融机构同政府之间保持一种相对独立的关系。政府仅提供全部或部分资本金，政策性金融机构的营业资金自筹，政策性金融机构的领导人由选举或推举产生，盈利不缴存国库。相对独立型的政策性金融机构在政府的经营目标内自主经营，拥有较大的经营自主权。如美国联邦土地政策性金融机构和联邦中期信贷政策性金融机构就是相对独立型的政策性金融机构，其由政府提供创设资本，盈利后这两个金融机构偿还了政府的资本金，成为具有较大独立性的政策性金融机构。相对独立型的优点在于使政策性金融机构更加管理民主、经营自主、操作灵活，这有利于提高政策性金融机构的经济效益，但很容易使政策性金融机构脱离政府的控制而产生趋利行为，最后将违背政府创立政策性金融机构的初衷，失去了政策性金融机构贯彻政府政策意图的性质和作用，从而演变成逐利的商业银行。

3. 中间型，是介于依附型和相对独立型之间的一种模式，兼有这两种类型的特征。体现依附关系的方面在于，政策性金融机构的资本金全部或部分由政府提供，主要领导人由政府任命，经营原则、经营目标和业务范围也由政府制定，这使得政府对政策性金融机构具有较强的可控性。政府对政策性金融机构的控制方式主要是由政府或议会任命董事长，其领导的董事会负责决定政策性金融机构的经营方针与政策。体现相对独立的关系则在于，政策性金融机构对其具体的业务经营和操作有较大的自主权，如具体的贷款对象、贷款期限、贷款利率等。只要政策性金融机构是在政府所规定的范围内开展业务，即可进行灵活的操作。发达国家的政策性金融机构多属于此类。许多专家认为，中间型应是中国政策性金融机构与政府关系模式的一个较为理想的选择。因为这样既可避免政府对政策性金融机构过于严格控制所造成的信息不足、决策失误导致的资源错配，又可避免政府对政策性金融机构管理过松而导致的趋利行为，使资源配置不平衡的现象加剧。中间型既保证了政府政策意图的实现，充分发挥了政策性金融机构的重要作用，同时又给了政策性金融机构一个宝贵的施展空间。无论从宏观和微观的角度看，中间型的模式都会带来较好的经济效益和社会效益。因此，中间型的模式对政府、政策性金融机构和社会都有利，是一个较为理想的模式。

二、政策性金融机构与政府相关部门的关系

政策性金融机构与政府的关系集中体现在与财政部的关系上。同时，政策性金融机构还与其他政府主管部门有着业务往来。

1. 政策性金融机构与财政部的关系。政策性金融机构与财政部的关系非常密切。一方面，政策性金融机构的资本金由财政部直接或间接地以入股方式提供，财政部是政策性金融机构贴息补偿资金和经常性开支的提供者，是政策性金融机构发债筹资的信誉和信用担保人，是政策性金融机构的主要监督者和管理者，是政策性金融机构政策性亏损的弥补者和补偿者。另一方面，政策性金融机构则是财政部政策意图的执行者，支持财政部发展经济的战略实施，是财政部各项发展规划的资金支持者。因此，两者的关系是相互关联、密不可分的，如日本所特有的财政投融资制度，就是二者密切关系的充分体现。

2. 政策性金融机构与其他主管部门的关系。与政策性金融机构业务相关的其他的政府主管部门，如国家发改委、农业部、商务部等，肩负着规划、指导和协调一国经济运行的重要职责，还是产业发展规划的制定者。这些政府部门有条件通过协商的方式，为政策性金融机构选择融资项目、确定项目的融资规模和贷款利率等业务提供指导。政策性金融机构则为各主管部门所负责的产业领域提供资金扶持。

第二节　政策性金融机构与其他金融机构的关系

一、政策性金融机构与中央银行的关系

相对于商业性金融机构而言，政策性金融机构与中央银行的关系比较松散。中央银行职责的重点在于通过货币政策的制定和实施，将商业性金融机构的内在逐利动机外化为符合国家宏观经济目标的活动。而政策性金融机构是政府创设或扶植的，专门配合政府的经济政策意图，不以盈利为目标的特殊的金融机构。而且，政策性金融机构不直接吸收活期存款，不产生派生存款，不具有信用创造能力；政策性金融机构的贷款项目也是专款专用，不会通过信贷活动创造或收缩活期存款。这样，政策性金融机构就无法调节货币流量，也无法传递中央银行的货币政策。所以，中央银行一般不直接管理政策性金融机构。例如，美国联邦土地政策性金融机构、联邦中期信贷政策性金融机构和合作政策性金融机构皆由联邦农业信贷管理局和联邦农业信贷委员会直接领导，后两者又隶属农业部；法国农业信贷政策性金融机构本身拥有财务自主权，不受法兰西银行的直接领导和管理；日本的政策性金融机构归财务省领导，不受日本银行直接管理。尽管中央银行一般不直接监管政策性金融机构，但是政策性金融机构毕竟从事金融业务，中央银行仍给予政策性金融机构必要的业务指导与支持；政策性金融机构也尽力同中央银行的倾斜方向、政策目标保持协调一致，二者的联系主要体现在资金援助、业务指导和人事参与等方面。

1. 中央银行向政策性金融机构提供资金援助。

中央银行通过提供专项基金贷款、优惠利率贷款、利息补贴及再贴现等扶持政策，以帮助政策性金融机构开展相关业务，这也构成了政策性金融机构的资金来源之一。例如泰国农业和农业合作银行（BAAC）即是如此；韩国产业银行也可随时向中央银行申请资金；而巴西的中央银行批准巴西社会经济开发银行通过发行债券融资，而巴西央行不对其进行风险监管。然而，由于中央银行流出的资金最终属于基础货币的投放量，因此，也应从有利于发挥双方职能作用的角度出发，尽可能减少政策性金融机构与中央银行之间的资金联系。另外，尽管大多数政策性金融机构享受着政府的特殊优惠待遇，不需要向中央银行缴纳准备金，但仍有一些国家例外。例如，比利时国家工业信贷银行与国民信贷银行等政策性银行，都在比利时国家银行存入一定比例的存款准备金。

2. 中央银行向政策性金融机构提供业务指导。

中央银行在制定中央银行的信贷计划时，要把政策性金融机构的投融资计划纳入其中，并会根据其经济和金融社会、货币政策的要求，对政策性金融机构进行业务指导。尤其是在对本国的宏观经济走势调节、产业结构调整方面，中央银行肩负着重要的业务指导职责。例如，泰国中央银行就对泰国农业和农村合作银行等政策性金融机构提供再贴现、再贷款或专项基金等进行业务指导。

3. 人事结合。

中央银行为使政策性金融机构更好地贯彻政府的意图，往往对政策性金融机构高层管理者的任免和考核有着较大的发言权。在政策性金融机构的决策机构中也有中央银行所派出的代表；而政府在对政策性金融机构的业绩进行考核时，也有中央银行的有关人员参加。例如，德国复兴信贷银行的董事会中有 5 名成员是由德国联邦中央银行所任命的，韩国进出口银行经营委员会中有中央银行的代表 1 人。或在中央银行董事会中有主要政策性金融机构的代表，如在法国国家信贷委员会和法兰西银行董事会中，均有法国农业信贷银行、土地信贷银行和国民信贷银行等政策性金融机构的行长参与。这样，便于二者相互间的协调与合作。

二、政策性金融机构与商业性金融机构的关系

政策性金融机构和商业性金融机构均有着各自的经营宗旨、服务领域与服务对象，二者之间形成了平等、互补和相辅相成的关系，而不是相互竞争的关系。政策性金融机构和商业性金融机构之间这种协调发展的关系如果处理得当，将使得一国金融体系的整体功能更加完善，也将为本国经济的协调、快速发展提供有力的保障。

1. 政策性金融机构与商业性金融机构是平等的关系。

政策性金融机构与商业性金融机构在法律地位上是平等的。政策性金融机构虽享有政府所提供的某些优惠待遇，但并无凌驾于商业性金融机构之上的权力。政策性金融机构与商业性金融机构的平等关系并不意味着二者在微观方面是绝对相等或相近的。如在市场经济中，商业性金融是主体，政策性金融是辅助和补充。但在某一特定领域，政策性金融便很可能是主体，如在基础设施领域、区域开发领域、进出口领域、社会保障领域与政策性金融机构不良资产重组领域等。

2. 政策性金融机构与商业性金融机构是互补的关系。

在市场经济条件下，商业性金融机构以盈利最大化为经营目标，因此，商业性金融机构往往选择财务效益好的项目。而一些财务效益差但宏观效益好的项目就只得由政策性金融机构为其提供支持。因此，政策性金融机构与商业性金融机构在业务分工中形成了一种盈利与非盈利的互补关系，二者的配合使得一国对金融资源的配置更趋于合理。例如，巴西社会经济开发银行则与商业银行建立了广泛的代理关系，这体现了巴西的政策性金融机构与商业性金融机构的互补关系。

3. 政策性金融机构与商业性金融机构是相辅相成的关系。

政策性金融机构与商业性金融机构之间存在着相互支持的关系。一是当政策性金融机构筹措的资金不能满足需要时，政策性金融机构可向商业性金融机构发行金融债券；而商业性金融机构可通过购买金融债券等方式获得投资收益，并弥补政策性金融机构资金的不足。二是政策性金融机构可对商业性金融机构所从事的、符合政府支持目标的贷款活动给予利息补贴、偿付担保等支持。三是政策性金融机构下设机构较少，因此，需要借助政策性金融机构的网点办理转贷业务，以实现本国政府的扶持目标。而商业银行则通过代理政策性金融机构的业务，来增加自身的盈利。

4. 政策性金融机构和商业性金融机构间不存在竞争的关系。

政策性金融机构与商业性金融机构有着不同的经营目标，且在不同的领域从事资金的融通活动，两者之间不存在业务领域和业务对象的竞争。政策性金融机构的经营宗旨和经营体制也决定了政策性金融机构和商业性金融机构之间不存在竞争的关系。例如，日本的政策性金融机构主要属于财政融资模式，而德国复兴信贷银行确定了补充性原则和中立原则，这些无论是在资金来源还是资金运用业务上，都体现了政策性金融机构与商业性金融机构之间是一种非竞争的关系。

第三节　政策性金融机构之间以及与客户的关系

一、不同政策性金融机构之间的关系

为实施国家的产业政策和经济发展战略，政府会根据需要按行业或领域设立相应的政策性金融机构，如开发性政策性金融机构、进出口政策性金融机构、农业政策性金融机构、住宅政策性金融机构、中心企业政策性金融机构等。这些政策性金融机构在特定的行业和领域既各司其职，又协同合作，形成了对国民经济进行政策性金融支持的完整体系。不同的政策性金融机构之间存在着共同使用资金总量和协调处理交叉业务等关系。

1. 政策性金融机构之间共同使用资金总量。

由于政府对政策性金融机构承担无限责任，各政策性金融机构筹措资金的总规模必须与国家的承受能力相适应。而各种政策性资金来源又缺乏弹性，所以在一定时期内，可供各个政策性金融机构使用的资金总量是一定的，各政策性金融机构所得到的资金就存在着此消彼长的关系。如果某政策性金融机构分到的资金较多，其他政策性金融机构能分到的资金就会较少。因此，如分配不当，政府的意图就得不到体现。所以，政策性金融机构应在政府的协调之下，尽量将有限的资金真正用在最需要资金扶持的项目上。

各政策性金融机构对于资金分配的态度应该是，根据所在产业和经济领域对资金的实际需求，向政府和有关部门申报所需资金的数额，并向政府阐明自身对资金需求的实际情况。同时，还应从国民经济发展的全局出发，分轻重缓急，支持国民经济发展最急需的行业或领域发展，以促使有限的政策性资金发挥出更大的作用。

2. 各政策性金融机构之间存在业务交叉的关系。

各政策性金融机构在创建之初，在具体职能和业务领域等方面有着显著的区别和划分，但在政策性金融机构的现实经营活动中，某些业务又不可能将其严格区分。这是由于政府不可能过于细分政策性金融机构的业务领域，而且有些业务的界限本身就是模糊的。例如，一项出口创汇的农副产品项目，既属于农业领域的重点项目，可由农业政策性金融机构予以扶持；又属于进出口领域的扶持对象，可由进出口政策性金融机构予以资助。因此，正确处理各政策性金融机构之间的业务交叉问题，对于充分发挥各政策性金融机构的职能，使有限的资金发挥最大效用是十分必要的。对于交叉项目，各政策性金融机构应彼此协商、相互协作。而政府应及时加以协调，以确保国家重点经济建设项目的顺利实施。同时，政府应逐步将政策性金融机构进一步细分，降低各政策性金融机构业务交叉的可能性，以有效减少各政策性金融机构间的业务矛盾。

二、政策性金融机构与其客户的关系

政策性金融机构的客户即业务往来对象。政策性金融机构与其客户的关系是政策性金融机构整个外部关系的基础，这直接影响着政策性金融机构的运行效率。政策性金融机构的客户种类繁多，具有不同的性质与特点。政策性金融机构需要针对不同类型的客户采取不同的管理方法（见表11-1）。

表11-1 政策性金融机构对不同类型客户的管理方法

客户类型	客户特点	政策性金融机构的管理方法
国有企业：重要行业的大中型企业	资产归国家所有，是独立的企业法人，规模较大	按照信用的一般规则对贷款的运用进行管理和监督
民营、合资、股份制企业：包括各种民营、集体、股份制企业、中外合资企业以及外商独资企业等	规模较小，管理水平较低	既要大力扶持，又要正确引导，严格审查
个人：包括私营小业主、个体工商户及以一家一户为生产单位的农户	规模较小，文化水平相差较大，管理水平较低	发放贷款之外，还应辅以信息咨询、财务指导、技术培训等服务

政策性金融机构与客户的关系主要包括以下四个方面：

1. 债权与债务的关系。

政策性金融机构与客户之间的联系最主要的表现为债权与债务的关系。这种关系主要包括直接与间接两种形式：（1）直接的债权债务关系是指贷款不经过代理行，而是由政策性金融机构自己选定客户，并与其签订借款协议书，将资金划拨到客户所在代理行的存款账户进行放贷的方式。在这里，政策性金融机构直接与客户发生债权与债务的关系，这适用于政策所扶持的大型开发项目和重点项目。在直接借贷中，政策性金融机构是债权人，客户是债务人，业务代理行只负责具体业务的经办，不需承担贷款风险。因此，政策性金融机构必须有一个强有力的贷款评审机构以规避风险。（2）间接的债权债务关系是指政策性金融机构把资金划拨到代理行，规定其融资对象、范围、总额、利率水平、期限等具体条件和原则，并由代理行根据要求运用政策性金融机构划拨过来的资金。在这里，政策性金融机构不直接与其客户发生债权与债务的关系，而是通过代理行间接地与客户建立信贷关系。这种间接的借贷方式就分解成政策性金融机构与代理行间的债权与债务关系，及代理行与客户间的债权与债务关系，而代理行就要对政策性金融机构的信贷资金安全负责。因此，间接的债权债务关系降低了政策性金融机构对贷款项目评审的压力。政策性金融机构与客户采用何种债权与债务关系并无定式。一些发达国家的政策性金融机构普遍选择的是一种间接的信贷关系，即主要通过商业性金融机构对业务对象放贷，并充当最后贷款人的角色。而哪种形式能更准确、有效地贯彻一国的产业政策，更有利于促进本国经济的发展，就应采取哪种债权与债务关系。

2. 投资与筹资的关系。

政策性金融机构可通过购买扶持对象的债券和股票等方式提供资金，以满足业务对象的资金需求，这就形成了一种投资者与筹资者的关系。政策性金融机构投资于公司债券和股票，更多的是为了体现政府对投资对象的支持态度。当企业渡过了初创期，政策性金融机构就会将所投资的债券和股票出售，再进行新的倡导性投资。同时，为避免政策性金融机构背离其政策性的宗旨，政策性金融机构所持有的企业股票一般不可超过企业自有资本和总股份的25%。例如，《韩国开发银行拥有股份管理法》规定，韩国开发银行可认购为实现主要工业计划而发行的公司债券，还被允许参股。

3. 服务与被服务的关系。

政策性金融机构的融资对象都是些宏观经济效益好、财务效益较差的贷款项目，这使得政策性金融机构所面临的风险较大。为了有效降低风险，政策性金融机构在放贷的同时，还应为客户提供非金融性质的支持和服务，如促进企业科学化管理、帮助企业建立健全财务制度、完善生产技术指导、提供市场信息咨询、加强人才培训、帮助客户建立台账，并进行必要的财务分析等。同时，政策性金融机构还需定期或在一个贷款周期完结之后，协助客户进行总结并提出改进意见，商酌是否需要发放新的贷款。只有这样，才会将有限的资金最大限度地发挥应有的作用，以达到政策扶持的目的。

4. 监督与被监督的关系。

由于政策性金融机构的贷款具有很强的政策性，所以，政策性金融机构在发放贷款之后，仍要按照政策规定对客户在贷款投向和投量等各方面予以检查和监督，即对贷款对象的每一道运营环节都要进行严格的管理和监督，以确定其是否将贷款真正用于规定的范围。还要对发现的问题及时采取措施，以实现国家政策扶持的初衷。而客户则应主动配合政策性金融机构并创造必要的条件，以保证政策性金融机构监督工作的顺利开展。政策性金融机构对客户的监督只是根据国家的法律与政策意图和企业的经营管理原则，帮助客户查漏补缺、规避风险，而这有赖于政策性金融机构与客户之间的相互信任与协作。

综上所述，政策性金融机构是贯彻政府宏观经济政策的执行者，其通过发放贷款、投资、加强服务与实施监督等方式来实现政府扶持和调控各个产业发展、促进国民经济协调发展的目标。同时，客户也应积极配合政策性金融机构，以提高自身资金积累的能力，使本国的宏观经济效益和企业微观的经济效益都得到有效提高。

本章小结

1. 政策性金融机构依据政府的意图，负责贯彻政府的社会经济政策，成为政府扶持、调控各产业和促进经济发展的有力工具。政府则是政策性金融机构的坚强后盾，为其提供政策、资金、方针、人力等方面的支持，并依法对政策性金融机构进行监督管理和行政领导。政策性金融机构与政府的关系模式大致分为依附型、相对独立型与中间型三种类型。

2. 政策性金融机构与政府的关系集中体现在与财政部的关系上。财政部是政策性金融机构资本金的提供者，是政策性金融机构的主要监督者和管理者，是政策性金融机构政策性亏损的弥补者和补偿者。政策性金融机构则支持财政部发展经济的战略顺利实施。政策性金融机构的主管部门还包括政府其他相关部门。这些机构肩负规划、指导和协调我国的经济运行的重要职责，并协助政策性金融机构选择融资项目、确定扶持方式、融资规模与贷款利率。政策性金融机构则为各主管部门所负责的产业领域提供资金扶持。

3. 政策性金融机构与中央银行的关系不像商业性金融机构与中央银行之间的关系那么紧密，但仍体现在资金援助、业务指导和人事参与等业务指导与支持方面。政策性金融机构也尽力同中央银行的倾斜方向、政策目标保持协调一致。

4. 政策性金融机构与商业性金融机构均有着各自的经营宗旨、服务领域与服务对象，在一国的金融体系中是平等、互补与协作的关系，而不是相互竞争的关系。二者之间这种协调发展的关系如果处理得当，将使得一国金融体系的整体功能更加完善，也将为本国经济的协调、快速发展提供有力的保障。

5. 不同的政策性金融机构之间存在着共同使用资金总量和协调处理交叉业务等关系。政策性金融机构与其客户的关系是政策性金融机构整个外部关系的基础。政策性金融机构通过发放贷款、投资、加强服务与实施监督等方式，扶持客户、促进国民经济协调发展。而客户也应积极配合政策性金融机构，以提高自身资金积累的能力，使本国的宏观经济效益和企业微观的经济效益都得到有效提高。

思考题

1. 政策性金融机构与政府的关系模式是什么？
2. 政策性金融机构与中央银行的关系是什么？
3. 政策性金融机构与商业性金融机构的关系是什么？
4. 政策性金融机构与其客户的关系是什么？

Economics &
Management

高等学校经济管理类课程教材——金融系列

第三篇

政策性金融发展趋势与应对

第十二章

国外政策性金融发展趋势

当今世界各国政策性金融改革发展呈现出一种多样化的基本态势，但政策性金融制度仍然不可或缺、不可替代。本章在比较研究国外政策性金融体制基本特征的基础上，主要分析 20 世纪 90 年代以来，国外政策性金融改革发展的现状特点、面临的主要问题和一般的发展趋势，以及对近年政策性金融改革发展国际潮流的基本认识。

第一节　当代国外政策性金融改革发展概况

一、现状及特点

20 世纪 90 年代以后，在世界范围内，政策性金融体制的改革与发展呈现出一种多样化的状态，其中确实存在政策性银行商业化改革的现象。但这种情况只是政策性金融发展的一个局部特征，而不是整体特征，更不是政策性金融发展的终极目标，大多数国家仍然存在很多继续恪守政策性金融制度宗旨和业务规则的政策性金融机构。

1. 部分政策性金融机构对股权结构进行了商业化转型或调整。随着经济发展和国家政策目标的调整，一些政策性金融机构的股权结构由单一政府股东转向多元化，或完全商业化甚至上市，或公私混合。进行商业化转型的也大都是开发性政策性金融机构。例如，新加坡发展银行、斯里兰卡开发银行、印度产业发展银行等政策性金融机构，被认为已完成了历史使命而逐步转变为商业性金融机构；日本政策投资银行（前身是日本开发银行）退出面向大企业、骨干企业的融资领域，要求在 2016 年前完全民营化。

2. 许多政策性金融机构进行了经营机制和服务方式的市场化运作改革。经营机制的市场化运作涉及资金来源、经营管理、政府补偿、监管等各业务环节。例如，政策性金融机构的资金来源由国家全包模式向市场筹资模式转变。2003 年，韩国产业银行客户存款在全部负债中的比例达到 13.1%，金融债券比重达到 45%；2001 年，日本政策投资银行开始发行非政府保证债，等等。在经营机制上，政策性金融机构引进现代公司治理制度和国际化标准，建立风险管理系统，注重稳健经营和提高效率；同时，随着政策性金融机构经营能力的提升，政府适当减少了对政策性金融机构的优惠政策，管理方面更为透明，监督管理方式适当借鉴对商业银行的监管要求等，促使政策性金融机构实现其财务可持续性。在经营服务方式上，主要表现在业务种类不断增多，业务范围不断扩大，成为兼营商业性业务的政策性金融机构。这类代表性的政策性金融机构包括德国复兴信贷银行、巴西社会经济开发银行、韩国产业银行、韩国输出入银行、泰国农业与农村合作银行等。同时，为避免道德风险和不公平竞争，这类综合经营的政策性金融机构一般采取分账户管理或建立母子公司的方式进行不同业务的专业化运作。

3. 改革调整后的一些政策性金融机构仍然坚持政策性金融宗旨和历史使命。从国别来看，在此轮改革的国际潮流中，以日本政策性金融体系改革力度最大。经过 1999 年和 2008 年两次大规模改革，日本政策性金融体系进入统一机构的新阶段。2005 年 11 月 29 日，日本经济财政咨询会议确定了《政策性金融改革的基本方针》，将各政策性金融机构的业务分为三类：第一类是应从政策性金融范畴中剔除的部分，第二类是有必要继续保留的部分，第三类是将来应予剔除但眼下仍需保留的部分。对于继续保留的政策性金融机能，改革的基本方向是整合机构，突出政策性融资，剔除一般性贷款。改组后的政策性金融机构，以类似于特殊公司或独立行政法人的形态存在，但都要求新机构树立鲜明的政策性金融的旗帜，在设置专业窗口、培养专门人才等方面，充分发挥先导性作用。韩国产业银行在其制定的《韩国产业银行的作用和发展方向》（2004）规划报告中，提出要执行"市场经济时代新政策性金融"，尽量减轻政府财政负担，充分发挥国家政策性银行和新政策性金融机构的作用。

二、面临的主要问题

20 世纪 90 年代以来，经济与金融全球化的加深不仅提升了各国市场经济的成熟度，为各国带来了充裕的资金，而且极大地加剧了金融市场的竞争。在此背景下，政策性金融机构的发展面临着竞争加剧、经营效率提高、业务领域调整、优惠待遇减少、低利负担沉重、资金来源变化、对政策性金融的不适当运用等诸多挑战和问题。

1. 政策性金融同商业性金融间的竞争加剧。这主要是发达国家的问题。随着发达国家经济与社会发展总体层次和水平的提高，形成国内资金总供给大于总需求的局面，使商业性金融机构不断寻求新的业务领域或投资机会，纷纷涌向传统上是政策性金融的业务领域；在金融自由化的条件下，专业化银行业务制度有综合化的趋势，利率也逐步自由化，使政策性金融与商业性金融间的利差缩小，更加剧了两者之间的竞争与摩擦。在新形势下，政策性金融确实面临商业性金融在利率和业务领域的竞争，这种情况同原来的设计或者遵循的某些原则有明显的不同。一般而言，政策性金融不同商业性金融相竞争，更不替代后者。而现在是商业性金融主动打破这一原则，主动同政策性金融相竞争。这种情况未必不是好事，它表明一国经济与社会发展总水平的提高和某些在传统上是应由政策性金融给予特别扶植的领域的长足发展与进步；也表明在新的条件下，对政策性金融运转方式的某种挑战和向更高级化发展演变的要求，但这丝毫不意味着政策性金融应该消失或被取消。

2. 政策性金融的某些特殊优惠受到批评或责难。这也是发达国家政策性金融面临的一个问题。在经济与社会发展的较高水平和金融自由化的冲击下，发达国家政策性金融在传统上享有的某些特殊优惠，或者被局部取消，或者趋于减少。例如，日本政府对日本政策性金融的融资免税政策招致广泛的批评；法国农业信贷银行凭借其特殊地位在业务上不断扩展，从事商业性金融业务，引起法国商业银行的不满。这种情况的发展，有正常或不正常的原因，不能一概而论。例如，法国农业信贷银行凭借特权，日益侵犯商业银行的业务领域，这是该行自身行为不检点，破坏了不同商业性金融相竞争的原则，当然也同其原设计中的某些漏洞有关。再如，关于政策性金融机构享有的某些优惠受到的指责，就具有相当的片面性。这仅仅是站在商业性金融机构的立场上基于公平竞争的一种责难，是资源微观配置主体追求经济有效性目标的典型表现，而政府和政策性金融关注的重点却更多的是资源配置的社会合理性目标。这种或那种形式的优惠，是政策性金融实现与符合政府经济社会特殊政策目标或意图的必要条件，不应成为攻击对象。

3. 低利信贷的补贴负担沉重，往往不能及时到位，影响政策性金融正常运行。这主要是发展中国家面临的问题。政策性金融机构发放的政策性贷款一般都是优惠性的，低利率、大数额、长周期，且易于发生呆账或坏账，易于造成亏损。大量的补贴成为政府财政的沉重负担，有的时候更达到不堪重负的程度。发展中国家经济金融环境欠佳，本币资金和外汇资金的"双缺口"问题严重，市场体系和机制发育不充分，经济与社会发展稳定方面的压力巨大，这一切导致对政策性金融的过度运用，最终又导致巨额补贴难以负荷的结果。这种情况有很大的难以避免性。但是，公平客观地讲，这恐怕不是政策性金融本身的问题，这是该国政府在巨大的经济与社会问题的压力下，对政策性金融资源的滥用造成的。解决的办法自然不应是取消或责怪政策性金融本身，而是应适当调整政府的经济社会发展目标，使政策性金融的运行建立在政府可以负担相应补贴的范围之内。这一情况表明，任何好事要做好，都得要一定的条件，都应有"度"的控制，好事做好实属不易。

4. 对政策性金融的不适当运用产生一系列消极后果和影响。这也主要是发展中国家或今天的某些发达国家在其现代化发展过程中某一阶段曾经面临的问题。政策性金融的正常运行依赖于一系列主客观条件。一方面，政策性金融本身需要严格依法办事，严格遵循其宗旨和职能，并且有一支高素质的职工队伍；另一方面，外部各有关方面也应严格依法行事，高度尊重政策性金融的独立自主权，并且对政策性金融的政策性和金融性这两方面有正确的认识和态度。假如背离或不适当地运用它，就会产生一系列消极后果和影响：长期的低利率优惠资金供给易于产生对资金需求的无限扩大趋势和饥渴症，对其产生严重的依赖性；较多地关注社会合理性是必要的，但也应同时关注经济有效性；过度的支持会保护落后、助长低效率，进而人为地出现各种拖欠和呆账、坏账，易于助长官僚主义和不正之风。这些既损害了政策性金融本身，也损害了金融体系整体的效率和稳定，造成一国金融正常发展的中断和不可持续发展，最终对该国经济与社会的发展与稳定产生消极后果与影响。

上述情况常常是客观存在的，但也不能说是必然的和不可避免的。例如，发达国家的政策性金融大都运转得相当不错，不仅不亏损，还有盈余，美国的大部分政策性金融机构就将国拨资本退回，已成为特殊公法法人。所以，认为政策性金融必然亏损是在理论上说不通、实践上站不住脚的一种错误认识。

三、对近年政策性金融演化国际潮流的基本认识

从上述情况看，进入20世纪90年代后，一些国家确实对部分政策性金融机构进行了商业化改革，不仅通过商业化改革和机构整合来实现政策性金融业务覆盖领域的调整，压缩或退出原来支持的某些重点行业或者落后地区的开发性金融业务，还通过引入商业运行模式，提高政策性金融机构的自主经营能力。研究经济问题要透过现象看本质。如果深入到这些国家政策性金融改革的动因和具体效果层面考察，我们就会发现，这些国家进行各种形式的商业化改革并没有抛弃设立政策性金融的初始理念，政策性金融制度安排仍然不可或缺，改革之后的政策性金融的一些职能反而得到了相当程度强化，而且政策性金融的发展潮流并不仅仅是单纯的商业化改革所能够概括的。因此，分析政策性金融改革的国际潮流，需要厘清几点基本认识。

（一）商业化改革只是对政策性金融体系的局部调整，并非对政策性金融制度的根本否定

要客观地评价政策性金融改革潮流，需要看政策性金融改革的动因和实际效果。目前，引发政策性金融改革潮流的主要动因有以下三个方面：（1）国家金融体系设计的整体思路在新阶段发生了变化。例如，日本政策性金融改革的一个重要原因就是作为其主要资金来源的邮政储蓄系统的改革需要。（2）提高政策性金融业务的针对性，降低政策性金融带来的不利影响。（3）提高政策性金融机构的资金配置效率，降低运转成本。从上述三种动因看，无论哪种动因，都是为了提高政策性金融效率，而不是完全取消政策性金融服务；也没有使商业性金融机构直接进入政策性金融领域，而是通过政策性金融的部分退出，扩大商业性金融的运作范围。

从实际效果看，部分政策性金融机构的商业化改革，一方面缩减了政策性金融的覆盖范围，消除了"四面出击"现象，将商业性金融能够解决的融资领域还给商业性金融机构，政策性金融机构在仍然需要政策性支持的领域运营，故政策性金融的目标更加明确，业务范围更加专一，在保留领域的专有作用得到强化。另一方面，通过对政策性金融机构的合并重组，明确了政策性金融机构的职责，减少了多个政策性金融机构相互之间的业务重叠，减少了与商业性金融机构的摩擦，有利于提高政策性金融对社会资金的配置能力、对政策性业务的支持能力以及政策性金融机构的内部管理运作水平。因此，政策性金融改革的目的并不是要取消政策性金融机构，更不是要取消政策性金融，而是对政策性金融业务"有保有压"的调整，使政策性金融的作用空间更加明确，业务功能更加完善，对政策性对象的支持力度更有保障。

事实上，世界各国政策性金融机构无论经过何种合并重组，执行政策性金融业务的金融机构始终是存在的，同时，政策性金融业务更是始终存在于某些历久弥新的领域，如进出口、农业、中小企业等领域。美国对政策性金融体系采取低调处理、充分利用的策略。美国虽然没有宣称要发展政策性金融机构，但事实上从20世纪初期开始，它就

建立了相当数量的政策性金融机构，在农业、小企业、进出口、住房等领域拥有功能齐备、组织发达的政策性金融体系，尤其是在农业领域的政策性金融体系更是相当完善，形成了全方位、多层次的立体支持网络。美国政策性金融体系在其近百年的历史中，最大的变动当属对住房领域政策性金融机构的改革。20世纪70年代对住房领域政策性金融机构的私有化改革，实际上是20世纪90年代政策性金融商业化潮流的一个前奏。但是，美国政策性金融的商业化改革并没有泛化，其他的政策性金融机构仍然存在着，并且一直发挥着重要作用，特别是金融危机冲击到来后，更彰显了其功能。比如，2008年金融危机以后，美国联邦小企业署为帮助小企业渡过经济衰退，临时放松了贷款标准，直至2010年9月。再比如，美国进出口银行是联邦政府全资所有的独立执行机构，长期以来一直秉承1934年成立时的宗旨："通过支持出口支持美国就业"。近年来，美国进出口银行提供的金融服务规模一直在120亿美元以上，类型包括担保贷款、直接贷款和出口保险等。同时，美国进出口银行在经营管理和自身财务可持续性方面非常成功。2001年以来，该行共获得68亿美元的净收入；这些净收入除部分用于审慎性准备金外，其余全部上缴财政部。美国拥有高度发达的政策性金融体系，美国是否也曾担心政策性金融机构会成为政府负担而要对它们进行私有化改革呢？这种担心和争论在政策性金融体系构建之初就存在。但是，除了必要的商业化改革以外，政府采取的解决思路是通过加强立法、管理和监督来控制此类机构，充分发挥它们无可替代的重要职能。例如：1945年美国出台了《政府公司控制法案》；1990年出台的《联邦信贷改革方案》要求政府改进信贷项目会计，为贷款项目评估提供了一整套程序，使联邦政府的信贷运作建立在更好的财政基础上；1996年出台的《政府债务收集改进法案》加强了政府追回欠款的能力。更值得关注的是，美国把发展政策性金融体系作为政府的长期责任，把政策性金融业务可能带来的经营损失列入政府预算以支出弥补。日本也是不断深化政策性金融改革的国家，但在其历次的改革过程中，无论怎样合并、撤销或者是商业化，始终存在执行基本政策性金融功能的政策性金融机构；其保留的统一机构——政策性金融公库的功能仍然完整地涵盖进出口、中小企业、农业三大领域。虽然政策性金融公库经营仅半年的时间就出现了6554亿日元（约合66亿美元）的亏损，但日本政府仍然保留这样的政策性金融机构。

那么，为什么注重发挥市场作用进而大规模商业化改革的日本还要心甘情愿地承担如此巨额的亏损呢？为什么美国政府对政策性金融如此重视与支持呢？这些问题是研究政策性金融改革潮流中不可回避的。认真研究20世纪以来政策性金融上百年的历史，我们就会发现，政策性金融的存在有其深刻的经济与政治原因，其需求是客观长期存在的。即便我们在总结其他国家出现的政策性金融改革中看到了商业化趋势，但必须认清的是，政策性金融是国家经济发展的长期工具，商业化并最终消失并不是政策性金融改革国际潮流的全部，也并非政策性金融发展的全部和某种确立的终极目标！大多数国家仍然存在很多继续恪守政策性金融业务规则的"传统"政策性金融机构。

（二）政策性金融改革之后效率得到提高，功能目标更加明确

通过改革，合并撤销一些政策性金融机构，一是在一定程度上减少了人浮于事的现

象，降低了运营成本；二是被保留的政策性金融机构在管理运作机制上更加贴近市场，可以减少层层审批和内部扯皮现象，减少"暗箱操作"，提高整体资产质量；三是可以进一步明确政策性金融与商业性金融的边界，减少两类金融机构之间的业务摩擦，形成两类机构相互配合、相互补充的良性循环。

实践中，一些国家的政策性金融机构经过合并，确实得到了缩减，管理运作日益规范，运作效率不断提高，而且政策性目标更加明确，业务范围更加专注于保留的政策性业务，资产质量得到了明显提高，在一定程度上提升了政策性金融机构的地位。国家财政对各政策性金融机构的资金封闭供给体系被打破，并不意味着政府支持力度的减弱，而是在新形势下转换了形式与渠道，在一定程度上鼓励其以国家信用为基础，在国内外资本市场上越来越优化地筹集更多的长期性低成本资金，因此，政策性金融机构离市场更近了，压力加大了，活力也增强了。但是，从政策性金融改革的国际潮流来看，政策性金融机构内部治理结构和管理机制的改革，都是建立在一国金融不断深化、资本市场较为发达的基础上的。只有这样，政策性金融机构才能在特定政策目标约束下，比较得心应手地开展各项筹资和资金运用业务，切实加强风险控制能力。

（三）政策性金融机构商业化转型后经营损失是否由政府"兜底"值得思考

商业化改革和转型后，政策性金融机构的基本业务领域仍然会涉足于原来所从事的政策性金融领域。在这些领域的市场化程度不够的情况下，从事该领域金融业务的收益不会发生根本性变化。也就是说，商业化的政策性金融机构所从事的业务，可能仍然是具有较低收益空间的金融领域。随着商业化之后所带来的利润考核压力的加大，这些政策性金融机构必然会在维持其基本业务范围的同时，不断拓展存在较高风险的业务以提高收益。但在相应的风险控制机制跟不上的时候，随着高风险业务的增加，一旦经济形势发生变化或者是社会资金状况出现改变，这些风险就很有可能会爆发，给它们带来巨大损失，导致这些金融机构面临经营困境，甚至可能破产倒闭。而这些金融机构原来所从事的政策性业务，往往与影响国民经济走势的最基本领域或与人们的生产、生活密切相关，因此，这些金融机构出现问题之后，会给整个经济运行或者社会稳定带来巨大的负面影响，政府最终将不得不为它们的损失"埋单"。像美国房地美与房利美两大商业化的政策性金融机构，在次贷危机中遭受巨大损失，美国政府就不得不出巨资重新购买其股权。由此，政策性金融机构的市场化运作及利润考核的度、商业化转型的价值，转型后的政策性金融机构是否继续享有国家信用等优惠待遇，所出现的经营失败的损失由政府以某种形式继续为其"埋单"、"兜底"是否公平合理等问题，也值得我们深刻反思和亟待探讨解决。

（四）如何防止"设租寻租"和提高绩效是与政策性金融共始终的重要问题

政策性金融机构具有政府支持背景，业务带有政策优惠特征，"设租寻租"、效率低下等问题常为人诟病，也出现过因这些或有弊端而失败的案例，如20世纪50年代的日本复兴金融公库、20世纪80年代拉美国家的一些政策性金融机构等。因此，如何防止"设租寻租"和提高经营绩效，始终是政策性金融发展过程中必须着力解决的两个问题。不少国家通过改革和完善政策性金融体系，对这些问题进行了诸多探索，积累了有益的经验。在考察政策性金融机构发展国际潮流的过程中，关注和汲取这些经验，有助于推进中国政策性金融体系的规范发展。

在防止"设租寻租"方面，日本、美国等发达国家的政策性金融机构已经形成了一些行之有效的做法。（1）专家集体决策。世界银行于 20 世纪 90 年代总结日本政策性金融经验时强调了这一原则。1999 年日本政策性金融体系大规模改革后，日本政策投资银行等机构进一步完善了专家评审和集体决策机制，由内外部专家构成贷款决策委员会，专门评审限定规模以上的政策性金融贷款项目，从中立、公平的立场审查项目的政策意义和效果、事业主体的项目完成能力、项目效益等，总体而言，比较有效地降低了由于政策性金融机构个别领导掌握项目审批权限而产生的"设租寻租"风险。（2）严密的内外多重审计制度。这是世界银行总结的另一条基本经验。日本政策投资银行、美国进出口银行、德国复兴信贷银行等运作较为成功的政策性金融机构，普遍建立了以内部审计与监察、注册会计师审计、政府部门评估、预算审批监督以及国家审计机关不定期审计等为基础的内外多重审计制度，对政策性金融业务开展及项目评审工作进行层层监督。实行这种内外多重审计以及形成比较高的透明度，目的就在于把寻租行为压制到最低限度。此外，一些国家还不断优化政策性金融机构经营项目的制度设计，从业务流程上降低"设租寻租"的可能性。例如，美国为鼓励风险投资的发展，允许成立私人经营的小企业投资公司（SBICs），向小企业提供风险资金或者长期贷款，并且政府规定 SBICs 的发起人每投入 1 美元到风险投资项目中，便可从联邦小企业署（SBA）得到 4 美元的利率仅为 2% 的低息贷款。由于 SBICs 可从 SBA 那里得到低息贷款，利息差的诱惑以及还贷的压力，诱使一些 SBICs 倾向于向那些已有现金流入的处于扩展期以后的公司提供债权融资以博取利差，而不是为那些处于种子期的初创企业提供股权融资，诱发了大量的寻租行为。1992 年美国对《小企业投资公司法》进行了修改，规定 SBA 可以有限合伙人的身份加入私人管理的 SBICs，在分担风险的同时分享利益，促使 SBICs 的支持方式由债权向股权转化，从而在制度设计上避免了上述"设租寻租"问题。

提高绩效也是历次政策性金融改革所追求的目标。商业化改革单一导向虽然有助于提升政策性金融机构的效率，但也意味着政策性金融机构要退出政策性金融体系，失去了政策性功能，因此，商业化改革仅适用于根据国情判断不需要政府再提供政策性金融支持的领域。对于仍然需要政策性金融支持的领域，各国改革的举措并不是单纯的商业化，而是不断推进政策性金融机构的"市场化运作"，即在政策性金融机构经营运作的微观层面越来越多地引入市场机制，尊重市场并面向市场，通过增强约束机制和改进管理方式来提高绩效。20 世纪 90 年代以后的政策性金融机构改革的国际潮流更是如此。仍以日本为例，2001 年，日本对政策性金融体系进行了大刀阔斧的改革，目标是想继续保持政策性金融积极的一面，消除其弊端，核心内容有：一是取消原先可获得来自邮政储蓄和养老金的强制性存款制度，政策性金融机构的资金筹措需要遵循市场化原则；二是引入政策（补贴）成本分析，实质性地扩大公开性，以保证政策性金融机构受到约束和监督；三是贷款利率将以同期限日本政府债券的市场利率为基础。这些改革措施促使政策性金融机构以更贴近市场化的模式运作资金筹集、资金运用等业务环节，从机制上促进了政策性金融机构采取有效率的方式实现政策性目标；同时，也促使政策性金融机构的业务信息和财务信息更加透明，便于接受各方面的监督和评价，增强了政策性金融机构自律的内外部压力和约束力。

只要政策性金融存在，金融双轨制便存在，"设租寻租"的可能性也就存在，以"政策性亏损"掩盖绩效管理水平的动机也很难避免。所以，动态优化地把政策性金融控制在合理规模和必要领域之内，并防止"设租寻租"和努力提高绩效水平，是与政策性金融共始终的机制建设与管理监督问题。只要措施得当，便能处理好与之相关的"不把小孩子和洗澡水一起泼出去"的问题，发挥政策性金融之利，遏制政策性金融之弊。

第二节　国外政策性金融发展的特征与趋势

一、国外政策性金融体制的特征

作为一国金融体系中与商业性金融机构平行、并列、对称与互补的金融机构，无论是发达国家还是发展中国家都很重视政策性金融机构的作用。但由于各国政治、经济、金融和文化习俗等方面的差异，政策性金融机构在具体的运营中又有其各自独特而鲜明的特征。

（一）美国政策性金融体制的特征

美国是一个市场经济国家，整个社会生产基本上是以市场调节为主。但是，美国也是资本主义国家中政府对经济干预有代表性的国家之一，尤其是农业和小企业等一直受到政府的保护，由此形成了美国政策性金融机构的特点。

1. 政策性金融机构自成体系，在美国金融体系中占有一定的地位。美国的政策性金融机构主要包括农业信贷体系、住房信贷体系、美国进出口银行和中小企业管理局四大体系，每一个体系由若干机构组成。农业信贷体系包括互助合作性质的农业信贷机构和政府农业信贷机构。前者在全美设立12个农业信贷区，每个信贷区由一个联邦土地银行、联邦中期信贷银行和合作银行组成。后者由美国农业部直属的农民家计局、商品信贷公司和农业电气化管理局组成。住房信贷体系由联邦住房贷款银行委员会、12个联邦住房贷款银行及其会员，即储蓄贷款协会组成。美国进出口银行是政府的独立机构，内部设立6个平行机构，分别是顾问委员会、公共关系部、出口信贷担保和保险部、政策分析部、财务稽核部、人事部。中小企业管理局是美国国会拨款建立的一个联邦政府贷款机构，专门为那些不能从其他正常渠道获得充足资金的中小企业提供融资，它在全国有100多个分局和地区办事处。

2. 名为政府，实为合作。美国的政策性金融机构，如美国农业信贷机构等，均由政府出全资建立。后来，政府又通过立法，准许这些机构归还政府资本，从而成为民间合作性质的金融机构。这种名为政府、实为合作性质的政策性金融机构是美国的独创，也适合政策性金融机构的业务特点。政府只参与政策性金融机构的建立及业务活动的宗旨、基本原则、政策方向等一系列"框架"的构建，而不干涉其具体业务活动和日常管理，使其经济组织的性质得到尊重。

3. 复合式机构形式较为典型。美国将全国划分为 12 个农业信贷区、12 个住房信贷区，在每个信贷区分设土地银行、中期信贷银行、合作社银行和住房贷款银行等。每类银行与联邦储备银行类似，在机构的设计上均为复合式，而非单一型。这种横向的复式并列与纵向的层次隶属结合在一起实为美国所独创，进而形成一种立体结构的政策性金融机构体系。它的优点是能适应各自信贷区的具体情况，有利于开展业务，此外，还具有规模经济的优势和稳定性，可有效避免按行政区域设立政策性金融机构的诸多弊端。虽然在某种程度上也增加了管理上的复杂性，但总体而言是利大于弊。

4. 金融市场的活跃参与者。美国金融市场发达，政策性金融机构资金主要来源于金融市场，对政府的依赖较少。这在客观上反映出美国国内储蓄者盈余丰裕，金融市场发达，主观上则反映出美国政策性金融机构应该是金融市场活跃的参与者，如美国农贷机构和住房贷款银行分别发行统一债券从金融市场筹措资金。因此，美国的政策性金融机构与金融市场互相促进，共同发展。

此外，美国政策性金融机构的业务重点在于弥补并纠正市场机制的缺陷，扶持贫弱，维护机会均等、公平竞争，具有一定的保护性。

（二）日本政策性金融体制的特征

日本国土面积狭小，人口众多，自然资源贫乏，在经受第二次世界大战的创伤后，在二十来年的时间里又重新崛起为世界第二大经济强国，虽然不能将其归因于一个或几个因素的作用，然而，其独具特色的、最具典型的政策性金融机构体系对其经济发展所产生的作用却是无法低估的。

1. 日本政策性金融机构种类多样，范围广泛。日本政策性金融机构最初由"两行九库"组成。"两行"是指日本开发银行、日本输出入银行。"九库"是指国民金融公库、中小企业金融公库、中小企业信用保险公库、环境卫生金融公库、农林渔业金融公库、住宅金融公库、公营企业金融公库、北海道东北开发金融公库、冲绳振兴开发金融公库。近年来，随着国内外形势的变化，日本政府对其进行了改组，从而形成了现在的"两行六库"局面，即日本政策投资银行和国际协力银行、国民生活金融公库、住房金融公库、农林渔业金融公库、中小企业金融公库、公营企业金融公库和冲绳振兴开发公库。日本政策性金融机构的范围覆盖住房、经济开发、进出口、农业、环境卫生、医疗保健等领域，在日本经济恢复和发展，尤其是促进日本经济高速增长方面发挥了重要作用。如在战后经济复兴时期，倾斜生产型产业政策，高速增长时期的出口主导型产业政策，以及经济腾飞后为追求生活品质，整治环境，增进国民福利政策的实施以及成功均离不开政策性金融机构。

2. 与商业性金融机构严格分离，自成体系。许多国家为了体现政策性金融机构与商业性金融机构的差异，将政策性金融机构视为"特别金融机构"或"专业金融机构"。而日本却把二者严格划分开来，并自成体系。在日本，政策性金融机构与商业性金融机构在以下几方面分离：在机构设置方面，政策性金融机构以政府金融机构为主，以部分合作性质金融机构为辅。在业务活动方面，政策性金融机构与商业性金融机构不发生业务交叉和竞争关系，而是业务分离和互补的关系。政策性金融机构不吸收存款，支持不能或不易得到商业性金融机构融通的项目，且多采用联合融资、委托贷款等方式。在管理方面，政策性金融机构由大藏省管理，有关部门（如产业部门）也共同参与管理，而商业性金融机构则归日本银行管理。

3. 政策性金融机构的资金来源独具特色。日本政策性金融机构资金来源主要依靠财政投融资机制，这一特点反映并决定于日本金融结构和社会经济的某些特点。在较长时间内，日本间接金融占优势，直接金融相对不发达，这样，政策性金融机构不能像美国等发达国家那样主要依赖金融市场筹措资金。由于高速增长时期日本企业资金需求旺盛，商业性金融机构自身资金不足，政策性金融机构不可能从同业得到资金。政策性金融机构一直是以邮政储蓄吸收的居民储蓄为主。这些资金通过大藏省资金运用部分配给政策性金融机构，这一机制被称为财政投融资机制。政策性金融机构不直接吸收储蓄，而由其他储蓄机构吸收，再转移或借贷给其有偿使用，这既减少了金融机构的数量，避免业务交叉和竞争，又便于加强管理。当今，随着日本邮政储蓄的市场化改革，政策性金融机构的资金来源渠道逐步面向金融市场，以发行政策性金融债券筹资为主。

（三）法国政策性金融体制的特征

法国是一个市场经济国家，经济运行受到市场经济原则支配。但是，法国政府也重视经济计划管理方式，注重对宏观经济的管理和干预，从而成为主要资本主义国家唯一实行市场经济基础上的经济"计划化"国家，这在其政策性金融机构中也得到了鲜明的体现。

1. 以国有或政府领导的公有机构为主。在所有制上，法国政策性金融机构主要是国有或政府领导的公有机构。法国政策性金融机构由法国农业信贷银行、法国对外贸易银行、法国土地信贷银行、法国国家信贷银行、国家市场公库、中小企业设备信贷银行构成。这些金融机构多为官方和半官方所有的专业性金融机构，或者是由政府领导、控制和影响的部分合作性质的金融机构。它们的业务活动范围仅限于农业、中小企业、进出口企业等领域。

2. 多为股份制半官方专业银行。法国政策性金融机构多为股份有限公司。与其他商业性金融机构一样，政策性金融机构是一个经济组织，它必须依照经济组织的原则构造其组织形式（股份公司形式）和确立其经营原则。同时，作为半官方机构，它除从事一般业务活动外，还承担某些政策性金融业务。因此，对于承担非盈利或低盈利政策性业务或由此而产生的某些损失等，政府给予利息补贴和税收优惠。但是，由于某些政策性金融机构凭借政府给予的某些优惠待遇拓展其商业性业务，导致与商业性金融机构的摩擦，破坏了公平、自由竞争的原则，引起社会有关方面的不满与批评。

3. 机构众多、规模庞大。法国是资本主义国家中唯一实行市场经济基础上的经济"计划化"的国家。政府通过所控制的官方或半官方金融机构为实现政府的政策意图而开展政策性业务，向工农业生产、住房建设、进出口、中小企业、经济与地区开发和社会事业等提供资金，取得了明显成效。这些政策性金融机构随政府政策目标的变化而不断调整，改变其业务活动领域和范围，不断扩大业务规模，扩充实力，在法国金融体系中占有一席之地。

4. 政策性金融机构与商业性金融机构之间的差异趋于淡化。法国是实行专业化银行制度的国家之一，银行的资金来源和活动领域受到一定的限制。如政策性金融机构原则上不得与商业性金融机构竞争，不得吸收活期存款，不得发放 2 年以上的中长期贷款，不得超过既定的业务领域等。在金融自由化浪潮的冲击下，法国银行间分工逐渐淡化，业务趋向综合化和国际化。如新的银行法取消了商业银行与实业银行、中长期信贷银行的界限，则是一个突出的表现，这种冲击也必然表现在政策性金融机构的业务活动上，一些政策性金融机构逐步突破业务限制，向商业银行化、综合化和国际化方向发展。

5. 独创"上官下民"的所有制模式。这一模式是指在同一体系中有不同层次的机构。最高层的中央机构为国有性质，而中层和最基层机构均为民办合作性质。这种银行体制是法国的首创，如法国农业信贷银行。这种模式既保证了国家对该政策性金融机构一定程度的限制、干预的权力，又不任意和过分地干涉其经营活动。同时，其基层机构更适应农村分散性的特点，贴近农民，既维护了经营自主权和积极性，增强基层组织的稳定性，保证灵活有效地开展业务活动，又适合于配合政府的农业金融政策，政府政策可通过中央机构逐级贯彻到农民。可以说，它将大多数国家分立的政府政策性金融机构与民间合作组织合二为一，变"平行结构"为"上下机构"，颇具特色。这种"上官下民"模式与日本的"官民并列"的模式不同，两种模式各具特点，但都是适应各自国家的经济金融环境，并均取得了较好的效果。

（四）韩国政策性金融体制的特征

韩国金融经济发展落后于其实物经济增长，主要是政府严格管制造成的金融压抑，但是，经济迅速发展必然带动其金融业不断发展。20 世纪 60 年代，在韩国当局将经济建设奉为"至上课题"，提出"经济增长第一"，"贸易立国"的路线，决心努力实现经济现代化之后，政策性金融机构取得了迅猛的发展。

1. 政策性金融机构在金融体系中居于重要地位。韩国政策性金融机构包括韩国开发银行、韩国中小企业银行、韩国住房银行、韩国进出口银行、国民农业合作社联合会、渔业合作社联合会等。1980 年末，资产总额约占国内金融机构总资产的 1/4，居于重要的补充地位。它们分别活动于农林渔业、住房业、中小企业、进出口和经济开发等领域，主要是为了满足这些关键产业和战略部门的资金需求而提供中长期信贷，促进其持续、稳定发展。

2. 集中经营与分散经营相结合。韩国的金融制度是仿效日本建立的。但与日本不同的是，韩国政策性金融机构没有形成独立的体系，政策性金融业务大部分由政策性金融机构经营，也有一部分由各商业银行按政府指令及要求经营。韩国经济企划院制定的发展战略和目标，实际上构成了政策性贷款的原则。由于政府对金融体系的严格控制，银行只得听从于政府指令和规定，将政策性贷款投向政府发展战略和计划所规定的项目。韩国政策性贷款数量庞大，曾经达到金融机构贷款总额的一半，主要投放于造船、钢铁、汽车制造、石油化工、重型机械等行业。当然，这种政策性贷款虽然表明政策性金融机构在推动、引导社会资金投向，扩大政策性贷款方面富有成效，但也使用于轻工业、农业以及消费品方面的资金越来越少，抑制了它们的正常发展。

3. 根据发展计划、政策目标建立相应的政策性金融机构。朝鲜战争停战后，经济重建急需大量资金，在国内储蓄不足，金融机构动员储蓄能力有限，缺乏强有力的储蓄转化投资的机制情况下，单纯依靠商业银行已经无法满足经济重建急需的大量资金。于是，1954 年韩国建立了韩国开发银行，向经济重建和战后的大规模经济建设提供了大量资金。为保证教育、国民保健和社会福利事业的发展，1967 年韩国住房银行成立。随着韩国经济的恢复与发展，进出口成为韩国经济继续发展的关键。韩国资源贫乏，初期原材料甚至食品都需要进口。工业化进程加速以后则更加依赖进口。而为了维持进口就必须扩大出口，政府把出口当做压倒一切的任务。1969 年 7 月，韩国颁布了《进出口银行法》；同年 10 月，由一直向进出口融资的韩国外汇银行试办进出口银行贷款业务。1976年 4 月，韩国正式组建了进出口银行。

（五）泰国政策性金融体制的特征

泰国是一个发展中国家，农业是其传统产业，工业起步较晚，经济建设过程中资金不足，政府发挥了较大作用，这些都决定了泰国政策性金融机构体系的特点。

1. 政府持有率较高。泰国政策性金融机构有农业和农业合作社银行、政府住房银行、泰国工业金融公司和中小企业金融局 4 家。政府除了间接地控制泰国工业金融公司以外，其余 3 家为政府直接全资持有，并且在这些政策性金融机构的资金来源中，政府资金都占有一定比例。不仅如此，泰国政府还强行规定商业性金融机构的政策性贷款比例，并令其在政策性金融机构存款或为其开展业务提供方便。

2. 与经济结构紧密结合。泰国原是一个农业国，在其工业化过程中，既要建立起工业体系，又要保持资金的农业优势，使农业在工业发展的同时得到相应的发展，为此，建立了农业、工业开发政策性金融机构，并且还建立了中小企业和住房等方面的政策性金融机构，以适应泰国经济结构的二重性特点和促进社会发展、提高人民生活质量的要求。为了扩大泰国银行的出口融资再贴现安排，以不断开拓国际市场，提高泰国出口产品的竞争能力，泰国议会批准成立了泰国进出口银行，这对泰国农业和工业发展，逐步缩小和消除二重结构，促进经济和社会的发展有着重要意义。此外，1982 年由泰国银行、财政部、商业部、工业金融公司共同组建的出口信贷担保公司，对于扩大泰国银行原实行的出口融资再贴现安排，不断扩大新的国际市场以及提高出口产品的竞争能力都发挥了重要作用。

3. 对外融资比率较高。为缓解国内的资金短缺，政策性金融机构在政府的担保下，向外国政府、政府机构和国际金融机构等融通资金，按照政策意图集中、重点使用，以保证资金使用方向的合理性。此举对促进经济发展的成效显著，成为泰国利用外国长期资本的主要渠道。

4. 与商业银行业务交叉。政策性金融机构处于补充性的地位，无论在工业还是在农业方面的融资，其所占份额均不居于主要地位，主要目的在于倡导、推动和补充。但由于国内资金欠缺，过于依赖国外资金，部分政策性金融机构不得不吸收存款，包括活期存款，以扩大国内资金来源。这样，在吸收存款上同商业银行产生交叉，同时也就带来了某些摩擦。

（六）印度政策性金融体制的特征

印度是一个发展中国家，经济建设资金需求颇为庞大，同时它又是一个大国，尽管可以利用外部资金，但经济建设资金来源必然主要依靠国内渠道。正因为如此，其政策性金融机构也得到了相应的发展，并对印度经济社会发展发挥了促进作用。

1. 政策性金融机构种类较多、分布较广。印度政策性金融机构分布于农业、住房、进出口、中小企业以及经济开发等方面，如地区农村银行、国家农业和农村开发银行、印度进出口银行、印度工业开发银行、印度工业金融公司、印度工业信贷和投资公司、印度国家金融公司、印度住房和城市开发公司以及轮船开发基金委员会等。

2. 机构设置重点在商业银行分支机构缺乏的地区。印度地大人多，经济社会发展严重不平衡，地区间、部门间发展水平参差不齐，发展任务繁重。因此，印度在工业、农业、进出口、住房、中小企业、经济开发等方面均设有政策性金融机构，而且，分支机构重点设于商业银行分支机构缺乏的地区。

3. 政策性业务向发展重点和不发达地区倾斜。印度独立后，即把工业化作为经济工作重点，尤其重视发展重工业，以形成较为完整的工业体系，减少对外依赖。为加速工业化进程，在商业银行资金不能适应大量长期低利贷款需要的情况下，印度建立了较多的工业和开发性政策性金融机构，它们按照政府制定的五年计划目标，为工业企业提供长期低利贷款，并优先对重点发展企业的固定资本提供贷款，协助企业发行有价证券进行筹资，还为企业提供技术、管理和咨询服务，从多方面促进工业化。政策性金融机构作为弥补商业性金融机构不足的有益补充，在印度表现得更为明显与典型。

4. 政策性金融业务由兼营向专营转变。印度经济与金融不很发达，最初存在政策性业务与商业性业务兼营的问题，如中央银行——印度储备银行长期兼营农业信贷，专门设有农业信贷部从事这一工作。商业银行——印度国家银行兼营中长期出口信贷，在较长时期内无专门的出口融资机构，只有一个出口信贷保险公司提供出口信贷保险。这种模式分散了中央银行的货币政策重心，忽略了政策性业务与商业性业务的区别。随着1982 年成立的印度国家农业和农村开发银行接管印度储备银行农业信贷部，成为农业政策性金融机构，并充当农业信用的最高机构和最后贷款人以及同年成立的印度进出口银行专门从事中长期出口融资，对商业银行出口融资给予再融资或担保，印度金融业正由兼营向专营转变。

（七）巴西政策性金融体制的特征

巴西实行资本主义市场经济，但政府在发挥市场机制作用基础上通过制定实施经济发展计划来调节、管理、指导经济发展。政府确定一个时期的发展重点，如基础社会部门、基础产业部门，给予重点支持，同时，又注重农林部门的发展与地区平衡，所有这一切都使主要由国有国营开发银行组成的政策性金融机构的作用得到了充分的发挥。

1. 强制性储蓄成为政策性金融机构的重要资金来源。巴西创立了在国家管理之下强制执行并具有广泛性的社会福利制度，其中，包括1966 年创设的"保障就业基金"和

1970 年创设的"政府职工基金计划",它们实际上是强制性储蓄。根据"保障就业基金（又称为服务年限保障基金）",企业主需要按企业职工工资总额的 8% 付款给"保障就业基金",存入每个职工个人账户。该存款由国民住房银行管理,按指数化管理货币数量,年息 3%,职工在结婚、购房、偿还医疗费用和退休等情况下,可提取该存款。这项基金计划得到了大多数工人的欢迎。"政府职工基金计划（又称为政府职工基金计划）",主要是由雇佣者出资为政府工作人员建立的性质与"保障就业基金"相同的基金,提取存款的限制同前者大致相同。这两项福利计划的巧妙之处在于它把社会福利同筹措开发资金的来源结合起来,前者的流动资金构成国民住房银行的重要资金来源,后者的流动资金则构成了国民经济开发银行的重要资金来源,为工业开发项目提供资金。

2. 开发性政策性金融机构占绝对优势。巴西政策性金融机构多为开发性金融机构,这主要反映了巴西作为一个发展中国家,在经济发展初期,面临着比较严重的经济二重结构问题。为摆脱贫困,消除地区和部门间的不平衡,在经济总水平不断提高的同时,只有加速落后地区和部门的发展,才能实现国民经济的长期持续、协调和稳定的发展。而设立开发银行的目的就在于此,因为开发银行业务具有综合性,尤其是地区开发银行更广泛地服务于工业、农业和其他领域。

3. 在社会基础社会建设和维护社会稳定方面成效显著。巴西政策性金融机构通过实施全国性的卫生计划,改造城市卫生设施,提高社会生活质量,充实社会资本,以此为经济建设提供良好的社会基础设施条件。此外,通过建立强制性储蓄机制,为相应的金融机构提供了稳定和丰厚的资金来源,更重要的是为社会居民提供了相应的社会保障,在巴西通货膨胀严重恶化的形势下,有利于稳定社会,真正起到了政策性金融机构所肩负的贯彻政府社会政策的职责。

二、国外政策性金融发展的一般趋势

总体而言,在政策性金融面临的问题和发展趋势方面,发达国家和发展中国家由于经济金融社会环境不同,显示出很大的差异,这是应该特别注意的。

1. 发达国家与发展中国家政策性金融与商业性金融有某种逆向发展的趋势。发达国家由于其经济与社会发展的较高水平,某些类型的政策性金融（如开发性政策性金融机构）出现了商业化的明显趋势;与此相反,相当多的发展中国家,由于其经济与社会发展的较低水平与巨大压力,出现了商业性金融日益政策性金融化的明显趋向。例如,法国农业信贷银行出现了明显的商业银行化趋势,其商业性业务已成为其业务的主体,成为国际一大商业银行,而原来的农业政策性金融业务已成为辅助性业务。与此相反,许多发展中国家（包括中国）的商业银行都在政府紧迫的经济与社会问题的重压下,承担日益增长的有时是不堪重负的事实上是政策性的金融业务。例如,印度、印度尼西亚、泰国等国家有关当局硬性规定商业银行从事占其业务总量特定比例的农业、中小企业和边远落后地区的事实上属于政策性的金融业务,这极大地降低了它们的效益和效率,并影响了它们的国际竞争能力。发达国家的那种趋势是经济与社会发展已"成熟化"的结果,是值得高兴的;发展中国家的那种趋势则是经济与社会发展较低水平和一系列困难问题的产物，是令人忧虑的。

2. 发达国家政策性金融向高级化调整。应当承认，在发达国家较健全完善的市场经济中，市场信号较为准确、灵敏，市场机制的作用较为顺畅有效，商业性金融据此配置基础性金融资源时易于在具有较高经济有效性的同时，体现出较大程度的社会合理性，某些传统领域对于政策性金融的需求会下降。例如，美国就没有政策性的开发性金融机构，作为经济金融大国，它的进出口政策性金融机构和存款保险公司都比一般发达国家发达得多。发达国家政策性金融的高级化调整包括：（1）调整业务领域。由于商业性金融追逐利润的固有特性，仍有许多领域是不管多么发达的国家的商业性金融机构都无法或不愿涉足的，如公共设施、环境保护等领域。（2）调整业务规模。一些发达国家20世纪80年代后期已开始减少政策性金融机构的业务投资规模，而是使其向更好地发挥资金投向引导作用的方向发展。（3）支持重点由数量转向质量。日本的政策性金融已自觉地从以往主要向基础性产业提供充足资金的数量型补充，转向为支持产业多样化而将重点放在利率和贷款期限的质量型补充上。（4）调整业务方式。政策性金融机构直接融资的比重缩小，间接融资的比重增大；单独贷款方式比重缩小，联合贷款方式比重增大；资金来源中政府国拨资本金比重缩小或为零（退还），长期资本市场筹资比重增大。这些调整都表现了明显的升级化或高级化趋势，是可喜的和值得关注的。

3. 发展中国家政策性金融日趋普遍化、多样化和体系化。由于发展中国家正处在现代化发展过程之中，市场经济不够发达完善，市场信号往往不够准确、灵敏，且常具有扭曲性和误导性，据此作出的资源配置可能在社会合理性方面有较大的偏差或不足，相应地更需要以实现社会合理性配置为主要目标的政策性金融的大规模存在，并发挥较发达国家更大的作用。此外，发展中国家处在20世纪八九十年代经济金融全球化激烈竞争的压力之下和后发效应的刺激下，自觉地吸取发达国家某些经验，各国几乎无一例外地都普遍建立多样化的较发达配套的政策性金融体系，尤以开发性、农业、中小企业、进出口业和住房业政策性金融机构为多；在某些社会保障、环境保护、高科技高风险性投资、教育投资等领域，政策性金融机构的建立与发展就有相当程度的超前性，特别是同发达国家的相同发展阶段相比。原中央计划经济国家，正处在体制与结构的重大调整和转轨过程中，政策性金融正处在初级发展阶段，可以说政策性金融正方兴未艾。从总体上讲，发展中国家比发达国家更加需要发达配套的政策性金融体系，而且也不能简单地模仿发达国家现阶段正进行的那类高级化调整。

4. 国际化开发性金融机构不断发展，各国政策性金融机构间的国际交流合作增强。许多全球性洲际、洲级和各种形式的区域性集团性开发类政策性金融机构的活动和业务规模不断扩展，在促进国际经济金融交流合作，特别是发展中国家的经济与社会发展方面，发挥了很好的作用，而且各国的同类型政策性金融机构在对发展中国家发放开发性政策性贷款方面更多地以联合贷款的方式进行合作。此外，在金融信息与技术交流及人才合作培养等方面都有长足的发展。

5. 专门管理国家外汇基金投资和资产重组清理的政策性非银行金融机构应运而生。中国香港特别行政区和新加坡政府在新形势下分别建立了专门负责管理公共部门剩余资产的香港金融管理局储备管理部和新加坡政府投资公司等政策性非银行金融机构。这一经验很值得我国外汇储备管理部门借鉴。此外，20 世纪 90 年代以来，各种形式的银行危机和倒闭性事件增多，于是对相关银行资产进行重组或清理的政策性非银行金融机构应运而生。

本章小结

1. 20 世纪 90 年代以后，在世界范围内，政策性金融的改革发展呈现出一种多样化的状态，其中确实存在政策性银行商业化改革的现象，但这种情况只是政策性金融发展的一个局部特征，而不是整体特征，更不是政策性金融发展的终极目标。作为一国金融体系中与商业性金融机构平行、并列、对称与互补的金融机构，无论是发达国家还是发展中国家都很重视政策性金融机构的作用，政策性金融制度仍然不可或缺、不可替代。主要表现在：部分政策性金融机构对股权结构进行了商业化转型或调整，许多政策性金融机构进行了经营机制和服务方式的市场化运作改革，改革调整后的一些政策性金融机构仍然坚持政策性金融宗旨和历史使命。

2. 总体而言，在政策性金融面临的问题和发展趋势方面，发达国家和发展中国家由于经济金融社会环境不同，显示出很大的差异，政策性金融机构在具体的运营中又有其各自独特而鲜明的特征。目前，政策性金融面临的主要问题是：政策性金融同商业性金融间的竞争加剧；政策性金融的某些特殊优惠受到批评或责难；低利信贷的补贴负担沉重，往往不能及时到位，影响政策性金融正常运行；对政策性金融的不适当运用产生一系列消极后果和影响。世界各国政策性金融发展的一般趋势是：发达国家与发展中国家政策性金融与商业性金融有某种逆向发展的趋势，发达国家政策性金融向高级化调整，发展中国家政策性金融日趋普遍化、多样化和体系化，各国政策性金融机构间的国际交流合作增强，专门管理国家外汇基金投资和资产重组清理的政策性非银行金融机构应运而生。

3. 研究经济问题要透过现象看本质。如果深入到国外政策性金融改革的动因和具体效果层面考察，我们就会发现，这些国家进行各种形式的商业化改革并没有抛弃设立政策性金融的初始理念，改革之后，政策性金融的一些职能反而得到了相当程度强化，而且政策性金融的发展潮流并不仅仅是单纯的商业化改革所能够概括的。因此，分析政策性金融改革的国际潮流，需要厘清以下几点基本认识：政策性金融机构的商业化改革只是对政策性金融体系的局部调整，并不是对政策性金融制度的根本否定；政策性金融是国家经济发展的长期工具，商业化并最终消失不是政策性金融改革国际潮流的全部，也不是政策性金融发展的终极目标；政策性金融改革之后，政策性金融机构的效率得到提高，功能目标更加明确；政策性金融机构在商业化改革和转型之后，政府是否应该继续以某种形式承担其经营失败的损失值得思考；如何防止"设租寻租"和提高绩效是与政策性金融共始终的重要问题。

思考题

1. 20 世纪 90 年代以来，国际政策性金融改革发展的基本特点是什么？主要表现在哪些方面？

2. 谈谈对近年国外政策性金融改革发展潮流的基本认识。

3. 比较主要发达国家和发展中国家政策性金融体制的基本特征。

4. 世界各国政策性金融面临的主要问题和发展趋势是什么？

第十三章

中国政策性金融改革与发展

面对当今经济金融环境的变化和世界各国政策性金融改革发展的态势，中国的政策性金融也需要结合中国国情治理与发展优化。本章首先从理论与实践两方面，对改革开放以来我国政策性金融发展历程进行一般地回顾和总结；然后，针对我国政策性金融面临的结构性失衡问题，讨论实现我国政策性金融可持续发展的基本对策。

第一节　中国政策性金融改革发展的历程和特征

一、改革开放以来中国政策性金融的发展

改革开放以来，我国政策性金融的理论研究和实践发展，大体上可分为以下四个阶段：

第一阶段是在 20 世纪 80 年代末 90 年代初，这是政策性金融理论研究与学科建设的创立时期。最早正式提出并有文字记载的"政策性金融"一词，出现于白钦先在 1985 年全国首届中青年金融体制改革理论与实践研讨会的获奖征文《中国金融体制改革的理论与实践》一文中。在该文中作者指出："在中国旧有金融体系之下，商业性金融业务和政府指令性政策性金融业务是混合进行的，这是'大锅饭'的必然产物。"其后，学术界开始从理论上探讨政策性金融问题，决策层也逐渐肯定与采纳了白钦先于 1993 年 8 月向中央提交的题为"借鉴各国成功经验，尽快构筑中国政策性金融机构体系"的报告与建议。白钦先教授在国内外第一次明确提出中国政策性金融业务与商业性金融业务分离分立的主张，并为《中共中央关于建立社会主义市场经济体制若干问题的决定》所采纳，且将其提升到国家战略选择的高度，这在同年 12 月 25 日发布的《国务院关于金融体制改革的决定》中也都有所体现。从此，这一问题从理论超前研究、提出对策性报告与建议到中央形成决议进入开始实施的新阶段。这也表明，政策性金融的概念提法已经得到政府决策层及权威部门的认可，由此关于政策性金融及其与商业性金融之间关系的研究也日益增多。

作为政策性金融理论研究与学科建设开创性标志的《各国政策性金融机构比较》一

书，于 1993 年 7 月完成并出版，并获 1995 年中国人民银行"全国高校优秀教材一等奖"，以及 1996 年辽宁省社科优秀成果一等奖。该教材也是国家教委"八五"重点社科规划项目立项的研究成果。书中主要采用比较分析的研究方法，对政策性金融进行了比较系统、全面和深入的研究：首先对各国政策性金融机构的总体特征进行比较分析；再对不同国家的政策性金融进行比较分析；然后对不同种类的政策性金融机构进行比较分析；最后则在前面分析研究的基础上提出我国政策性金融机构发展的对策建议，并探讨了我国政策性金融发展的方法论选择问题。

国外关于政策性金融的研究主要集中在日本，并从 20 世纪 80 年代中后期逐步盛行，因为日本的政策性金融制度体系是相对完备的。在日本，政策性金融多称为"公的金融"，主要是指财政投融资制度，也即广义的政策性金融（瞿强，2000）。小椋·吉野等（1984）最早提出了政策性金融的主要功能是为了夕阳产业的结构调整。小椋·吉野（1985）、堀内·大滝（1987）等实证研究了日本高经济增长时期财政投融资对各产业设备投资额的影响。日向野（1986）提出了政策性金融的诱导效应，堀内·大滝（1987）利用 9 个产业的数据，对开发银行的诱导效果进行了实证分析。井手和林（1992）通过建立同为金融中介组织的政府金融机构与民间银行之间的竞争模型证明，在存在斯塔克尔伯格（Stackelberg）竞争均衡的情况下，经营方针与商业性银行不同的政府金融机构作为领导方，引导民间金融机构行动，能促进社会福利的增加。此外，W. G. 谢波德（W. G. Shephard，1975）从产业组织论的角度分析了在金融业寡占的情况下，设立政策性银行可以提高金融业的整体效率。

第二阶段从 1994 年至 2003 年，这是政策性金融体系的形成时期，也是政策性金融理论研究的繁荣时期。1994 年，随着我国三大政策性银行的相继组建，政策性金融学术研究日益繁荣，出版了政策性银行教材并在大学开设相关课程，有关政策性金融研究文献数不胜数。如《金融时报》在 1994 年 3—5 月陆续刊载了政策性银行知识系列讲座，王廷科、薛峰（1995）研究了现代政策性金融机构的职能、组织结构与行为特征，王伟（1995）分析了政策性金融的内涵与外延及监管机制，朱元樑（1996）探讨了我国政策性金融的特殊运行机理，国家开发银行办公厅（1996）编撰了《国外政策性银行资料汇编》，等等。尤其是 1998 年由戴相龙和黄达主编的《中华金融辞库》[①] 这一大型金融工具书中专门设有政策性金融分卷，第一次为政策性金融单独开门立户，将其定位在与商业性金融对称、平行与并列的地位，并首次将其提到基本经济学金融学基础理论的高度，这标志着政策性金融这一概念得到学术界的承认以及政策性金融理论体系的基本完善。由此，白钦先教授也被称为是国内外"政策性金融理论的首创者和中国政策性金融实践的首倡者"。进入 20 世纪 90 年代，由诺贝尔经济学奖获得者、美国经济学家斯蒂格利茨等人提出的不完全竞争市场理论及其相应的金融约束论政策主张，日益成为许多国家尤其是一些发展中国家和经济转型国家最为认同的金融发展理论。这一理论的政策建议之一，就是政策性金融（面向特定部门的融资）在不损害银行最基本利润的范围内

---

① 《中华金融辞库》1999 年 11 月获第三届国家图书奖二等奖，白钦先为该辞库政策性金融分卷的主编。

是有效的。也就是说，一个健康的政策性金融机构应该是商业银行的伙伴而不是竞争对手（Hans Reich，2002）。

这一时期，有关政策性金融教材主要是针对政策性银行而言的，如《政策性银行学》（卿淑群，1999）、《政策性银行概论》（庄俊鸿，2001）、《政策性银行经营管理》（丁孜山，2001）等，是为适应高等学校教学和金融业高管培训的需要而编写的教材。这些教材都比较系统地阐述了政策性银行的基本理论与业务，特点是结合我国成立政策性银行的实践经验来阐述。与此相应地，在西南财经大学、西安交通大学、山西财经大学等国内高校金融学专业，开设了《政策性金融》、《政策性银行学》、《政策性银行业务》、《政策性银行理论与实务》等不同名称的本科生课程。2003年，经过国务院学位办批准并备案，政策性金融学成为具有博士学位授予权应用经济学一级学科范围内自主设置的学科专业；2004年2月，辽宁大学获批为政策性金融学专业博士学位和硕士学位授权点并于次年开始正式招生。该专业为硕士研究生开设了《政策性金融机构业务与经营管理》、《各国政策性金融体制比较》等课程，为博士研究生开设了《政策性金融理论与实践前沿》等课程。辽宁大学是政策性金融理论研究的发祥地，政策性金融学也是辽宁大学金融学国家重点学科的研究方向之一。

在我国政策性金融研究不断发展和深化的过程中，国际比较研究也成为政策性金融研究中的重要组成部分。例如，赵京霞（1996）对进出口银行的国际比较研究，王相品（1999）对中外农业政策性金融的比较研究，白钦先、薛誉华（2001）对各国中小企业政策性金融体制的比较研究，白钦先、徐爱田、欧建雄（2002）对各国进出口政策性金融体制的比较研究。还有一些文献，虽然从其标题上来看似乎不属于政策性金融比较研究的范畴，但在其内容上却仍然有比较研究的烙印，例如，武士国（1997）、瞿强（2000）、刘文生（2002）以及 Kozo Kato（1994）、Staking（1997）、Mokhova Natalia（2000）等学者的相关研究成果。国内外学者还从专业分类的视角研究了政策性金融。如唐成（2002）专门研究了政策性金融与邮政储蓄的关系，Gonzalez 和 Paqueo（2003）专门研究了政策性金融基金与社会部门开支之间的关系，Berger 和 Udell（1998）研究了政策性金融对中小企业的扶持问题等。另外，还存在一些不是专门研究政策性金融但也涉及对政策性金融问题研究的相关文献，如胡炳志（2003）在研究中国金融体系重构的过程中对政策性金融进行了简单分析，认为政策性金融机构是现代金融制度的一个重大创新。

第三阶段从2004年至2007年，这是政策性金融理论研究与实践发展相对低潮的时期。伴随着中国国家开发银行商业化运作的不断强化及市场经营业绩的不断攀升，以及政策性金融不以利润最大化为目标的非营利公共性属性，国内不少人开始对政策性金融产生误解、错解乃至曲解，政策性金融学术研究也一度呈现出发展的低潮时期。张涛等（2006）认为国外鲜有政策性金融和政策性银行这一提法，主张三家政策性银行都应当效法国家开发银行而转型为综合性开发金融机构。汤敏（2006）认为，亚行、世行也是一种国际性的政策性银行；西方国家金融中介体系中也包括政策性银行（黄达，2003）。在2006年政策性银行改革与转型国际研讨会上，实际上也并没有对我国政策性银行的

"转型"达成共识，倒是对"转型"本身提出质疑，对规范政策性金融运作提出了建设性的意见。Park Kisoon（2006）认为政策性银行改革是一个很长期的问题，不光是商业化问题。政策性银行今天被证明仍然是十分有效的，不能因为政策性银行有些困难就取消它，这是不现实的（David Dollar，2006）。黄建（2006）认为，国家开发银行提倡的开发性金融实质上是为自身"不受限制"的业务范围和业务的飞速发展而奠定的一种理论基础。据此，政策性银行既可以从事政策性业务，也可以凭借其不言自明的优势和特殊而微妙的背景，巧妙地迂回突破，不断地扩张商业性业务，挟政策性银行的种种显性隐性优势同各路商业银行展开全方位的、咄咄逼人的主动竞争性盈利，以达到向商业银行转型的根本目的（高晖、陈春，2007）。事实上，政策性金融机构在享有国家信用及其他显性隐性的政府优惠政策待遇之下，既经营政策性业务，又从事竞争性营利的商业性业务，理论上不合逻辑，实践中也会扰乱公平竞争的市场秩序，进而则十有八九会成为众矢之的。早在1998年，中国银行等一些商业银行就曾向中央有关部门提交报告，指责国家开发银行利用国家信用等政策优势和资金的低成本优势，主动与商业银行进行恶性竞争。此后，对于国家开发银行从事不公平竞争的批评几乎就没有间断过，如"双轨套利"、"软贷款"以及政府的"组织增信"、"打包贷款"、"财政兜底"及"权力越位"等等。

在我国政策性金融机构组建及运作十周年之际，白钦先、王伟（2004）提出了政策性金融可持续发展必须实现的"六大协调均衡"，即实现商业性金融与政策性金融总量与结构总体之间，资源配置宏观主体与微观配置主体及其宏微观目标之间，赋予政策性金融的特殊目标、任务与其拥有的资本与资金综合实力之间，其性质职能的特殊公共性、政策性、非营利性与其具体业务运营管理的市场性之间，履行其公共性职能而产生的财务缺口与其自动补偿机制之间，国家对政策性金融的全力综合配套支持与适度监督之间的协调与均衡。曾康霖（2004）按科学发展观审视我国金融事业的发展，认为在现阶段需要包括政策性金融在内的多元化的金融制度安排。李扬（2006）认为政策性金融在短期内不仅不应弱化，还应进一步加以发展和寻求创新。只要有市场缺失，就应该办政策性银行（夏斌、张承慧，2005）。杨涛（2007）认为要避免政策性金融改革思路走向极端。针对国内一些学者、官员对政策性金融制度和政策性银行产生的许多误解、曲解与错解现象，白钦先（2005）认为这是"认识上的简单化与片面性，或者说是只见树木不见森林、只看眼前不看长远的模糊认识"。并以对话体的形式回答了人民日报、金融时报、中国金融、上海金融等报纸杂志记者的提问，集中阐述了对当前国内外政策性金融理论与实践发展的一系列重大问题的看法。期间，胡学好（2006）系统探讨了中国政策性金融理论与实践问题，段京东（2005）专门研究了中国政策性银行法律制度及其构建，刘锡良、董青马等（2006）探讨了中国农业政策性金融体系改革与机制创新问题，王伟（2006）分析了中国政策性金融与商业性金融的协调发展问题。在比较研究方面，主要有白钦先、王伟（2005）对各国开发性政策性金融体制，白钦先、徐爱田、王小兴（2006）对各国农业政策性金融体制的分类比较研究；张舒英（2007）对日本政策性金融面临的挑战及改革方向的专题研究；国务院发展研究中心课题组（2005）在分析国外政策性金融发展趋势的基础上认为政策性金融机构应依托国家信用行使职能；王学人（2007）在借鉴政策性金融转型的国际经验基础上，提出应当坚持以政策性业务为主的功能定位，同时要注意避免加剧与其他商业性金融机构的"同构性"问题，等等。

第四阶段从2008年至今，政策性金融理论研究与实践发展再次进入了繁荣发展的时期。正如1997年的亚洲金融危机发生以后，政策性金融的作用再度为人们所认识和重视那样，2007年美国次贷危机爆发后，国内外理论界和决策层又一次领略到政策性金融的重要性，并开始反思中国政策性金融的改革实践和发展方向。在《财贸经济》、《财政研究》、《经济学动态》等国家级权威刊物上，集中刊发了一系列探讨政策性金融的理论文章，而且大都是当期首篇，实属罕见。这一时期还在国家级出版社出版了一批有关政策性金融的学术专著，如《政策性金融功能研究——兼论中国政策性金融发展》（白钦先、谭庆华，2008），《中国政策性金融向何处去》（贾康，2010），《中国政策性金融的异化与回归研究》（王伟、张令骞，2010），《政策性银行商业化改革对债券市场的影响研究》（巴曙松等，2010），《中国农村政策性金融的功能优化与实证研究》（王伟，2011），等等。

如果说在当时环境下难分轩轾，在对政策性银行转型这个问题没有展开充分讨论、没有把问题研究透彻的情况下，就匆匆忙忙地推行国家开发银行的商业化改制，那么如今面对国际金融危机及美国政府在危机中的行为，我们恐怕应有新的结论（李扬，2008；魏加宁，2010）。中国开发性金融的倡导者陈元（2009）分析了美国房利美等政策性金融机构经营导向完全市场化后，由于过度竞争，业务扩张迅速，最终导致其遭遇灭顶之灾、政府被迫"兜底"，埋下了次贷危机"种子"的深刻教训[1]，进而他也认为政策性金融确实能有效地促进经济社会发展和政府目标的实现，这为多国实践所证明。政策性金融从诞生到今天，在促进各国和区域经济发展、抵御金融危机冲击、促进社会进步和民生改善、服务国家战略方面发挥了不可替代的作用。不论在发展中国家还是在发达国家，不论在经济稳定发展阶段还是在应对金融危机阶段，政策性银行都是金融体系中不可或缺的组成部分，发挥着重要而独特的作用（陈元，2012）。夏斌（2012）认为，根据我国国情和目前所处的发展阶段，不应鼓励政策性银行转化为商业银行，更不应鼓励其转向兼有政策性业务和商业性业务的综合性银行。总体来看，将国家开发银行转型为一家商业银行的价值似乎并不非常明确；总结并借鉴当今国际相关经验，在我国有非常充分的理由继续设立政策性银行（董裕平，2010）。因而在国家"十二五"规划中，提出并要求"继续深化国家开发银行改革"。贾康（2009）郑重地提出了一个不容回避的问题——建立和发展中国政策性金融体系，建议要抓紧研究特别是在当前有压力的情况下研究如何在中国建立和发展政策性金融体系。

期间，正值中国金融改革开放30年之际，许多学者（李扬、王国刚、杨涛等，2008；王广谦等，2008；唐旭等，2008）也深刻反思了政策性金融理论与实践的历程、成就及进一步发展问题，认为1994年是政策性金融研究的"分水岭"，此前这一研究基

---

① 事实上，引发金融危机的原因之一也是拥有政府隐性担保的银行，其政策性导向的融资模式存在对房地产等部门过度投资的严重缺陷（Paul Krugman，1998）。

本被学术界所忽视，而三大政策性银行的成立，则激发了许多学者的研究热情。改革开放以来的中国政策性金融改革取得了重大的历史成就，当前也迎来了新一轮发展创新的契机（杨涛，2008）。王伟（2008）初步探讨了政策性金融学研究的对象、任务、内容和学科体系结构，认为扶贫性金融、弱势金融、公益信贷等也属于政策性金融范畴和政策性金融学研究的内容之一。韩国学者黄修民（2010）通过国际比较研究，认为住房金融制度理所当然地由市场性住房金融和政策性住房金融两大部分构成。从目前中国的金融体系来看，商业性金融机构已经为数不少，中国不缺商业银行，缺的是有实力的经营得道的政策性银行（夏斌，2012），中国需要包括政策性金融机构在内的具有不同定位的多元化的金融中介体系（王广谦，2008）。但总的来看，目前政策性金融理论研究和学科建设还相对滞后，更多地还是集中于对我国几家政策性银行自身发展模式的分析和政策建议方面（杨涛，2008）。

二、中国政策性金融的若干特征

中国是一个正在发展中的社会主义大国，中国的政策性金融在其特殊社会历史和国情的制约下，形成许多不同于发达国家和一般发展中国家的鲜明特征。

1. 政策性金融先于政策性金融机构，商业性金融业务与政策性金融业务长期在同一机构混合进行。新中国的第一家专门从事政策性金融业务的政策性金融机构——国家开发银行成立于1994年3月，不久又陆续建立了中国进出口银行和中国农业发展银行，晚于政策性金融的存在与运行45年之久。中国政策性金融和政策性金融机构产生的这种错位或不同步，根源于否定市场经济的计划经济体制。在传统计划经济体制下，在排斥商品生产和市场机制的条件下，形成"大一统"的大大蜕化了的银行体制，一家国有银行垄断了几乎所有银行业务，包括商业性银行业务和政策性银行业务。在那个阶段，严格地讲并无很标准的商业性银行业务，商业性银行业务也带有很强的政策性，而政策性银行业务也并不标准与规范，不少情况下，可谓超政策性银行业务（许多项目投资属无偿拨付，不需偿还）。这种银行业务长久地大量地向超政策性银行业务倾斜，造成了一种独特的反市场化体制与机制，以及对银行贷款的饥渴症和借贷不思偿还的思维定式，给今天的经济和金融体制改革造成一系列的困难。在1994年以前，中国并无专门从事政策性金融业务的政策性金融机构，这同大多数国家的情况截然不同。世界各国的政策性金融同政策性金融机构的产生、发展与演变是大体同步和紧密相连的。但是1994年以前中国的一般性金融，当然也包括政策性金融，还是长期存在的。它在支持与促进新中国经济与社会发展进步，特别是建立和发展我国基础性工业、农业、国防工业和进出口工业等方面发挥了重大的和不可磨灭的作用，这一点是必须充分肯定的。

2. 中国的政策性金融正处在不断发展完善的动态性过程中。1993年《中共中央关于建立社会主义市场经济体制若干问题的决定》正式确认了将我国的商业性银行业务同政策性银行业务分离分立的原则。这一原则的确立对中国经济与金融体制改革具有重大的理论与实践意义。重要的是，这个过程终于开始了。如今，虽然已经陆续建立了几家政策性银行和其他非银行政策性金融机构，并且已经有一个良好的开端和逐步正常化的运行，但是这一切才仅仅是刚刚开始，它还处在不断发展完善的动态过程中。时至今日，几家政策性金融机构中的任何一家，还没有任何一部正式的专门法律的保护与约束；各政策性金融机构的资本金总量不足，实力不够；远未形成稳定而完善的资金筹措渠道、结构与机制，它的资金来源总规模远不能同它承担的特定经济目标或繁重任务相适应，甚至是极不相称；它的外部机构设置和业务方式与渠道远未理顺；政策性金融业务与商业性金融业务在实践中如何界定；资产质量、利息补贴、命令贷款、内部管理、外部障碍等这些问题还严重困扰着这些机构。除此之外，还缺乏中国政策性金融总体的发展模式、体系、资金来源与资金运用的完善规划。

3. 中国政策性金融的优惠性不仅表现在利率和贷款期上，更表现在贷款的可得性上。中国政策性金融的优惠性特征，同各国的政策性金融相比，在贷款期上并无明显的差别。但商业性利率同政策性优惠利率间的利差却比国外小得多，一般是一个百分点，这恐怕是受现阶段国家财力的局限和相关专门立法一直缺失的缘故吧。更与众不同之处，是在贷款的可得性上。像中国这样大的发展中国家，资金的短缺将是一个长期存在的严重问题。在这种背景下，符合国家特定产业政策、经济政策的项目能及时得到必需的信贷资金，可得性就成为比国外更低利率政策性贷款有更大的优惠性了。

4. 国有商业银行事实上也承担不小的政策性金融的业务，甚至是超政策性金融业务。中国的四大国有商业银行，作为国家出资并由政府直接控制的银行，不言而喻，它在贯彻执行政府的产业政策和社会政策方面，发挥着比一般发达国家商业银行和中国的一般非国有商业银行更大和更直接的作用，并将这视为自己必须履行的义不容辞的社会责任，这是正常的和必要的。然而这必须有一个限度，超越一定限度迫使其从事一些明显属政策性金融的业务，特别是超政策性金融业务，就会使商业性金融政策性化甚至财政化、福利化，将会产生严重的经济与金融后果。解决的途径自然不是使商业银行一天比一天更加政策性银行化，而是不断强化中国的政策性金融体系以及其他社会保障保险体系，使商业银行更具商业性金融的特性，逐渐发展成为真正的商业银行。

5. 中国政策性金融面临行政过度干预和贷款偿还性的严峻挑战与考验。政府部门，尤其是省市级地方政府部门，一半是误解，一半是利益的驱动，错误地认为政策性金融就是执行国家政策的，讲政策就得给贷款，理直气壮，所以不断干扰和干预银行的信贷活动；借款企业则认为银行的钱就是国家的钱，不要白不要，要就是白要。认知失调和行为偏差这两方面的后果都集中到一点上，就是贷款的偿还性。偿还性大的前提是有一定的效益性，有一定效益性的前提是信贷的独立自主权和贷前严格审查与评估及贷后的严格管理。可以这样讲，中国政策性金融机构的政策性、安全性、流动性和效益性四点的统一问题，将比其他国家更为突出，也将是中国政策性金融在相当一段时间里面临的严峻问题。

6. 中国政策性金融发挥作用的天地比世界上任何一个国家都更加广阔。政策性金融在中国这样一个人口众多、地域广阔和发展潜力巨大的正在发展中的大国，可以说比在任何一个发达国家和发展中国家都有更加广阔的生存与发展空间，中国对它有更加强烈的需求。这构成中国政策性金融的一大特征。中国国家开发银行主要承担贯彻国家宏观调控政策、产业政策和区域发展政策；中国进出口银行主要承担支持机电成套设备产品出口和占领国际市场；中国农业发展银行主要承担国家粮、棉、油等重要农产品的储备，农副产品的合同收购，农业经济开发及扶持贫困等方面的农业政策性贷款，同时管理财政部门提供的支农资金，具体体现国家支持农业发展的政策目标，为农业和农村经济发展服务。

7. 中国比其他国家更需要发达配套的政策性金融体系。一般而言，由于发展层次和发展水平的总体差距，发展中国家比发达国家更加需要政策性金融，而在发展中国家中，尤以中国为甚。中国是一个地域广阔、情况复杂、人口众多、资源有限，资源分布与发展水平的梯度性十分明显，各地区经济与社会发展水平极不平衡的正在发展中的社会主义大国，它正处在巨大的历史性变革和工业化发展的进程中。这一基本国情决定了中国建立发达配套的政策性金融体系的一系列特殊必要性和紧迫性。

第二节　中国政策性金融可持续发展之路

我国三大政策性银行的建立，是金融发展理论与中国政策性金融发展的一个重大制度创新，也标志着中国政策性金融体系框架的基本建立。经过十多年的运作与发展，中国政策性金融体系逐步形成，业务初具规模，在中国经济与社会发展、稳定方面发挥了不可替代的重要作用，对社会经济发展和金融体制改革及协调发展的贡献功不可没，政策性金融制度本身也具有不可替代的发展潜力及前景。科学政策性金融理论在中国政策性金融的艰难曲折进程中得到发展与完善，也经受住了检验与考验。然而，任何一种金融制度都不是十全十美的，任何一项金融改革也都不是一蹴而就、一帆风顺的，政策性金融改革发展也概莫能外。在新的历史条件下，中国的政策性金融正在经历一个蓬勃发展的新时期，当然也面临一些正在发展中的新问题。

政策性金融发展至今之所以面临一些久拖不决的难题，核心原因有两个：一是理论认知及决策理性的严重不足；二是各方围绕复杂利益的博弈，这种博弈在主观与客观上充满了机会主义的强烈色彩。事实上，1993年将商业性金融业务与政策性金融业务分离分立的时候，政策性金融只是作为推进国有商业银行改革以办成真正的商业银行，为其卸包袱的副产品或附属物，而不是基于对政策性金融本身"不可或缺、不可替代"这一战略重要性自觉深刻认知基础上的理性决策。自政策性金融机构组建以来，政府也没有制订长远的政策性金融发展规划，没有相应的法律法规和依法监督考核的制度保障，没有建立健全一整套规范有效的企业经营机制，等等。因此，在现实中也逐渐暴露出很多问题，导致政策性金融的体制效率低下和制度的适应性效率弱化，亟待治理整顿与发展优化。

一、中国政策性金融的结构性失衡问题

当今，我国政策性金融发展中面临的主要矛盾和问题，可以概括为以下十大方面的

结构性失衡。

1. 立法规则的结构性失衡。在现代世界各国完整的金融立法体系中，除了中央银行法和金融监管法等最高层次的金融法外，还包括相互并存的商业性金融法与政策性金融法。在我国，只有商业银行法、保险法、证券法等相对完善的商业性金融法律体系，而政策性金融法律体系尚无雏形，制度规则存在空白和结构性失衡问题。早在 1993 年 12 月 25 日国务院发布的《关于金融体制改革的决定》中，就规定对三大政策性银行要分别制定各自的条例，但迄今一直没有出台相关条例。规则的缺失是导致政策性银行无序运作、政府也无法依法监督的根本原因。不解决立法问题，就不可能真正解决政策性金融机构的自我约束问题。

2. 监督机制的结构性失衡。现代金融监管体制，不仅包括传统意义上的政府（主要是中央银行或其他金融监管当局）对商业性金融企业或金融市场的一般外部强制性金融监管，还包括政府对政策性金融的特殊监督机制和结构。目前，我国政策性金融监督体制和监督主体结构及内部治理结构存在不健全、不完善问题，呈现一种分工负责、多头决策、多头监管的管理体制模式。这种模式不仅理论上不合逻辑，而且不符合国际一般规则和惯例；不仅会影响政策性金融机构规范有序地开展业务活动，而且加剧在相关问题上的分歧、争议与部门利益的争夺；不仅管理部门政出多门使政策性金融机构无所适从，而且有些环节又存在管理不严甚至出现管理的真空地带；不仅会增加政策协调的复杂性，加大总体成本，还会降低政策的决策效率和执行效果，损害政府部门的公信力。

3. 资本补偿机制的结构性失衡。政策性金融机构履行政策性职责，就意味着盈利能力的降低，很可能出现资金或财务缺口。所以，为了维持政策性金融机构资金的良性循环，要求财务补偿必须是可靠的和稳定的，并且是一种自动的而不是主观随意性很大的补偿机制。在国外，政府不仅为政策性银行一般全额拨付资本金并可以随时追加，而且依法免税减税，使政策性银行不断扩充自有资本，形成资本实力与时俱进的机制，资本充足率也高于商业银行。我国三大政策性银行成立以来，负债规模逐年大幅度增加，而政府注资一直没有增加，资本充足率逐年降低，财政补贴力度不够，财务补偿机制和风险补偿机制缺失，并逐渐取消了"两税"等优惠政策待遇。目前，国家在税收政策、贷款风险拨备等方面没有考虑政策性金融的特殊性，有些与商业银行执行一样的标准，有些甚至不如商业银行。

4. 职能定位的结构性失衡。职能定位是对不同类型金融机构的业务职责及其作用范围所进行的具体划分和界定。政策性金融机构的职能定位具有依法动态调整性的特点和要求。我国政策性金融机构成立以来，一直存在着职能定位滞后的结构性失衡问题。本来是应该按照职能定位来调整业务范围，即依据一定时期经济金融运行环境和国家政策的调整和变化，首先相应地重新进行政策性金融机构的职能定位，然后据此调整和开展业务。现在却是倒果为因，即政策性银行不规范地扩大业务范围后，倒逼政府按其既成事实来调整政策性银行的职能定位。职能定位不清，导致政策性金融机构业务范围不断扩大，与商业性金融竞争的态势日益明显。

5. 资产负债规模的结构性失衡。政策性金融机构以国家信用为基础，其负债具有准公债性质。政策性金融债是以政府为担保的具有准政府信用的债券，应根据国家宏观调控政策建立相应的负债规模约束机制，这也是避免与商业性金融机构在金融市场上过度竞争的需要。在我国，由于缺乏负债规模约束机制，政策性金融机构的资产负债规模不断扩大。资产负债规模的过大、过快扩张，导致负债规模与资本金比例极不相称。

6. 区域开发的结构性失衡。开发落后地区以体现社会公平原则，是政策性金融制度设计的一个根本目标和历史使命。中国是一个区域经济发展不平衡的大国，区域差异较其他国家更为突出，有许多贫困落后地区亟待开发和脱贫致富，这也是中国政府长期面临而亟待解决的一个重要问题。然而，目前我国不仅没有专门设立区域政策性金融机构，而且三大政策性银行在落后地区的开发性功能作用也没有充分发挥出来，集中表现在布局不合理，分支机构基本上是按行政区划而不是按业务量及实际需要设置的。针对区域政策性金融失衡问题，早在 2005 年的"两会"上，就有与会代表提出建立政策性的"西部开发银行"和"中部银行"的建议。

7. 组织体系的结构性失衡。中国仍然处在社会主义市场经济的初级阶段。在这种国情之下，中国比发达国家、其他发展中国家和转型国家更加需要发达配套的、实力强大的政策性金融体系。从中国目前的需求来说，政策性金融组织体系应当包括政策性银行、政策性保险机构、政策性担保机构、政策性投资基金等政策性金融机构。然而，现阶段中国政策性金融机构严重不足，组织体系不完整，在最该有政策性金融机构的地方和领域却没有设置。例如，除了上述的区域政策性开发银行缺失以外，政策性的中小企业发展银行、住房信贷银行、教育发展银行以及政策性农业保险公司、存款保险公司、融资担保公司等政策性金融机构尚处于空白状态。目前，这些地区和领域都需要政策性金融来主导或先期介入。

8. 业务体系的结构性失衡，主要表现在：一是业务领域狭窄。在我国农村金融市场失灵问题一直客观存在的情况下，按理说，中国农业发展银行的业务应该覆盖与农业发展有关的金融服务。但自成立以来，中国农业发展银行的业务范围一直比较狭窄，农户小额贷款、农村扶贫开发等业务很少或没有。其实，我国需要政策性金融扶持的业务项目还很多，现有政策性金融的服务领域远远不能满足需要。例如，如何把发展政策性金融与弥补基本社会保障的不足相结合，也是我国政策性金融业务发展的难点之一。二是业务结构的失衡与异化，表现在政策性金融机构的业务范围逐步侧重于商业性盈利项目而偏离政策性方向。三是业务交叉严重。现有政策性金融机构之间业务相互交叉，既没有体现出不同政策性金融机构及其业务的专业性特征，也不符合政府相关法规对不同政策性金融机构特定的业务范围。有的政策性银行业务范围几乎无所不包，不仅越位从事商业性业务，而且越界涉足其他政策性金融机构的业务领域。

9. 绩效评价体系的结构性失衡。政策性金融资源配置的目标包括社会合理性和经济有效性两个方面，对政策性金融机构的考核也必须相应地对社会效益和经济效益分别考核，不可偏废。目前，我国政策性金融机构经营效果评价体系有待完善。一方面，监管部门没有针对政策性金融机构建立科学系统的绩效评价体系，对政策性金融机构的社会效益评价无标准依据，也忽视社会效益指标，以经济有效性为核心的评价体系在一定程度上误导了政策性金融机构的发展方向。另一方面，监管部门往往比照、参照和借用商业性金融的绩效评价指标和同等的标准考评政策性金融机构，这种考核标准对政策性金融机构既不适用，也不合理，更不客观公正，造成政策性金融绩效评价指标体系的严重结构性失衡，影响了政策性金融的可持续发展。

10. 理论研究与学科建设的结构性失衡。政策性金融的非营利性公益属性，以及一些学者和决策者对科学政策性金融理论的误解、错解乃至曲解，造成政策性金融理论研究的相对滞后及专门人才的青黄不接，相关学术组织和研究机构空白，对政策性金融更缺乏系统深入的和超前性的研究，影响了政策性金融学科建设。我们过去经常提"理论联系实际"，但很少想到实际也要联系理论，科学理论的价值和意义就在于对实际的先导和指导作用。由于惯性思维的作用，目前我们缺少的也正是对科学政策性金融理论的正确认识。

二、实现中国政策性金融可持续发展的基本对策

在当代政策性金融改革国际潮流中，中国政策性金融是否应该商业化转型？未来的政策性金融之路应该如何走下去？这些问题的答案应该在科学地认识政策性金融制度，清楚地认识政策性金融改革国际潮流的实质之后，结合中国国情及政策性金融的实际情况加以分析。

（一）科学认识政策性金融制度对我国经济社会发展的重要战略性意义

通过前面一些章节对政策性金融制度体系的理论分析，并基于科学发展观视域和战略高度来看，中国政策性金融不是可有可无的问题，而是不可或缺、不可替代、只能加强不能削弱的重大战略性问题，具有扎实深厚的理论根基和针对性极强的现实意义与深远的历史意义。政策性金融是需要长期存在的，发达市场经济国家也存在比较强大且种类多样化的政策性金融服务，并且在政策性金融改革浪潮中，仍然坚持由专门的政策性金融机构负责政策性金融业务。中国政策性金融改革的发展方向并非单一的商业化或者"去政策化"，更不是取消政策性金融职能；恰恰相反，我们要通过政策性金融改革，进一步加强政策性金融体系的建设，完成单纯依靠商业性金融无法办到的事情，促进经济社会协调发展。同时，从发达国家的实践看，由于社会资金配置的"市场失灵"现象将会长期存在，中国政策性金融的需求也具有长期性。在未来很长一段时间内，即使中国经济得到快速发展，工业化、城镇化、市场化水平进一步提高，但在农业、中小企业以及促进国内大型产品进出口等方面，中国仍然长期需要相应的政策性金融支持。所以，政策性金融作为一种特殊的制度安排，绝不仅仅是经济金融发展中的一种暂时性的例外和权宜之计，它的产生、存在和发展有着坚实的理论基础和深刻的经济、金融与社会根源。只有首先从理论上真正认识到政策性金融制度的理论价值和实际意义，才能有效保障中国政策性金融的可持续发展。

基于此，设计中国政策性金融体系改革思路，需要具备战略思维，从长远的眼光看待这一问题。从政策性金融体系的发展角度而言，根据中国经济发展所处阶段和政策性金融需求的实际情况，政策性金融体系所包括的领域应该是非常广泛的，而现有政策性

金融机构的业务范围是远远不能包含的。因此，要从经济发展战略高度认识政策性金融的重大意义，从长远角度考虑中国政策性金融体系的设计，充分重视发挥政策性金融的作用，合理规划政策性金融发展的业务领域，不断完善政策性金融体系，增强政策性金融机构的作用。在总体把握政策性金融体系的基础上，今后应有计划、有步骤地逐步建立一批政策性金融机构，包括区域开发银行、住房信贷银行、中小企业银行、社会保障银行、就业与创业银行等政策性银行，以及农业保险公司、存款保险公司等政策性非银行金融机构，进而，逐步建立健全中国政策性金融机构体系与政策性金融业务体系。对于处在"战略机遇期"的中国而言，政策性金融的存在，首先要满足其在进出口、农业、中小企业等领域产生的政策性金融业务这一传统需求；其次，在锁定"全面小康"和"三步走"战略目标的情况下，还要以政策性金融贯彻落实统筹兼顾的科学发展观，大力促进经济结构调整和发展方式转变，落实赶超战略。

（二）结合国情，实事求是地借鉴政策性金融改革的国际经验

我们需要理智地借鉴政策性金融改革的国际经验，避免误导政策性金融体系的改革与发展，尤其不宜将政策性银行商业化改革的局部特征直接照搬到政策性金融尚未经历过较充分发展的后发经济体——中国身上来；不能只见树木，不见森林，片面强调政策性金融机构的负面影响，更不能将此作为确定政策性金融改革路径的主要因素与考量依据。要从战略与长远的角度看待中国的政策性金融改革，积极建设、合理发展，以促进社会资源的优化配置和社会进步。

20世纪90年代以后，世界范围内政策性金融的改革发展呈现出一种多样化的状态，其中，确实存在政策性银行向商业银行转型和政策性银行商业化改革的情况。但是，这种现象只是政策性金融发展的一个局部特征，而不是整体特征，不宜泛化。即使对政策性金融机构进行商业化改革，也正处于不断试验之中，其理论基础并不成熟，改革的出发点并不完全一致，最终的结果更是难以预料。在这种充满不确定性的潮流中，我们若简单地试图以单一维度从中总结出经验，并且用于指导中国政策性金融改革的实践，不仅由于未来较大的不确定性导致选择面临诸多困难，而且还可能会不切合实际，使整个改革误入歧途。在政策性金融改革过程中，不论哪个国家和地区对其政策性金融体系进行何种改革，其在确定政策性金融改革目标的过程中，都是结合自身的经济发展状况、金融体系建设与完善情况、政府能够发挥的作用、社会公众的反应等具体情况确定的，政策性金融发展的国际潮流在此过程中只能作为一种参考。因此，在确定政策性金融改革的目标与思路时，我们不能忽视国情和自己的特定发展阶段，把有着诸多背景因素和前提条件的国际经验，直接搬过来应用到中国政策性金融改革的实践之中。如果仅仅按照追逐商业化潮流的模式来改革中国政策性金融体系，那么在有些领域，中国政策性金融体系的发展可能会面临"没有开始，就要结束"的局面。这种局面对于中国这样一个幅员辽阔、三大差别较为严重的发展中的人口大国而言，无论从经济发展角度还是社会进步角度来看，都是不合时宜的。为了更好地促进经济发展和社会进步，实现中华民族伟大复兴，我们在学习国际先进经验时，一定要坚持结合本国国情和历史发展阶段的原则。

（三）将政策性金融机构办成真正的政策性金融机构是我国政策性金融改革发展的最终目标

2007 年的全国金融工作会议，提出政策性银行要推行商业化运作或市场化运作，这是对政策性金融、对政策性金融机构固有的经营方式和手段的肯定或归位，是为了合理地利用政策性金融资源，防止政策性资金的不合理漏损，防范政策性金融风险，更好地发挥政策性金融的功能作用，以取得更大的社会效益和保障自身财务稳定及可持续发展的举措。但是，经营机制或经营手段的商业化运作并非意味着政策性银行质的商业化或"转型"为商业银行。然而，从决策层目前的整体改革思路与方向看，这是政策性金融改革商业化潮流在中国的某种具体化。

事实上，科学政策性金融理论自形成以来，就一直主张和坚持政策性金融要区别于政府财政而按照金融规则运作，即采用市场化运作的方式经营政策性业务。商业化运作或市场化运作，只是政策性金融制度承载体微观经营、运营、操作管理的一个重要原则，但不是最高原则；市场化运作必须服从、服务于政策性金融基本宗旨、职能定位定性这一最高原则。资金筹措渠道与方式的多样化与更大程度的市场化，是现代一切金融（包括政策性金融和商业性金融）的共同趋势或特征，并非开发性金融所独有。所以，政策性银行的商业化运作原则不能被滥用和泛化，不能断章取义、各取所需地将"市场化"与"运作"割裂，将市场化或市场化运作同机构自身的根本性质、宗旨与职能割裂，乃至本末倒置、偷梁换柱地将其提升为最高原则。

纵观世界各国，政策性金融从古至今，特别是近百年来得到了较为普遍的运用，而且往往是在政策性金融机构成立运营几十年之后，才与时俱进地逐步进行调整、改革及相应地修改相关法律法规。美国的政策性金融机构产生于 20 世纪 30 年代，至今未见商业性转型，并将其农业政策性金融机构法定为永久性机构。日本的政策性金融机构大多产生于 20 世纪 50 年代，历经半个多世纪于近两年才酝酿改革，而且改革后的政策性金融机构仍然要求"树立鲜明的政策性金融的旗帜"。比日本成立稍晚的韩国政策性金融机构目前仍占据国内金融的半壁江山，继续坚持机构的政策性金融性质和历史使命。同为转轨国家的俄罗斯和东欧国家的政策性金融如今也发展得如火如荼。这次席卷全球的国际金融危机，使得世界各国又一次领略到现实经济发展还是离不开政策性金融的支持。如今，成立由国家担保的政策性"坏账银行"用于根治金融业危机，已经提到美国、韩国、德国等政府和欧洲央行的议事日程。相比之下，当今中国政策性金融的实践真可谓浅尝辄止，中国政策性金融机构存续时间之短，转型速度之快，世界罕见。中国政策性金融机构成立之初如果说还有"型"可言，但如今在个别政策性银行无约束发展的条件下，反而越来越没有"型"了。没有型就应该定型，何来"转型"？其实，政策性银行一度出现的一些问题的原因很多，但绝不是政策性金融制度安排的过错，也不能仅仅归咎于政策性银行的主观原因或内因，更不能成为政策性银行市场化"转型"的理由和借口，关键的原因则是政策性金融专门立法以及相应的监督结构及考评机制的一直缺失与财政部门十多年来对政策性金融机构一直缺乏必要的、基本的财政融资支持。这些也应成为未来我国政策性银行改革发展的重要突破口。

其实，中国的商业性金融机构已经为数不少，中国需要多元化的金融中介体系，中国当今最需要的是政策性金融机构，而且是名副其实的政策性金融机构。政策性银行和其他政策性金融机构无论如何改革，也不应该忘记政策性金融制度安排的初衷和根本宗旨，始终不能偏离科学政策性金融理论的正确轨道，中国需要恪守机构宗旨和规则的真正的政策性银行、真正的政策性金融机构。否则，政策性银行就会无异于商业银行，政策性金融就会无异于商业性金融，强位弱势群体的金融需求就会继续得不到有效满足，进而政策性金融机构和政策性金融制度也就没有其存在的必要性。所以，我国政策性金融机构改革发展的最终目标，应该是把政策性金融机构办成名副其实的政策性金融机构，把政策性银行办成真正的政策性银行，而不是商业化转型、异化再造一个新的商业银行。

（四）政策性金融改革发展应遵循的基本原则

我国政策性金融体系的改革与发展，一般应遵循以下基本原则和要求：

1. 充分体现政府意志的原则。紧密配合国家在不同时期、不同阶段的社会经济发展方针和政策意图，关注和服务有关国计民生的国家战略性发展项目。

2. 让小利、取大利的原则。政策性金融机构不以自身的财务效益即盈利为经营目标（让小利），而是以社会效益和国家的全局利益、长远利益和长远发展为经营目标（取大利）。

3. 遵循特殊的融资对象、融资条件和融资资格的原则。政策性金融机构要集中精力为强位弱势群体提供全方位、多品种的金融服务。而且，需要政策性融资的客户，必须是从商业性金融机构得不到或不容易得到所需资金的条件下，才有从政策性金融机构获得融资的资格，因为政策性金融只是补充商业性金融的不足而不是替代它。

4. 不主动与商业性金融竞争的原则。在世界各国的政策性银行法律中，普遍强调了这种非竞争性的业务准则。例如，《日本开发银行法》第三章第二十二条中明确规定禁止同商业银行和其他金融机构竞争。

5. 业务职能动态调整性原则。针对不同时间、不同地区强位弱势群体的受信条件和融资能力有所变化的特点，相应地动态调整政策性金融机构的业务对象和业务范围。

6. 政策性金融机构之间业务不交叉的原则。政策性金融机构特别是三家政策性银行的业务范围应各有侧重，突出其专业性，在各自的领域内发挥作用，以形成良好的互补关系和整体效率。当然，根据需要和可能，政策性金融机构在某些方面也可加强合作，发挥综合优势。

7. 对政策性业务适度有限地市场化运作的原则。根据政策性金融的有限金融性功能的要求，政策性金融机构应在确保完成政策性目标任务的前提下，力求最高的安全性，实现最大的非主动竞争性盈利。

8. "六大协调均衡"的原则。即政策性金融的改革与可持续发展，必须实现商业性金融与政策性金融总量与结构总体之间，资源配置宏观主体与微观配置主体及其宏微观目标之间，赋予政策性金融的特殊目标、任务与其拥有的资本与资金综合实力之间，其性质职能的特殊公共性、政策性、非营利性与其具体业务运营管理的市场性之间，履行其公共性职能而产生的财务缺口与其自动补偿机制之间，国家对政策性金融的全力综合配套支持与适度监督之间的六大协调与均衡。

（五）以立法为核心，强化政府对政策性金融的必要支持和监督考评

既然政策性金融机构是代表国家利益从事政策性业务，提供准公共产品，国家或政府就理应履行对于政策性金融机构的责任，即提供必要的、适度的系统性支持和保障，从而既可以有效保证国家社会经济发展政策目标的实现，又可以规范机构运作，保障政策性金融的可持续发展。政府为政策性金融机构提供的支持是多方面且完善配套的，是法律的、经济的、行政的、直接与间接的等多种方式、手段相互结合、交替使用的综合体。当前，尤其是要加快政策性金融专门立法的步伐，尽快制定、出台和实施中国政策性金融法。政府对政策性金融提供的政策支持体系，从形式上看，包括显性的或隐性的种种优惠政策待遇和国家信用支持；从内容上看，包括加强立法建设，为政策性金融提供约束和保障，防止各种"设租寻租"现象的出现；从财务稳健度和政策实现度两方面，建立科学的绩效评价体系，正确评价政策性金融机构的运行成果；建立相应的考核机制与激励约束机制，增强内部竞争，提高工作效率；建立健全以财政部、银监会为主体的外部监管体系，使政策性金融监督机制与结构更有针对性并富有力度；完善风险补偿机制，给政策性金融机构的可持续发展给予财务支持；动态调整政策性金融机构的业务范围，形成政策性金融与商业性金融自然互补、良性互动的局面，等等。既然政策性金融机构享有政府的强力支持，政策性金融机构就应该专心致志地做好政策性业务，成为名副其实的政策性金融机构，而不能再动用珍贵而稀缺的国家资源从事商业性业务或越位竞争性盈利。

此外，还需要加强政策性金融理论研究与学科建设，充分发挥科学理论对实践的正确引导作用。政策性金融理论研究应该密切联系实际，但不能紧跟实际，两者应保持一定的距离。无论是研究金融的学者还是专门研究政策性金融的学者，无论是从事政策性金融理论研究还是从事政策性金融实际工作，尤其需要提倡一种关注民生、无私奉献的精神和社会责任意识，以不断提高强位弱势群体的金融服务水平、满足强位弱势群体的多元化金融需求、实现强位弱势群体的金融发展权和金融平等权为崇高的使命和己任。

本章小结

1. 改革开放以来，我国政策性金融的理论研究和实践发展，大体上可分为四个阶段：第一阶段是 20 世纪 80 年代末 90 年代初，这是政策性金融理论研究与学科建设的创立时期；第二阶段从 1994 年至 2003 年，这是政策性金融体系的形成时期，也是政策性金融理论研究的繁荣时期；第三阶段从 2004 年至 2007 年，这是政策性金融理论研究与实践发展相对低潮的时期；第四阶段从 2008 年至今，政策性金融理论研究与实践发展再次进入了繁荣发展的时期。科学政策性金融理论在中国政策性金融的艰难曲折进程中得到发展与完善，也经受住了检验与考验。

2. 中国政策性金融特征主要表现在：政策性金融先于政策性金融机构，商业性金融业务与政策性金融业务长期在同一机构混合进行；中国的政策性金融正处在不断发展完

善的动态性过程中；中国政策性金融的优惠性不仅表现在利率和贷款期上，更表现在贷款的可得性上；国有商业银行事实上也承担不少的政策性金融业务，甚至是超政策性金融业务；中国政策性金融面临行政过度干预和贷款偿还性的严峻挑战与考验；中国政策性金融发挥作用的天地比世界上任何一个国家都更加广阔；中国比其他国家更需要发达配套的政策性金融体系。

3. 在新的历史条件下，中国的政策性金融正在经历一个蓬勃发展的新时期，当然也面临一些正在发展中的新问题，集中表现在立法规则、监督机制、资本补偿机制、职能定位、资产负债规模、区域开发、组织体系、业务体系、绩效评价体系、理论研究与学科建设等方面还存在着结构性失衡问题。我国政策性金融发展至今之所以面临一些久拖不决的难题，核心原因有两个：一是理论认知及决策理性的严重不足；二是各方围绕复杂利益的博弈，这种博弈在主观与客观上充满了机会主义的强烈色彩。

4. 我们需要理智地借鉴政策性金融改革的国际经验，避免误导政策性金融体系的改革与发展，尤其不宜将政策性银行商业化改革的局部特征直接照搬到政策性金融尚未经历过较充分发展的后发经济体——中国身上来；不能只见树木，不见森林，片面强调政策性金融机构的负面影响，更不能将此作为确定政策性金融改革路径的主要因素与考量依据。

5. 面对当今经济金融环境的变化和世界各国政策性金融改革发展的态势，中国的政策性金融也需要结合中国国情而亟待治理与发展优化。为此，需要科学认识政策性金融制度对我国经济社会发展的重要战略性意义；结合国情，实事求是地借鉴政策性金融改革的国际经验；把政策性银行办成真正的政策性银行，把政策性金融机构办成真正的政策性金融机构，并以此作为推进机构改革的最终目标；我国政策性金融体系改革发展应遵循八项基本原则；以立法为核心，强化政府对政策性金融的必要支持和监督考评；加强政策性金融理论研究与学科建设，充分发挥科学理论对实践的正确引导作用，等等。

思考题

1. 现阶段我国政策性金融发展中面临的基本问题是什么？为什么？

2. 结合国情并借鉴国际经验和教训，试述如何推进我国政策性金融改革与可持续发展。

［1］白钦先：《白钦先经济金融文集（1-6卷）》，北京，中国金融出版社，2009、2012。

［2］白钦先、曲昭光：《各国政策性金融机构比较》，北京，中国金融出版社，1993。

［3］白钦先、谭庆华：《政策性金融功能研究——兼论中国政策性金融发展》，北京，中国金融出版社，2008。

［4］白钦先、王伟：《各国开发性政策性金融体制比较》，北京，中国金融出版社，2005。

［5］白钦先、徐爱田、王小兴：《各国农业政策性金融体制比较》，北京，中国金融出版社，2006。

［6］白钦先、徐爱田、欧建雄：《各国进出口政策性金融体制比较》，北京，中国金融出版社，2002。

［7］白钦先、薛誉华：《各国中小企业政策性金融体系比较》，北京，中国金融出版社，2001。

［8］戴相龙、黄达：《中华金融辞库·政策性金融卷》，北京，中国金融出版社，1998。

［9］丁孜山：《政策性银行经营管理》，北京，中国金融出版社，2001。

［10］国家开发银行、中国人民大学联合课题组：《开发性金融论纲》，北京，中国人民大学出版社，2006。

［11］国家开发银行办公厅：《国外政策性银行资料汇编》，1996。

［12］韩国产业银行：《韩国产业银行的作用和发展方向》，2004。

［13］胡学好：《中国政策性金融理论与实践》，北京，经济科学出版社，2006。

［14］胡炳志：《中国金融制度重构研究》，北京，人民出版社，2003。

［15］贾康：《中国政策性金融向何处去》，北京，中国经济出版社，2010。

［16］李扬等：《中国金融改革开放30年研究》，北京，经济管理出版社，2008。

［17］［美］雷蒙德·W.戈德史密斯：《金融结构与金融发展》，上海，上海三联书店、上海人民出版社，1994。

［18］孟艳：《政策性融资：国际经验与中国实践》，北京，经济科学出版社，2013。

［19］卿淑群：《政策性银行学》，成都，西南财经大学出版社，1999。

［20］瞿强：《经济发展中的政策金融——若干案例研究》，北京，中国人民大学出版社，2000。

［21］日本开发银行：《日本开发银行现状》，1983。

［22］［美］斯梅尔瑟、［瑞典］斯威德伯格：《经济社会学手册（第2版）》，北京，华夏出版社，2009。

［23］谢平、邹传伟：《中国金融改革思路（2013—2020）》，北京，中国金融出版社，2013。

［24］王广谦：《20世纪西方货币金融理论研究：进展与述评》，北京，经济科学出版社，2003。

［25］王相品：《中外农业政策性金融理论与实务》，北京，中国金融出版社，1999。

［26］王伟：《中国政策性金融与商业性金融协调发展研究》，北京，中国金融出版社，2006。

［27］王伟：《中国农村政策性金融的功能优化与实证分析》，北京，中国金融出版社，2011。

［28］吴敬琏：《比较·第 7 辑》，北京，中信出版社，2003。

［29］杨涛：《政策性金融理论与实践研究》，中国社会科学院金融研究所 IFB 工作论文，2004。

［30］［日］宇澤弘文、武田晴人：《日本の政策金融—高成長經済と日本開發銀行（1）（2）》，東京，東京出版社，2009。

［31］［美］约瑟夫·E. 斯蒂格利茨等：《政府为什么干预经济——政府在市场经济中的角色》，北京，中国物资出版社，1998。

［32］曾康霖：《金融学教程》，北京，中国金融出版社，2006。

［33］郑杭生：《中国人民大学中国社会发展研究报告 2002：弱势群体与社会支持》，北京，中国人民大学出版社，2003。

［34］赵既昌：《专业金融与中小企业辅导》，台北，经济日报社，1983。

［35］庄俊鸿：《政策性银行概论》，北京，中国金融出版社，2001。

［36］Bruce G. Carruthers and Laura Ariovich. Money and Credit：A Sociological Approach. Cambridge：Polity Press，2010.

［37］Dimitri Vittas，Akihiko Kawaura. Policy based finance，financial regulation and financial sector development in Japan. The World Bank Policy Research Working Paper，No. 1443，1995.

［38］Fiechter，Kupiec. Promoting the Effective Supervision of State – Owned Financial Institutions. International Monetary Fund，2004.

［39］Hans Reich. The role of a development bank in a social market economy. China Development Bank International Advisory Council Meeting，October 15，2002.

［40］Honohan，P. Financial development，growth and poverty. World Bank Policy Research Working Paper，No. 3203，2004.

［41］Stiglitz，Joseph E. Redefining the Role of the State：What should it do? How should it do it? And How should these decisions be made? Presented on the Tenth Anniversary of MITI Research Institute（Tokyo，Japan），March 17，1998.